Barbara Noack

Ein Stück vom Leben

Roman

Ullstein

ein Ullstein Buch
Nr. 20716
im Verlag Ullstein GmbH,
Frankfurt/M – Berlin

Ungekürzte Ausgabe

Umschlagentwurf:
Theodor Bayer-Eynck
Foto: Marion Nickig
Alle Rechte vorbehalten
Taschenbuchausgabe mit Genehmigung
von Langen Müller in der
F. A. Herbig Verlagsbuch-
handlung GmbH, München
© 1984 by Albert Langen – Georg Müller
Verlag GmbH, München – Wien
Printed in Germany 1993
Druck und Verarbeitung:
Ebner Ulm
ISBN 3 548 20716 2

9. Auflage Juni 1993
Gedruckt auf
alterungsbeständigem Papier
mit chlorfrei
gebleichtem Zellstoff

Von derselben Autorin
in der Reihe
der Ullstein Bücher:

Geliebtes Scheusal (20039)
Die Zürcher Verlobung (20042)
Ein gewisser Herr Ypsilon (20043)
Eines Knaben Phantasie
hat meistens schwarze Knie (20044)
Valentine heißt man nicht (20045)
Italienreise – Liebe inbegriffen (20046)
Danziger Liebesgeschichte (20070)
Was halten Sie vom Mondschein? (20087)
. . . und flogen achtkantig aus dem
Paradies (20141)
Auf einmal sind sie
keine Kinder mehr (20164)
Der Bastian (20189)
Flöhe hüten ist leichter (20216)
Ferien sind schöner (20297)
Eine Handvoll Glück (20385)
Drei sind einer zuviel (20426)
Das kommt davon,
wenn man verreist (20501)
So muß es wohl im Paradies
gewesen sein (20641)
Täglich dasselbe Theater (20834)
Der Zwillingsbruder (22333)

Die Deutsche Bibliothek –
CIP-Einheitsaufnahme

Noack, Barbara:
Ein Stück vom Leben: Roman / Barbara
Noack. – Ungekürzte Ausg., 9. Aufl. –
Frankfurt/M; Berlin: Ullstein, 1993
   (Ullstein-Buch; Nr. 20716)
   ISBN 3-548-20716-2
NE: GT

Meist ist der Ausgang dort,
wo der Eingang war.

Stanislaw Jerzy Lec

Nur unser Herz ist eigentlich unsre eigne Geschichte;
die Begebenheiten teilen wir
mit Stadt und Land.

Jean Paul

1

In tragischen Momenten erinnerte Ludmillas langer, schmaler mittelgescheitelter Kopf an die Dichterin Annette von Droste-Hülshoff. Sie lag auf dem alten Kapitänsbett, als meine Koffer hinausgetragen wurden, lag da mit eingezogenem Fahrgestell, ein heller Haufen Fell, ihr Auge brach.

Ludmilla vermag sehr demonstrativ zu leiden. Sie vermasselt mir dadurch die Freude am Verreisen – es sei denn, ich nehme sie mit. Dann vermasselt sie die Reise überhaupt durch übertriebenes Pflichtbewußtsein, indem sie glaubt, mich gegen jedermann verteidigen zu müssen.

Ich sah mich noch einmal um, ob ich auch nichts vergessen hatte, genoß zum letztenmal die warme, unordentliche Gemütlichkeit unseres Zuhause an einem frühen Morgen.

Heimweh setzte bereits ein, als die Haustür hinter mir zuklappte. Mein Sohn David Kaspar, den alle seit seiner Kinderzeit Jux nennen, weshalb das angestrengte Nachdenken über seine Namensgebung ein herausgeworfenes Nachdenken gewesen war, fuhr mich zum Flughafen und lud mein Gepäck vorm Berlin-Schalter der PAN AM ab.

»Geh schon«, sagte ich, »du mußt nicht warten.«

Sein Kuß zum Abschied enthielt Pauschalreue für alle Mißstimmungen der letzten Wochen, an denen er schuld gewesen war. Auch mir tat es nachträglich leid, daß ich oft unbeherrscht gebrüllt hatte.

»Tschüs du, mach's gut. Kümmer dich um Ludmilla, sei nett zu Omi und vergiß nicht, Montag abend die Mülltonnen hinauszustellen.«

»O Mami.« Er seufzte. »Das hast du mir schon zwanzigmal gesagt.«

»Ja, ich weiß, ich wiederhole mich gern. Das ist eine Alterserscheinung.«

»Grüß die Hanna«, sagte Jux.

»Vergiß nicht, ein Telegramm zu ihrem Geburtstag zu schicken. Am Siebten.«

»Das hast du mir auch schon mehrmals gesagt.«

Er ging. Hochgeschlagener Trenchcoatkragen, den Gürtel wie einen Strick um die Taille geschnürt. Mir fiel auf, daß er schiefe Absätze hatte.

Gleich nach Jux' Abgang teilte eine weibliche Lautsprecherin zuerst in deutsch und danach in zerknautschtem Englisch, das wohl bayerisches Amerikanisch darstellen sollte und kaum zu verstehen war, den Ausfall der Berlin-Maschine mit. Die nächste ging erst um zwölf Uhr zehn. Ich suchte mir eine unbesetzte offene Plastikmuschel mit Telefon und rief Hanna Barris in Berlin an, um ihr mitzuteilen, daß ich erst später eintreffen würde. Sämtliche Flughafengeräusche nahmen ungefiltert an unserem Gebrüll teil, darum verstand ich nur »Kuchen« und »Freu mich« von dem, was Hanna in den Hörer schrie. Ja, ich freute mich auch auf sie. Meist flog ich nur für ein, zwei Tage nach Berlin, da blieb selten Zeit, sie zu besuchen.

Vor einer Woche hatte ich einen Brief von ihr erhalten. »Liebe Luise, wir hatten einen Rohrbruch im Haus. Der

Keller stand bis zum Knie unter Wasser. Ich dachte, das würde Dich interessieren, weil der Persilkarton, den Du vor Jahren für einen Tag bei mir untergestellt und nie wieder abgeholt hast, vorübergehend abgesoffen ist. Dadurch hatte ich endlich einen überzeugenden Grund, ihn zu öffnen und nachzusehen, was drin ist. Es handelt sich um Tagebücher und Maschinengeschriebenes, wofür ich Dir sehr dankbar bin, denn Deine Schrift ist nicht allzu leserlich. Zur Zeit hängt alles zum Trocknen in der Waschküche auf der Leine. Sollte Dir noch etwas an Deiner Vergangenheit liegen, so werde ich sie in Kartons packen und nach und nach zur Post bringen.

Übrigens werde ich am 7. September 77 Jahre alt. Ich teile Dir das rechtzeitig mit, um Dich vor einem schlechten Gewissen und langatmigen Ausreden zu bewahren, falls Du meinen Geburtstag wieder einmal vergessen solltest. Es werden immer weniger. Else Hahn, eine Freundin von uns, Du kennst sie sicher von unseren Festen, jammerte ständig, wie furchtbar es ist, alt werden zu müssen. Und ob wir nicht wüßten, was man dagegen tun kann. Barris sagte: Da gibt's nur eins, Else, du mußt vorher sterben. Danach hatten wir Ruhe vor ihr.

77 Jahre, am 7. September. Schreib's Dir auf. Übrigens hat Jola versprochen zu kommen. Ich glaube erst daran, wenn sie in der Tür steht. Hast Du nicht zufällig auch in Berlin zu tun? Euch beiden Mädchen hier zu haben, das wäre gar nicht auszudenken schön. Ihr habt euch doch auch ewig nicht gesehen.

Grüß Deine Mutter, Rieke und Jux herzlich von mir. Deine Hanna Barris.

P. S. Du wohnst natürlich bei mir, wenn Du kommst. Jola wohnt lieber im Hotel. «

»Sollte Dir noch etwas an deiner Vergangenheit liegen«, hatte Hanna geschrieben.

Lag mir noch etwas an ihr? Zumindest dachte ich selten zurück. Erinnern bedeutet, der Gegenwart Zeit und Gedanken zu stehlen.

Erinnern bedeutet ja auch das Befassen mit den vielen Fehlern, die man einmal gemacht hat. Bloß nicht dran rühren. Lieber ein paar Büsche drüber pflanzen.

Vielleicht hatte ich deshalb auch nie den Wunsch verspürt, den Persilkarton aus Hannas Keller abzuholen.

Nun beunruhigte mich die Vorstellung, daß meine jahrelang unter Verschluß gehaltenen Aufzeichnungen auf einer Leine in einer Gemeinschaftsküche trockneten, jedem interessierten Auge zugänglich, sofern noch lesbar nach dem Rohrbruch. Das mußte ja nun nicht sein.

Noch am selben Tag, an dem ich ihren Brief erhalten hatte, rief ich Hanna an.

»Hier ist Luise, ich danke Ihnen für Ihren Brief.«

»Luischen!« So freut sich bloß ein Mensch, der nur noch selten Anrufe erhält. »Warte, ich hol mir eine Zigarette.« Sie konnte also noch immer nicht telefonieren, ohne dabei zu rauchen.

Im Hintergrund rief eine kehlige Stimme: »Hanna, was machst du?«

»Ich hole mir eine Zigarette.«

»Was machst du?«

»Ach, halt die Klappe, Otto. Ich möchte jetzt mit Luise reden.«

»Haben Sie Besuch?« fragte ich.

»Das ist Otto, mein Mamagei. Kennst du ihn nicht? Ich habe ihn bald drei Jahre. So lange warst du also nicht mehr hier!«

»Dafür komme ich zu Ihrem Geburtstag, und ich wohne gern bei Ihnen. Aber ich hab eine Bitte: nehmen Sie meine Aufzeichnungen von der Leine. Der Gedanke, fremde Leute —«

»Keine Sorge, sie liegen längst auf meinem Nachttisch«, beruhigte sie mich. »Ich bin gerade an einer sehr spannenden Stelle. Warte, ich hole mal das Manuskript...«

»Bitte, Frau Barris!«

»Hast ja recht. Zum Vorlesen am Telefon ist es zu lang. Und du kommst ja auch bald. Komm schon am Fünften, damit wir noch einen Tag für uns alleine haben. Wenn Jola erst da ist – wer weiß, was sie vorhat – mit dir kann ich auch besser über Barris reden. Schenk mir ein bißchen Zeit, Luise.«

»Tschühüs«, rief ihr Papagei im Hintergrund.

»Ich mach ja schon Schluß«, versprach sie ihm und verabschiedete sich von mir.

Im Flughafenrestaurant wartete ich auf den Abflug der nächsten Maschine nach Berlin. Bestellte zuerst einen Tee, später eine Königinpastete und bat den Ober, mir die Worcestersauce zu bringen. Ich sprach sie korrekt »Wuster« aus.

Darauf guckte mich der Ober mitleidig an. »Sie meinen wohl Worschäster, meine Dame.« Ich nickte, was sollte ich mich streiten, darauf er: »Wer Fremdwörter nicht beherrscht, sollte sie lieber nicht gebrauchen.«

Diese Bemerkung machte mich sehr ärgerlich. »Ich möchte keine Belehrung, sondern die Soße, ja???«

Aber daraus wurde leider nichts wegen der Diskussion, die sich zwischen dem Ober und den umliegenden Tischen, die zugehört hatten, entspann.

Es ging darum, ob die Soße nun Wuster oder Worschäster ausgesprochen wurde. Die meisten plädierten für Worschäster, es war aber ein Schauspieler vom Württembergischen Staatstheater dabei, der versicherte, daß in Shakespeares »Heinrich IV.« der Earl of Worcester wie Wuster ausgesprochen wurde. Er mußte das wissen, denn er hatte ihn selbst gespielt. Der Ober entgegnete rüde, was hätte Shakespeare mit der Soße zu tun, er habe auch drei Jahre Englisch gehabt und sage Worschäster. Basta.

Vom Tisch eines einzelnen Herrn, der nicht an der Diskussion teilgenommen hatte, weil zu weit entfernt, griff er die Soße mit rabiatem Schwung, wobei sein Ellbogen das große Helle umstieß, das vor dem einzelnen Herrn stand und nun demselben über die Hose strömte. Ein großes Helles bedeutet sehr viel Bier für eine Hose. Der einzelne Herr tat bekümmert kund, daß er auf dem Wege nach Hannover sei, um sich dort bei einer seriösen Firma vorzustellen, aber wie denn so klitschnaß und im Geruch an eine Eckstehbierkneipe erinnernd? Der Ober knallte mir die Soße mit dem Vorwurf »Nu sehn Se, was Sie mit Ihrem Wuster am Anrichten sind!« vor die Nase.

Ich sah und roch es, legte Geld auf den Tisch, ergriff mein Handgepäck und verließ fluchtartig das Restaurant, obgleich mir keiner Schuld bewußt. Aber manchmal ist es eben besser, rechtzeitig zu gehen. Vor allem, wenn man über ein leicht aus der Kontrolle zu schleuderndes Mundwerk verfügt.

Nun saß ich in der Abflughalle zwischen anderen Wartenden, von denselben milde lächelnd betrachtet, vor allem meine rechte Hand. In ihr hielt ich die Handschuhe, eine zusammengerollte Zeitung und die Worcestersoße.

Ich wollte lesen auf dem Flug, aber meine Gedanken lasen nicht mit, sie waren bei Hanna Barris.
Hanna war immer jung, wenn ich an sie dachte, und ihre Tochter Jolande und ich waren noch Kinder: Wir kommen aus der Schule. Hanna steht mädchenhaft schmal in ihrem fleckigen Malerkittel am Küchenherd und verlängert das Mittagessen für die unvorhergesehenen Gäste, die Barris aufgegabelt und mit nach Hause gebracht hat. Auf dem Rand des Küchentisches raucht sich ihre abgelegte Zigarette ins Holz. Ihr Profil ist fein trotz der etwas zu langen Nase, das dunkle Haar in einem unordentlichen Knoten im Nacken zusammengerafft.
Ich habe Hanna nie überrascht erlebt, nie ungeduldig, sie nahm alles so, wie es kam. Es gab kaum einen Mann, der nicht verliebt in sie gewesen wäre – das lag wohl an ihrer heiteren Gelassenheit, ihrem großzügigen Herzen und ihrem sehr weiblichen Verstand, denn die Männer, die zu Barris kamen, waren keine Männer, die sich in eine junge Frau verliebten, nur weil sie ein attraktives Gesicht und eine gute Figur zu bieten hatte.
Ich freute mich sehr auf sie.

2

In Berlin regnete es seit Tagen. Der Taxifahrer fluchte auf det scheißige Wetta und ob es in München auch – aber ich sagte lieber nicht, daß in Oberbayern der tiefblaue, wolkenlose Himmel kein Ende nehmen wollte, sonst hielt er womöglich an und setzte mich samt Koffern auf der Stadtautobahn aus.

»Scheißwetter, Scheißverkehr, Scheißpolitiker – allesamt, kannste hinkieken, wohin de willst, und von solche Heinis is nu unser aller Schicksal abhängig, und wat det noch mal werden soll, Mensch, denkste lieba nich nach, sonst kannste dir gleich ne Bohne durch'n Kopp ballern. Scheißfehlinvestitionen – nu kieken Se sich det Monstrum aus Beton an! Dafür wer'n nu unsre Steuergelder rausjeschmiss'en – Scheißfahrerin vor uns, so ne doofe Nuß, läßt mir nich vorbei – aaaba mit lila Hut! O Mann, o Mann!!«

Wenn ich eine beschwichtigende Bemerkung wagte, fuhr er mir über den Mund. Er wollte nichts Beschwichtigendes hören, hing geradezu abgöttisch an seiner schwarzen Laune. Also sagte ich gar nichts mehr, bis wir vor dem Haus im Grunewald hielten, in dem Hanna Barris heute wohnt.

Ich zahlte, er steckte mißmutig das Trinkgeld ein, offensichtlich tat es ihm leid, daß er aussteigen und mein Gepäck aus dem Kofferraum heben mußte. Und dann plötzlich, ohne seine schlimme Stimmung aufzugeben, der Ratschlag, mir keene nassen Füße zu holen, und noch allet Jute in Berlin.

Das Haus lag nahe dem Elsterplatz, ein ehemals feudales Mietshaus, das den Krieg unbeschädigt überstanden hatte. Seine Achteinhalbzimmerwohnungen waren in kleine Apartments umgebaut worden.

An einem Fenster im ersten Stock erkannte ich Hanna Barris neben der zurückgezogenen teefarbenen Gardine. Wer weiß, wie lange sie schon dort stand und auf mich wartete.

Ich winkte hinauf, bevor ich mein Gepäck vom Bürgersteig aufnahm.

Sie empfing mich oben an der Treppe, eine plumpe Gestalt in einem langen, in vielen Blautönen gestreiften Hänger. Der knabenhaft schlanke Garçontyp von einst war schwer geworden und grau.

Hanna breitete lachend die Arme aus.

»Da bist du endlich!«

Ich spürte ihre festen, warmen Ausmaße, ihren Bauch, und noch immer benutzte sie Nelkenparfum.

»Gib mir deinen Koffer –«, ich protestierte, »dann wenigstens die Tasche.« Sie trug sie vor mir in die Diele. »Meine Wohnung und ich sind seit Stunden auf Empfang präpariert, nun sind wir schon ein bißchen abgestanden. Deine Koffer stellen wir ins Schlafzimmer. Auspacken kannst du später. So. Geh schon rein. Ich komme gleich.« Während sie leichtfüßig wie ein Igel ihren plumpen Leib in die Küche rollte, betrat ich den Wohnraum. Hohe, verräucherte Stuckdecke. An den Wänden Barris' alte, durchhängende Regale mit seinen Büchern, Katalogen und Manuskripten. Die Idee, seine Arbeiten in Ordnern zu sammeln, wäre ihm nie gekommen. Allein das Wort Aktenordner hätte ihn bereits verstört. Da stapelten sich außerdem »Wasmuths Monatshefte für Baukunst«, »G«, »La révolution surréaliste« und andere Zeitschriften, die ihren muffigen Geruch seit dem Tage, an dem wir sie unter feuchtem Schutt hervorgezogen, nicht verloren hatten. Ich erkannte einige von Barris' alten Möbeln wieder – Stahlrohrstühle von Le Corbusier und Breuer, einen Weißenhofstuhl, seinen Schreibtisch und vor allem das braune, abgewetzte, durchgesessene Ledersofa mit geplatzten Nähten. Der Graupapagei Otto, von Hanna zärtlich Mamagei genannt, stellte sofort sein Pfeifen ein, als ich hereinkam.

»Hallo, Otto«, sagte ich.

Er drehte mir den Rücken zu – langsam, ganz langsam, damit mir auch kein Zweifel blieb, daß er mit mir nichts zu tun haben wollte.

Hanna Barris kam mit einer Flasche und Sektgläsern herein. »Zwei Stunden wird er jetzt keinen Ton von sich geben, um dir seine Verachtung zu zeigen. Aber viel länger hält er nicht durch, dazu quasselt er zu gern.« Sie stellte die Gläser auf den Schreibtisch. »Jola hat mir mal Geld geschickt. Ich sollte einen neuen Teppich kaufen, damit sie sich wegen meinem alten schäbigen nicht zu schämen braucht, wenn ihre feine Mischpoche nach Berlin und hier auf die Idee kommt, mich zu besuchen. Weil ich aber Ansprache nötiger brauche als den Teppich, habe ich für das Geld den Vogel erworben.« Sie hielt eines der Gläser gegen das Licht. »Th – wie kommt bloß der Staub in den Küchenschrank!?« Mit ihrem Taschentuch wischte sie beide aus. »Seither schickt Jola mir kein Geld mehr für Extraausgaben, sondern kauft selber, was ich ihrer Meinung nach brauche. Am meisten stört sie Barris' Sofa. Das gehört auf den Sperrmüll, sagt sie, aber man müßte sich schämen, es dafür auf die Straße zu stellen. Ja, sage ich, man müßte sich schämen, und darum behalte ich es in meinem Zimmer. Auf diesem Sofa werde ich sterben. Nachher soll sie mit uns machen, was sie will.« Sie beschäftigte sich kurz mit dem Verschluß der Flasche, dann reichte sie sie an mich weiter. »Mach du sie auf.«

»›Krug‹«, staunte ich.

»Hat Jola mal mitgebracht.«

»Heben Sie die für Ihren Geburtstag auf, Frau Barris.«

»Da trinken wir was anderes. Diese Flasche hier möchte ich mit dir ganz allein – wenn Jola erst da ist – falls sie wirklich kommt...«

Der Korken sprang heraus, Hanna hielt die Gläser unter.

»Wieso? Glauben Sie etwa, sie sagt noch ab?«

»Es wäre nicht das erste Mal, bei ihren gesellschaftlichen Verpflichtungen...«, sie kappte die Ironie in ihrer Stimme, »aber was kann ich von ihr erwarten – ich hatte ja früher auch wenig Zeit für sie. Was ist mit euch beiden? Habt ihr noch Kontakt?«

»Die üblichen Weihnachtskarten mit handgeschriebenem Gruß drunter. Gesehen haben wir uns nicht mehr seit – ach, das ist ewig her, mindestens fünfundzwanzig Jahre.«

Hanna sank in die Mitte des Sofas, das Kinn auf der Brust. Über ihrem ehemaligen grazilen Elfenbeinnacken wölbte sich ein rundes Fettpolster. »Jola sorgt sehr gut für mich. Ohne ihre monatliche Apanage könnte ich kaum existieren. Aber dafür verlangt sie auch, daß ich nach ihrem Geschmack existiere – sie schämt sich für mich, so wie ich bin und aussehe!« Ihre schwarzen, klugen Augen lächelten mich an. »Ich werde mich nicht mehr ändern –.« Jetzt bemerkte sie das Champagnerglas in ihrer Hand. »Wir haben noch gar nicht getrunken. Willkommen, Luise, ich freu mich, daß du da bist.« Sie kostete und stellte beeindruckt fest: »Hmm – schmeckt edel. Das ist bestimmt kein Sonderangebot!« Mit einer leichten Geste trank sie dem Foto auf dem Schreibtisch zu. Barris' starkes, reizvoll-häßliches, sensibles, genuß-freudiges, unendlich gescheites, menschenfreundliches Gesicht grinste zurück.

Hanna und Barris – eine große Liebe mit einer nie endenden Leidenschaft füreinander. Eine Einheit über 32 Jahre. Nach seinem Tod verbrannte sie ihre weiblichen Sehnsüchte und Reize mit seiner Leiche – die Frau in Hanna starb mit Barris. Aber ich habe sie nie jammern hören.

»Zweiunddreißig Jahre – wer hat schon das Glück, so lange Zeit zu lieben und geliebt zu werden? Da muß ich doch dankbar sein, nicht wahr, Luise?« Was Barris ihr in dieser Zeit alles zugemutet hatte, trug sie ihm schon zu Lebzeiten nicht nach. »Jeder Mann nach ihm wäre nur eine Notlösung gewesen, aus Angst vor der Einsamkeit, mit einer ärgerlichen Reue hinterher. Es ist nur leider kaum noch jemand übrig, mit dem ich über ihn sprechen kann«, bedauerte sie. »Die meisten Freunde von früher sind gestorben oder fortgezogen.« Sie hielt mir ihr geleertes Glas hin. »Gib mir noch was, ist gut für den Kreislauf. Nimm du dir auch.«

Sie fragte weder nach meiner Familie noch nach meinem Beruf, noch nach meinem Wohlergehen. Für sie war allein wichtig, daß sie mit mir über Barris reden konnte, diesen trinkfreudigen, vitalen Balten. Ich glaube, ich war acht oder neun Jahre alt, als ich zum erstenmal die Atelierwohnung in der Teplitzer Straße im Grunewald betrat. Jolande, damals noch bei ihrer Mutter und ihrem Stiefvater, dem Kunstkritiker Barris, lebend, war krank, ich mußte ihr die Schulaufgaben bringen. Barris öffnete mir die Tür, um zwölf Uhr mittags noch in Bademantel und Pyjama, unrasiert, mit ungekämmten schwarzen Locken – ich fragte mich, ob der Mann wohl auch krank war, aber dafür klang seine tiefe Stimme viel zu fröhlich . . .

Bei meinen nächsten Besuchen begriff ich, daß sein Lebensrhythmus nicht der eines normalen Bürgers war. Wenn andere ins Büro fuhren, war für ihn Mitternacht, denn er pflegte bis zum Morgengrauen mit Freunden zu diskutieren.

Barris hatte nie Geld, aber die Großzügigkeit eines Mäzens. Er half jedem, der in Not war, und es waren damals viele in Not.

Barris half auch mir wie kein anderer Mensch in einer Zeit, als mein Spiegelbild mir täglich bestätigte, daß ich ein häßliches Entchen war und fürchten mußte, in diesem Leben keinen Mann abzukriegen. Seine Warmherzigkeit nahm mich – ohne Rücksicht auf meine steife Schüchternheit – in die Arme. Seine Komplimente gaben mir das Gefühl, ein begehrenswertes Mädchen zu sein, und ich glaubte ihm verzweifelt gern.

Auch später, als ich kein häßliches Entchen mehr war, blieb diese amouröse Herzlichkeit zwischen uns. Wie die meisten weiblichen Wesen konnte auch ich mich nicht seiner erotischen Ausstrahlung entziehen.

»Also deine Aufzeichnungen«, kam Hanna zur Sache. »Was du da über uns geschrieben hast...«

»Sollten Sie etwas Abfälliges gelesen haben, sind Sie selber schuld«, erinnerte ich sie. »Man geht nicht an fremde Intimsachen.«

»Ja, ich weiß, Herzchen, aber ich hab ja nur Erfreuliches über uns gefunden. Da war so viel, was ich längst vergessen hatte. Beim Lesen war Barris plötzlich wieder so spürbar nah...« Ihr Lächeln voll zärtlicher Erinnerungen brach in einem Hustenanfall zusammen.

»Wann geben Sie endlich die Raucherei auf?« fragte ich.

»Wozu? Für wen sollte ich mich schonen? Ich habe ja bloß noch Otto – und der überlebt mich, ob ich rauche oder nicht. Papageien werden bis zu sechzig Jahre alt. Übernimmst du Otto, wenn ich sterbe? Er heißt nach Bismarck, weil er ihm irgendwie ähnlich sieht, findest du nicht?«

»Naja, der stechende Blick...«

»Halt die Klappe«, nuschelte Otto, er wurde schon zutraulicher.

»Wann kommt Jola?«

»Morgen am Vormittag. Ich habe aufgeschrieben, mit welcher Maschine. Sie weiß nicht, daß du da bist. Du bist meine Überraschung.«

»Wenn das man gutgeht...« Oft ist der Überraschende selbst der Überraschte.

»Wieso eigentlich nicht? Ihr seid euch doch nicht böse.«

»Überhaupt nicht. Wir sind nicht mal das«, sagte ich. »Wir haben uns einfach vergessen.«

Hanna schüttelte den Kopf. »Mir unverständlich – nach allem, was ihr zusammen durchgestanden habt. Zeitweilig verlief doch euer Leben wie zwei ineinander verheddertete Fäden.«

»Vielleicht deshalb.« Ich dachte an Jola zurück. »Im Grunde waren wir völlig verschieden. Wir hatten weder dieselben Ansichten noch dieselben Interessen – aber immer wieder hat uns die Not in einen Topf geworfen. Jetzt bin ich schon sehr gespannt, sie wiederzusehen.«

Hanna gähnte. »Alkohol am Tage habe ich noch nie vertragen. Ich hole uns mal Kuchen.«

Sie erhob sich mit einem kleinen Stöhnen und ging aus dem Zimmer.

Ich ging ihr nach. »Wie sieht sie denn heute aus?«

»Jola? Wie ihr Vater. Ich möchte immer Achim zu ihr sagen. Sie ist auch so ordentlich wie er. So korrekt. Mir ist sie eine Spur zu snobby – und zu kühl. Aber ich liege ihr ja auch nicht. Ich bin sicher, sie hätte lieber eine andere Mutter, eine zum Vorzeigen.«

Hanna hatte das Konditorpapier von einem größeren Tablett entfernt. Ich staunte auf Cremeschnitten, Mohrenköpfe, Liebesknochen, gefüllten Bienenstich. »Wer soll denn das alles essen?«

»Ich nicht«, sagte Hanna. »Ich esse nie Kuchen. Aber als Kinder habt ihr so was doch sehr gerne gemocht.«

Ich mußte lachen. »Als Kinder haben wir auch mit Murmeln gespielt.«

»Ihr werdet immer für mich Kinder bleiben.«

Nachdem sie den Kuchen auf einen großen Teller umgeräumt hatte, trug ich ihn ins Wohnzimmer. Sie folgte, ihren Rücken stützend.

»Schmerzen?« fragte ich.

»Die Bandscheibe, das arme Ding. Im hohen Alter mute ich ihr noch solche Belastung zu. Ich bin fett geworden, nicht wahr, Luise? Ehe ich mich abends ausziehe, drehe ich Barris' Bilder um, damit er mich nicht so sieht.«

»Ist Jola noch so schlank?« fragte ich.

»Dünn wie ein Fotomodell.«

»Dann nehme ich lieber keine Cremeschnitte«, sagte ich. Nicht, daß ich dick war, im Gegenteil, aber unter welchen Opfern!

»Du wirst dich jetzt hinsetzen und lesen«, befahl Hanna. »Wenn du liest, wie wir gehungert haben, wirst du schon Appetit kriegen.«

»Was soll ich? Jetzt die Tagebücher lesen?«

»Ja, wann denn sonst?«

»Na, zu Hause, wenn ich wieder in München bin. Ich möchte mich gern mit Ihnen unterhalten, Frau Barris.«

»Ich mich auch mit dir, aber erst hinterher. Erst lesen!«

Deswegen hatte sie mich also einen Tag früher als Jola nach Berlin bestellt. Wenn ich das geahnt hätte!

»Es ist noch Schampus in der Flasche. Iß Kuchen. Mach's dir bequem. Ich muß mich jetzt hinlegen. Um halb fünf kommt die Pediküre – damit ich wieder in meine Schuhe passe. Ich kann schließlich nicht in Pampuschen mit euch ausgehen. Was würde meine Tochter dazu sagen!«

Und so etablierte ich mich resigniert auf Barris' uraltem Sofa, was gar nicht einfach war. Entweder saß ich auf einer Spirale oder hing durch. Kein Wunder, daß Hannas Bandscheibe protestierte.

»Bis später –.« Sie verließ mich, ich hörte das Schließen ihrer Zimmertür, nur ihr Husten blieb mir erhalten, dank Otto. Er bellte wie ein Kettenraucher am Morgen. Mit allen schrecklichen Nebengeräuschen. Und diesen Vogel sollte ich einmal erben? Mit *dem* Husten –?

Mit zwei Kissen im Kreuz, die Füße gegen die brüchige

Armlehne gestemmt, einen Stoß vergilbter Blätter und Kalikohefte neben mir, versuchte ich mich einzustimmen.

Also da waren einmal zwei kleine Mädchen, die hießen Jolande Genthin und Luise Hartwig, beide Einzelkinder. Sie gingen in Berlin-Grunewald in dieselbe Volksschulklasse und wurden Freundinnen.

Luise lebte in einer kultivierten Bürgeratmosphäre, in der alles seine Ordnung hatte, auch die Eltern.

Jolande wuchs bei ihrer Mutter und deren zweitem Mann Olrik Barris in einer Atelierwohnung in derselben Straße auf. Luise war fasziniert von ihrem großzügigen Milieu, das die übrigen Hausbewohner als Bohemewirtschaft bezeichneten. Jolande hingegen begann sich mit zunehmend kritischem Verstand für Barris' Lebensstil zu schämen, auch für seinen Umgang mit Menschen, die, rassisch oder politisch belastet oder als »entartete Künstler« eingestuft, aus der bürgerlichen Gesellschaft ausgestoßen waren.

Eines Tages verließ Jola diese Boheme, um bei ihrem Vater, dem Rechtsanwalt Dr. Achim Genthin, und ihren Großeltern in Wannsee zu leben. Wenig später kaufte auch Luises Vater ein Haus in diesem Vorort. Nun wohnten die beiden Mädchen wieder nah beieinander. Das großbürgerliche Genthinsche Milieu zog Luise zwar weniger an als zuvor die Atelierwohnung, aber dafür lag das Haus in einem riesigen Garten direkt am Wannsee, und dieses Leben am See, fern von den Realitäten der Großstadt, war voller Abenteuer und Romantik. Selbst der Zweite Weltkrieg konnte ihm zunächst nichts anhaben.

Damit ist der idyllische Teil von unserer – Jolandes und meiner – Geschichte bereits zu Ende.

Was nun kam, war Kriegseinsatz im Lazarett und in der Munitionsfabrik, war Bombenhagel Tag und Nacht, das Grauen im Feuersturm zerstörter Stadtteile und die Nachricht vom Tod geliebter Menschen.

Das Siegen war längst vorbei, die Fronten zusammengebrochen, das Großdeutsche Reich schrumpfte immer mehr, die Rote Armee befand sich im Anmarsch auf Berlin. Greuelberichte von Flüchtlingen aus dem Osten und die Meldungen aus dem Propagandaministerium legten sich wie Stricke um unseren Hals. Angst nistete sich ein vor diesem Nicht-mehr-entrinnen-Können, das Gefühl, zappelnde Fliegen im Netz zu sein, auf die Spinne wartend. Niemand sprach noch von Zukunft. Verzweifelte Optimisten schrien ungehört gegen die Weltuntergangsstimmung an. Leben bedeutete die winzige Hoffnung auf Überleben irgendwie.

Eines Tages stand Hanna, anzusehen wie ein Gespenst, vor unserer Tür, Barris war seit Beginn des Rußlandfeldzuges Soldat. Nachdem der Zugang zu Hannas Atelierruine verschüttet worden war, hatte sie Nacht für Nacht bei anderen Freunden kampiert und wurde mit ihnen immer wieder ausgebombt. Dann begann der Kampf um die Trümmer von Berlin. Die Russen besetzten einen Stadtteil nach dem andern. Hanna hatte sich zu uns nach Wannsee geflüchtet.

Das Genthinsche Grundstück lag am Ostufer des Sees. Dort erwartete man täglich die Russen. Wir wohnten auf der anderen Seite. Jolas Großmutter sagte sich, bis die Hartwigs Frontgebiet werden, ist der Krieg sicher schon zu Ende, es muß ja endlich mal kapituliert werden – und schickte ihre Enkelin zu uns herüber. So kam Jola wieder mit ihrer Mutter zusammen.

Kurz darauf sprengten deutsche Pioniere die drei Verbindungsbrücken und machten den Ort Wannsee mit dem angrenzenden Dorf Stolpe und den Waldgebieten wieder zu dem, was sie ursprünglich einmal waren: eine Insel. Großmutter Genthin ahnte nicht, daß sie ihre Enkelin auf einen der letzten, heftig umkämpften Stützpunkte geschickt hatte.

Unser Haus war mit Soldaten besetzt, unser Keller von Nachbarinnen mit Kleinkindern und Gepäck, weil sie ihren eigenen vier Wänden mißtrauten. Außerdem hatten wir Guido und Rosina, ein italienisches Gärtnerehepaar, aufgenommen.

Während Granateinschläge unseren Garten zerfetzten und Tiefflieger in die Fenster schossen, wütete im Keller der Kleinkrieg unter unserer Einquartierung. Einer beschuldigte keifend den andern, ihn beklaut zu haben. Was auch stimmte. Meine Mutter hielt das nicht länger aus. Sie zog mit mir zu ihrer Nachbarin von gegenüber, Hanna Barris und Jola nahmen wir mit. Frau Bellmanns Keller war geräumiger als unserer, außerdem beherbergte er nur eine ostpreußische Flüchtlingsfamilie namens Kaunap.

Die Bellmannsche Arztpraxis war verwaist, der versprochene Vertreter erst gar nicht erschienen. Viele Ärzte, auch aus den Krankenhäusern und Lazaretten, hatten sich unter Mitnahme von Operationsbestecken, Medikamenten und sogar Krankenwagen in Richtung Westen abgesetzt.

Frau Bellmann, ehemals Sprechstundenhilfe ihres verstorbenen Mannes, bildete Jola und mich im Schnellver-
fahren zu Laienschwestern aus und lief mit uns in
Gefechtspausen auf die Straße, um Verwundete notdürf-
tig zu versorgen.

Die Russen waren inzwischen auf die Insel gedrungen
und kämpften im Dorf, am Golfplatz und in den Wäl-
dern.

Eines Tages hörte der Beschuß überhaupt nicht mehr auf.
Stalinorgeln heulten durch die Straßen. Unsere Wasser-
vorräte wurden knapp. Der Weg zur nächsten Pumpe
kam einem Himmelfahrtskommando gleich.

Unsere Welt bestand nur noch aus wenigen Straßenzü-
gen. Die Schlinge zog sich immer fester zu.

Meine Aufzeichnungen begannen am 2. Mai 1945.

3

Mitten in der Nacht hörte der Geschützdonner plötzlich auf. Die Stille danach war beklemmend.

Als es hell wurde, sahen wir keinen deutschen Soldaten mehr auf der Straße. Einmal fuhr ein Parlamentär mit weißer Flagge am Haus vorbei zum Hochbunker, um den Befehlsstab zur Übergabe aufzufordern.

Zum Frühstück kochten wir unseren letzten Kaffee mit unserem letzten Wasser auf dem Herd in der Waschküche. Danach ging meine Mutter in ihr Haus hinüber, auf ihren eigenen Kommandostand, wie sie sagte, um schlimmstes Unheil unter ihrer Kellerbesatzung zu verhüten, wenn die Eroberer anrückten. Wie sie sich denn das vorstelle, fragte Frau Bellmann hinter ihr her. Darauf hatte sie nur ein zuversichtliches Achselzucken. Hanna Barris begleitete sie.

Aber wir Mädchen sollten uns auf gar keinen Fall auf der Straße blicken lassen!

Dazu hatten wir sowieso keine Zeit, denn ein Schwerverletzter wurde gerade ins Bellmannsche Sprechzimmer geführt – ein vierschrötiger Mann, der die Hand gegen die rechte Schläfe preßte. Zwischen seinen Fingern spritzte helles Blut wie Wasser aus einem durchlöcherten Schlauch. Frau Bellmann sagte, die Arterie wäre durchschlagen, wir müßten einen Druckverband anlegen, sonst würde er verbluten.

Der Mann stöhnte vor Schmerzen, seine Frau, die ihn begleitet hatte, fiel in Ohnmacht, die Russen waren vergessen. Wir drei hatten nur eine Sorge: der Verletzte könnte uns unter den Fingern sterben.

Nachdem wir ihm eine Gummibandage um den Kopf gepreßt hatten, führten wir den Mann auf die Straße. Vor dem Gartentor wartete sein Enkel mit der Schubkarre, die er keinen Augenblick aus den Augen lassen durfte. Schubkarren waren Raritäten.

Als wir den Stöhnenden hineinsetzten und dem Jungen den Weg zum nächsten Krankenhaus beschrieben, kamen Russen mit vorgehaltenen Maschinenpistolen die Straße herauf. Sie fragten nach versteckten Soldaten und Waffen.

Zum erstenmal standen wir den Eroberern gegenüber. Ein sehr unbehagliches Gefühl.

Frau Bellmann scheuchte Jola und mich in den Keller. Als ob ein Keller noch irgendeinen Schutz bieten würde. Außerdem brauchte sie uns im Sprechzimmer, denn ständig wurden Kranke oder Verletzte gebracht.

Die Leute berichteten von vielen hundert Toten. Von grauenvollen Szenen im Wald, wo Flüchtlingstrecks mitten in die erbitterten Kämpfe zwischen Russen und Deutschen geraten waren. Von plündernden Fremdarbeitern und betrunkenen Soldaten. Von den vielen Selbstmördern. Der Ortsgruppenleiter von Wannsee hatte sich, seine Frau und seine vier kleinen Kinder umgebracht.

»Erst machen sie Kinder, jedes Jahr eins, dann verlieren sie die Nerven und bringen sie um. Ein Wahnsinn das«, schimpfte eine Patientin, und eine alte Frau betete: »Herr, erbarm dich ihrer armen Seelchen!«

»Sie waren noch nicht kalt, da kamen schon die Plünderer in die Wohnung – auch Deutsche haben mitgemacht.«

Ein entfernter Nachbar von uns, ein berühmter Clown, hatte sich mit seiner Frau vergiftet, hieß es.

Kolbenschläge an der Sprechzimmertür ließen uns zusammenfahren. Unsere letzte Patientin riß ihr Kleid vom Stuhl und floh, halb angezogen, an einer bewaffneten Kommissarin vorbei ins Freie. Diese war von einer ehemaligen ukrainischen Zwangsarbeiterin im glanzseidenen Nachmittagskleid, Söckchen und Stöckelschuhen begleitet, die uns mit zufriedenem Triumph betrachtete. Sie war nun frei und wir auf der Verliererseite. Keine sogenannten Herrenmenschen mehr, der Willkür und persönlichen Rache jedes einzelnen Siegers ausgeliefert. Nun wurde uns endlich heimgezahlt, was wir andern Völkern angetan hatten – das stand in ihrem Blick.

Die Kommissarin, eine untersetzte Frau von etwa dreißig Jahren mit breiten Wangenknochen und schmalen Lippen, schob uns mit ihrer MP beiseite und ging schweren Schrittes durch das Sprechzimmer, faßte herumliegende Instrumente an, zog Schubfächer auf, roch an Flaschen, baute sich endlich gebieterisch vor Frau Bellmann auf und erteilte Befehle.

Die Ukrainerin hatte hinter dem Schreibtisch Platz genommen und dolmetschte: »Genossin Kommissar schwanger. Kind drei Monat. Weg, aber schnell.«

Wir standen wie vom Donner gerührt. Was sollten wir? Zum erstenmal erlebte ich, daß die resolute Frau Bellmann die Fassung verlor. »Ein Abortus! Ja, so was habe ich noch nie gemacht. Du guter Gott! Das kann ich nicht. Ich bin keine Ärztin, sagen Sie das der Frau Kommissar.«

Die beiden berieten sich auf russisch. Dann setzte die

Kommissarin den Lauf ihrer Maschinenpistole auf Frau Bellmanns Busen und stieß Drohungen aus.

Während die Dolmetscherin mit einer Tischbronze (tanzende Nymphe) spielte, übersetzte sie genüßlich: »Du lügen. Du nix wollen Kind weg. Genossin Kommissar holen Soldat. Kommen wieder. Machen dir tot. Bumbum!«

Es war eine groteske Situation. Jola, die meinen Hang zu hysterischen Lachanfällen im grundfalschen Moment kannte, trat mir warnend gegen das Schienbein.

Die beiden zogen ab, die Ukrainerin unter Mitnahme der tanzenden Nymphe.

Frau Bellmann sank heulend auf einen Stuhl. »Jetzt holen sie Verstärkung, dann werde ich erschossen! Ich brauche einen Kaffee!!«

Jola und ich verließen einen Augenblick das gruftkalte Haus, um uns in den Sonnenstrahlen im Vorgarten aufzuwärmen.

Auf der nahen Königstraße hupten Autos, trappelten Hufe, knirschten Panzerketten, dazwischen das Rattern von Motorrädern. Helle, kehlige Stimmen schrien Befehle. In der Ferne gellte ein Pfiff, setzte sich wellenartig über den endlosen Zug fort. Mit einem Ruck stand er still. Aus der Kolonne löste sich ein mit Heu beladener Wagen und bog räderquietschend in unsere Straße ein. Lastwagen mit Soldaten folgten. Fouragewagen, von flink trippelnden Panjepferdchen gezogen. Dahinter gingen angehalftert herrliche Trakehner.

Unsere Hausbewohner kamen gleichzeitig die Straße herauf, sie schleppten überschwappende Wassereimer von der Pumpe im Hof des Schusters.

Ihnen folgte ein hochgewachsener Offizier ins Bellmannsche Haus und erkundigte sich in fast fehlerfreiem Deutsch, ob er sich hier waschen und rasieren könnte.

»Endlich einer, der einen versteht!« eilte Frau Bellmann in ihrer Not auf ihn zu. Ihre ausgestreckte Begrüßungshand übersah er. »Ich soll erschossen werden, weil ich Ihrer Genossin Kommissar nicht das Kind abgetrieben habe. Ich kann das nicht. Ich bin keine Ärztin. Jetzt holt sie das Vollstreckungskommando!«

»Beruhigen Sie sich«, sagte der Offizier. »Sie wird nicht wiederkommen.«

»Das kann man nicht wissen!«

Ich holte Handtuch und Schüssel aus dem Sprechzimmer, Jola goß vom frischgeholten Pumpenwasser ein. Wir ließen den Offizier allein. Gingen aber nicht fort.

»Ist Hitler wirklich tot?« fragte Frau Bellmann durch die angelehnte Tür.

»Ja.«

»Und Berlin? Finden dort noch Kämpfe statt?«

»Hat heute früh kapituliert«, antwortete er unter Wasserprusten.

»Dann ist der Krieg so gut wie zu Ende?«

»Ja.«

»Und was wird jetzt aus uns?«

Das konnte er ihr auch nicht sagen.

Ein paar Soldaten schwärmten ins Haus auf der Suche nach Schnaps: ein Arzt mußte Spiritus haben. Im Unterhemd, Seifenschaum am Kinn, drängte der Offizier sie zur Tür hinaus. Dann zog er sich an, stellte ein Tütchen mit Zucker auf den Tisch, warf einen nachdenklichen Blick auf Jola und mich und sagte: »Unsere Soldaten haben viel Schnaps in den Häusern gefunden. Sie werden heute das Ende der Kampfhandlungen feiern. Es wäre besser, wenn die jungen Mädchen verschwinden.« Setzte seine Pelzmütze auf und lief federnd die Stufen hinunter zur Straße, die sich zwischen unseren Häusern mittlerweile in einen sonnenbeschienenen, östlichen Dorfplatz verwandelt hatte. Heu und junges Lindengrün bedeckten das Pflaster dort, wo die ausgespannten Pferde standen. Sie reckten ihre Hälse und zupften Blätter aus den Baumkronen oder grasten unseren Steingarten ab, soweit sie über den Zaun reichten. Der Rasen war mit Uniformstücken besät.

Halbnackte, schnauzbärtige ältere Männer – weißhäutig unterhalb der sonnenverbrannten Gesichter – wuschen sich, über Eimer gebeugt. Meine Mutter mußte einem den Rücken schrubben.

»Frau Barris steht in der Küche und kocht Kaffee«, rief sie mir über die Straße zu.

Zwei Männer in lose fallenden grünen Mänteln rissen die Klingelanlage aus der Pforte und freuten sich über die vielen bunten Drähte.

Vor wenigen Stunden noch hatten wir mit dem Leben abgeschlossen, und nun diese Idylle.

»Weißt du eigentlich, was wir für ein unbeschreibliches Glück haben?« sagte Frau Bellmann hinter mir. »Ausgerechnet in unsere Straße hat man den Troß eingewiesen.«

Immer mehr junge Soldaten von der kämpfenden Truppe schlenderten den Damm herauf. Wir erinnerten uns an die Mahnung des Offiziers.

»Am besten, wir verduften«, meinte Jola.

Etwas verloren irrten wir durch das Bellmannsche Haus auf der Suche nach einem Versteck.

Im Gästezimmer trafen wir auf den Flüchtling Kaunap.

Noch gestern maulstarker Kämpe, der jeden zu erschießen drohte, der nicht an den Endsieg glaubte, hatte er sich heute früh ins Bett verkrochen und toter Mann gespielt. Seine Frau – lautlos huschende Hausmaus und geprügelte Untertanin – mußte ihn umsorgen. Am liebsten hätte er sich hinter ihren speckigen, ausgebeulten Röcken versteckt. Dabei brauchten wir ihn so dringend, war er doch der einzige unter uns, der russisch sprach. Nun hatte er sich hierher geschlichen.

Es gab eben keine Männer mehr, auf die wir uns verlassen konnten außer seinem stillen, vierzehnjährigen Sohn Gottfried. Die autoritäre Fuchtel seines Vaters hatte ihn bisher daran gehindert, eine eigene Persönlichkeit zu entfalten. Auf einmal ruhte die Verantwortung für mehrere Frauen und Mädchen auf seinen mickrigen Schultern.

Mit langen Sprüngen kam er die Treppe herauf, hatte Windeln überm Arm wie ein Kellner seine Serviette und brachte ein Stück Kohle mit.

»Sie möchten beide sofort rüberkommen. Und das hier soll'n Sie sich um den Kopf binden.« Er reichte uns die Windeln. Mit der Kohle rußte er unsere Gesichter ein. Gleich darauf erschien Frau Barris, zog uns die Tücher tief ins Gesicht, knöpfte die Kittel zu.

»Was soll der Quatsch?« Jola mochte es nicht, wenn man an ihr herumfingerte.

»Zu euch rüber, Luise, unters Dach.«

Es waren nur wenige Schritte über die Straße zu unserem Haus und die Vorgärten schmal. Unter dem Gejohle junger Soldaten kam uns der Weg wie ein endloser Spießrutenlauf vor. Voran ging Hanna Barris, dann wir zwei Mädchen mit gesenkten Köpfen, zuletzt Gottfried

Kaunap mit unserer Habe, Faxen schneidend, um die Aufmerksamkeit von uns abzulenken. Denn trotz blutiger langer Arztkittel und Ruß im Gesicht sahen wir eben doch wie junge Mädchen mit Ruß im Gesicht aus.

Aus unserem Keller krauchten die einquartierten Frauen herauf und sahen uns feindselig an. »Was wollt ihr hier? Haut ab! Ihr zieht bloß die Iwans ins Haus!«

Meine Mutter drückte uns Kissen und Decken in die Hand. »Gottfried«, sagte sie, »steh Schmiere! Wenn einer kommt, dann pfeif!«

»Was soll ich pfeifen, Frau Hartwig?«

»Irgendwas.«

Im ersten Stock lehnte eine Leiter zum Dachboden. Ich stieg als erste hoch und stieß die verglaste Klappe auf, deren eine Scheibe zerbrochen war, zog Kissen, Mäntel und Decken herauf und meinen Rucksack mit dem Tagebuch. Es folgte Jola. Mit etwas zuviel Schwung. Sie donnerte mit der Stirn gegen einen Dachbalken.

»Frau Hartwig, jetzt muß ich pfeifen«, rief Gottfried von unten.

»Schnell, die Klappe zu!« flüsterte meine Mutter. Durch die kaputte Scheibe sah ich, wie sie die Treppe hinunterging auf die ins Haus polternden Eroberer zu.

»Quartier – chier!« Das war ein Befehl.

»Nix Quartier«, sagte sie, »alles kaputt. Ruski bumbum kaputt. Kommt mit, guckt's euch an – alles kaputt –« und führte sie durch das zerschossene Haus voller Scherben und Stoffetzen und Schutt und zerbrochener Möbel.

»Characho –«, sagte einer, er war schlimmere Unterkünfte gewöhnt. Heute nacht, nach der Waffenstillstandsfeier, wollte er einziehen. Zum Abschied bot er meiner Mutter Zigaretten an – nix ein – swei, drrei, Frau!

Jola und ich versuchten unterdessen, unser »Sittenexil« einzurichten. An seiner höchsten Stelle maß es einen Meter. Sein Holzboden war mit Sand, Kieseln, stinkendem Stroh und einem zehnjährigen Massengrab von Fliegen, Brummern, Wespen und Mücken bedeckt. Tausende von schillernden Insektenflügeln raschelten unter uns wie mürber Taft, sobald wir uns bewegten. An jedem Holzbalken hingen Netze mit zusammengerollten Kreuzspinnen, die – durch unseren Einzug aufgeweckt – in die Flucht huschten. Ich hatte meinen Schuh ausgezogen und hieb hysterisch hinter ihnen her. Jola verrenkte sich indessen beim Ausbreiten unserer Decken.

In der Mittagshitze fühlten wir uns unter dem fast flachen, von Einschüssen zerlöcherten Dach wie unter einem Brennglas. Zudem stank es nach Mäusedreck.

Von unten kam ein Pfiff. Auf der steilen Hühnerstiege stand meine Mutter und reichte mir einen Korb mit Kommißbroten und Tee herauf. An den Henkel hatte sie eine Wäscheleine gebunden. Nun besaßen wir einen Speiseaufzug.

»Und wenn wir mal müssen?« fragte Jola.

»Ihr dürft nur runter, wenn die Luft rein ist. Also trinkt nicht soviel!«

Die Sonne ging über Potsdam unter, die Dämmerung kam, und mit ihr zog Kühle unters Dach. Das Befehleschreien und Räderrollen auf der Königstraße hatte aufgehört. Die Soldaten hatten Schnaps und in Unterständen zurückgelassene Panzerfäuste und Munition gefunden. Benebelte Köpfe und scharfe Munition ergaben eine wirkungsvolle Waffenstillstandsfeier.

Leider erlebten wir sie nicht im Keller mit, sondern unter einem flachen Dach.

Geschosse zischten über uns hinweg, ihr Einschlag ließ das Haus erbeben. Scheiben klirrten. In der Nähe prasselte ein durch Leuchtmunition entzündetes Haus ungelöscht nieder. Erhellte unser Exil mit flackerndem Rot. Und dann ein trommelfellzerreißender Knall. Krachen. Splittern. Eine stinkende Staubwolke machte uns blind, blockierte das Atmen. Rieselte in Form von Stroh, Kieseln, Holzsplittern und Insektenflügeln auf uns nieder.

Als sich der Staub verzogen hatte, sahen wir das klaffende Loch im Dach.

Jolas Schulter hatte ein zerfetzter Balken getroffen. Auf meinem Bauch lag ein altes Wespennest.

Nun war es genug. »Ich will runter«, zischte sie, außer sich vor Panik. Ich auch – und räumte mit zitternden Fingern das Fensterchen vom Einstieg. Hatte schon den Fuß abwärts, stieg im Dunkeln auf die Hand meiner Mutter, die auf der Leiter stand.

»Seid ihr verletzt?« fragte Hanna Barris hinter ihr.

»Wir wollen runter!«

»Ihr bleibt oben. Da–«, meine Mutter reichte mir zwei harte, hohle lederne Halbkugeln. »Sturzhelme. Guido hat sie in einem OT-Lager geklaut. Die setzt ihr auf.«

»Nein. Laßt uns runter!«

»Dann nehmen wir die Leiter ab«, drohte Frau Barris.

Als wir noch kleine Mädchen waren und im Grunewald nur fünf Minuten voneinander entfernt wohnten, hatte der Kontakt zwischen unseren Müttern aus gelegentlichen Telefonaten, uns Kinder betreffend, bestanden. Sie lebten in zu verschiedenen Welten, um befreundet zu sein. Jetzt funktionierten sie so selbstverständlich miteinander, als ob sie seit Jahren gemeinsam gedacht und gehandelt hätten. Beide Löwenmütter, um ihre Jungen besorgt.

Aber warum sperrten sie uns dann unters Dach zu Kreuzspinnen und lebensgefährlichen Einschüssen?

»Jahrelang hat sich Mami nicht um mich gekümmert, auf einmal diese Bevormundung«, tobte Jola neben mir.

»Ach, wär ich doch bei Oma geblieben. In unserm Haus kenne ich genug sichere Verstecke, wo uns keiner finden würde, Luise.«

»Ja«, schnatterte ich, »hier ist es beschissen.«

Wir brachen dennoch nicht aus unserem Exil aus, weil immer mehr Soldatenstiefel im Haus polterten.

Draußen war es plötzlich still. Die Gaudiknallerei hatte aufgehört.

Die Luke im Dach war nun voller Sterne. Wir hörten Pferde purren. Kehliges Lachen. Ein Akkordeon. Dazwischen quäkte ein Grammophon die Arie der Gilda aus »Rigoletto«: Teurer Name, dessen Klang ... Betrunkene Stimmen gröhlten mit. Kreischendes Lachen. Verzweifelte Schreie einer Frau, die in Wimmern übergingen. Hilferufe. Das Heulen eines Hundes schleppte sich immer weiter fort.

Kaum war die Rigolettoarie zu Ende, fing sie von neuem an.

Eisige, feuchte Nachtluft ließ uns erstarren. Wir krochen eng aneinander. Als die Kellertür aufging, hörten wir Gröhlen und Vivat-Stalin-Geschrei. Dort feierten die Männer vom Troß mit unserer Einquartierung. Von Hanna Barris wußten wir, wie das vor sich ging, denn sie hatte daran teilnehmen müssen: Trinkspruch auf Stalin, Wodka ex, Glas gegen Wand, ein Stück fetten Speck, nächster Trinkspruch, nächster Wodka, nächstes Glas, nächster Speck. Sie vertrug weder Wodka noch Speck. Guido zeigte ihr, wie man die Prozedur überlebte. Er ging ab und zu in den Garten und steckte den Finger in den Hals. Und dann feierte er weiter. Feierte Stalin als seinen Befreier. Noch vor zwei Monaten war er Gärtner in der italienischen Botschaft gewesen. Konnte sich gar nicht daran erinnern, jemals ein Faschist gewesen zu sein. Jetzt fühlte er sich vor allem als Ausländer und als solcher den Russen ebenbürtiger als den ramponierten Deutschen. Die waren nur akzeptable Bündnispartner der Italiener gewesen, solange sie siegten.

Frau Bellmann war vor einem betrunkenen Soldaten in unser Haus geflohen – durch die Haustür herein und über die Terrasse wieder hinaus. Den Soldaten hatte sie uns dagelassen.
Er torkelte mit einer Blendlaterne durch das stockdunkle Haus, ihr Licht taumelte an den Wänden des Treppenhauses hoch, sprang durch das zerbrochene Glas auf mein Gesicht. Ich warf mich zur Seite. Stroh raschelte.
»Frau –?«
Wir hörten auf zu atmen, als er sich umständlich auf die Leiter zu unserem Versteck begab. Seine nägelbeschlagenen Sohlen rutschten immer wieder von den schmalen Sprossen, aber mit der Ausdauer des Volltrunkenen schaffte er es mühsam höher, stemmte nun die Faust gegen den Einstieg. Ich preßte von oben dagegen, Jola hatte sich auf mich geworfen, um meine Kraft mit ihrem Gewicht zu verdoppeln...
In diesem Augenblick spielte jemand den »Fröhlichen

Landmann« auf meines Vaters Flügel, wie ein Kind in der Klavierstunde. Der Betrunkene rutschte mit einem Juchzer von der Stiege, polterte die Treppe abwärts und stürzte sich mit allen zehn Fingern auf die Tasten. Dazu gröhlte er, eine Frauenstimme sang mit.

»Das ist Mami«, erkannte Jola atemlos.

Was fällt Müttern nicht alles ein, um den Feind vom Nest abzulenken!

Die Siegesfeier im Keller ist kotzend und schnarchend zusammengebrochen. Aber noch immer plärrt Gilda durch die Nacht. Und dazu das Schreien – wie von einem Tier, das bei lebendigem Leibe geschlachtet wird – ist aber kein Tier, sondern eine Frau – die Stimme muß aus dem Haus neben Bellmanns kommen.

»Wird das nun immer so sein?« fragt Jola verzagt.

Ich möchte wissen, wie spät es ist. Ob die Nacht noch lange dauert?

Wo sind unsere Mütter?

»Wenn das Schreien nicht aufhört...« Ich setze den Sturzhelm auf. Unter ihm klingt es nicht mehr so herzzerreißend schrill. Schaue in die Sterne. Sie funkeln kalt und unbeteiligt...

Als ich erwache, schmerzt jeder vereiste Knochen beim Auftauen. Zumindest habe ich so ein Gefühl.

Im ersten Augenblick weiß ich nicht, wo ich bin. Dann sehe ich den blassen Morgenhimmel in der Dachluke. Höre Vogelzwitschern, erst süß und tastend, dann immer kräftiger und jubilierender, als ob gar nichts geschehen wäre.

Neben mir liegt Jola mit wachen Augen. »Du hast

geschlafen!« sagt sie vorwurfsvoll. »Wie konntest du nur schlafen?«

»Es tut mir leid, ich hab's ja nicht gemerkt.«

»Hast du was von unseren Müttern gehört?«

»Sie haben heute nacht noch die Leiter abgenommen, dabei hat sie der Kerl erwischt. Deine Mutter konnte fliehen, meine nicht.« Und nach einer Weile: »Ich dachte, ich dreh durch.«

Seit ihrem Auszug aus der Atelierwohnung hatte Jola ihre Mutter selten gesehen und auch nicht viel an sie gedacht. Es blieb bei gelegentlichen, unpersönlichen Treffen zwischen ihnen. Zum erstenmal lebten sie in unserem Haus wieder unter einem Dach. Hanna Barris war längst nicht so eine gute Mutter wie meine. Sie war vor allem Barris' Geliebte und unbedingte Gefährtin. Keinem Märchenprinzen wäre es gelungen, sie zu verführen.

Und dann hatte sie heute nacht mit dem besoffenen Sieger geschlafen, um uns Mädchen vor ihm zu beschützen. Das hätte manche bessere Mutter als sie nicht über sich gebracht.

»Mami darf nie und nimmer erfahren, daß ich alles mitgekriegt habe, versprich mir das«, forderte Jola.

»Aber meine Mutter weiß es, oder?«

»Sie hat versucht, Hilfe aus dem Keller zu holen. Aber die waren ja alle hinüber vom Schnaps.«

Weiches, gelbes Licht erreichte die Luke. Die Sonne war aufgegangen. Vögel trippelten übers Dach, ein Filigrangeräusch.

»Ob sie es Barris erzählt, wenn er heimkommt?« überlegte Jola.

»So wie ich ihn kenne, wird er heilfroh sein, wenn sie

gesund überlebt hat. Alles andere ist für ihn nicht wichtig.«

»Wenn mir das passierte und mein Karl-Heinz würde es erfahren – also ich glaub, er käme nie drüber hinweg. Bei seinem Ehrgefühl!«

»Wär's ihm lieber, du wärst tot als vergewaltigt?«

»Ja, ich glaube, ja.«

»Und so einen liebst du?« fragte ich erschüttert.

Vom Keller tappten schwere Schritte die Steinstiege herauf, Gähnen und Rülpsen und die müde Stimme meiner Mutter aus der Küche: »Ach, Ruskis, da seid ihr ja schon wieder. Wenn ihr Kaffee wollt, muß einer von euch den Herd anheizen.«

Ich rollte mich auf das zerbrochene Fensterchen – sah das Treppenhaus voller Schutt und Scherben und Kälte unter mir. Die zerfetzte Flurgardine wehte im Durchzug, ein unheimlich totes Geräusch.

Endlich huschte meine Mutter die Treppe herauf, übernächtigt und erbarmungswürdig anzusehen.

»Bitte hol die Leiter. Uns platzt die Blase!«

Sie zog die lange Holzstiege aus dem Schlafzimmer, hatte Mühe, sie allein aufzurichten und einzuhaken.

»Ich zuerst!« Jola drängte mich vom Einstieg fort.

Die Erleichterung hinterher war unbeschreiblich.

Eine Kanne voll Wasser stand im Bad. Zum erstenmal konnten wir uns wenigstens Gesicht und Hände waschen. In der letzten Zeit hatte unser Wasservorrat gerade für zwei Tassen Tee pro Tag gereicht.

Ein Soldat, der ein bißchen Deutsch radebrechen konnte, hatte meiner Mutter erklärt, wie enttäuscht er von den Bewohnern der Weltstadt Berlin war. So stinkend und ungepflegt hätte er sie sich nicht vorgestellt.

Unser Ausflug war zu Ende. Meine Mutter scheuchte uns zurück. »Ich muß runter, Kaffee kochen.«

»Wo ist Mami?« fragte Jola.

»Im Vorratskeller. Sie schläft jetzt. Eine fabelhafte Frau, deine Mutter.«

»Noch eine Frage« hielt ich sie auf. »Wer hat heute nacht so grauenvoll geschrien?«

»Fräulein Kunstmann. Sie hat irgendeine Säure getrunken und ist langsam innerlich verbrannt.«

»Warum, um Himmels willen? Hat man ihr was getan?«

»Im Gegenteil, sie hatte sich so verbarrikadiert, daß man erst eine Axt auftreiben mußte, um ihre Tür und die davorgeschobenen Schränke zu zerschlagen.«

»Warum hat sie keinen Strick genommen? Dann wäre ihr viel erspart geblieben und uns auch«, schimpfte Jola.

»Das sind alles so überstürzte Selbstmorde. Da werfen die Menschen in Panik ihr einziges Leben fort...«

»Frau –«, rief es von unten.

»Ich komm ja schon.« Meine Mutter stellte ihren Besen hin, mit dem sie den Schutt von einer Ecke in die andere schob, um eine Beschäftigung vorzutäuschen, wenn sie sich zu lange im oberen Flur aufhielt.

Immer mehr Soldaten fanden sich in ihrer Küche ein und auch die kleinen Mädchen unserer deutschen Kellerbesatzung. »Wir haben Hunger. Unsere Muttis wollen nicht aufstehen. Sie sind krank.«

»Kann mir vorstellen, daß sie krank sind. Nach *der* Siegesfeier«, sagte meine Mutter. »Ich mach euch gleich was zu essen.«

Und dann hörten wir die Soldaten mit den Kleinen radebrechen und lachen. Sie hatten ihre eigenen Kinder seit vielen Monaten nicht mehr gesehen.

Regen pladderte durch die Einschußlöcher. Es war zu flach hier oben, um einen Schirm aufzuspannen, darum hatten wir uns mit einer Plane zugedeckt, um nicht völlig aufzuweichen.

Jola war mit ihren Gedanken bei Großmutter Genthin am Großen Wannsee. Wie es ihr wohl gehen mochte und ob die Villa noch stand? Ich hatte indessen die Kreuzspinnen im Auge. Warum schliefen sie nicht? Meistens werden sie doch erst abends munter. Wenn sich eine auf mich abseilt, muß ich leider kreischen!

Durch die geöffnete Luke duftete es so unbeschreiblich grün gegen den Mäusedreck an. Wie schön, daß wenigstens Frühling war. Es gibt nichts Tröstenderes als eine Natur, die sich überhaupt nicht um die Kriege der höchstentwickelten Lebewesen kümmert.

In der Weide sangen Vögel. Ein pulsierendes Nichts aus Federn und Wärme und Schnabel und Augen und hauchdünnen Knöchelchen und Krallen, wenn man sie in der Hand hielt. Aber was für eine Wahnsinnsstrapaze brachten sie jedes Jahr zweimal hinter sich. Im Herbst flogen sie durch die europäischen Kriegsfronten, durch Bombenhagel, italienische Fangnetze, über das endlose Mittelmeer mit seinen Seegefechten zum nächsten Kriegsschauplatz Nordafrika. Und im Frühjahr wieder zurück, um hier zu nisten.

Wenn so ein Vogel einmal nachdenken würde, dann müßte er sich an den Kopf fassen und sagen: Ja, bin ich denn noch zu retten? Immer wieder das lange Ende hier heraufzufliegen? Wofür? Wo anders gibt es auch Nistplätze. Aber wenn sie denken könnten und nicht mehr wiederkämen, dann verlöre unser Himmel seine Haydnsymphonie.

Ich teilte Jola meine Überlegungen mit. Sie schaute mich von der Seite an. »Sag mal, hast du keine andern Sorgen nach *der* Nacht?«

Wie spät es war, wußten wir nicht. Wem seine Uhr nicht vom Eroberer abgenommen worden war, der hatte sie im Blumentopf oder sonstwo versteckt, und da war sie irgendwann stehengeblieben. Es hätte gar nichts genützt, sie auszubuddeln, weil im weiten Umkreis keine Uhr existierte, nach der man sie hätte stellen können. Es ist ja sowieso die Stunde Null, sagten dieselben Leute, die vorher von »fünf Minuten vor zwölf« gesprochen hatten. Wir richteten uns wie unsere Vorfahren nach dem Stand der Sonne. Wenn sie nicht schien, lebten wir zeitlos.

In den letzten drei Tagen hatte sich viel verändert.

Zum Beispiel waren wir sauber. Immer wieder roch ich an meinem Arm, um es zu glauben.

Wir hatten frische Wäsche an und somit den höchsten Kulturstand seit Wochen erreicht. Auch vegetierten wir nicht mehr unterm Dach, sondern schliefen zum erstenmal wieder in unseren Betten.

Igor, Wanja, Pjotr, Wasja, Petja und ihre Panjepferdchen, die so ähnlich hießen, dieser Troß, der uns wie ein Schutzwall umgeben hatte, war abgezogen.

Im Keller hausten nur noch Guido und Rosina. Meine Mutter hatte sie vor Monaten als Untermieter aufgenommen, weil sie ihr beim Leben der Madonna versprachen, den Garten und das Haus zu putzen. Das heilige Versprechen trat außer Kraft, als sie uns beim Abhören ausländischer Sender erwischten. Nun hatten sie uns in der Hand und drohten, uns ins Zuchthaus zu bringen, falls wir so etwas Ungebührliches wie Haus- oder Gartenarbeit von ihnen verlangen würden.

Nach dem Zusammenbruch zogen sie mit kokardengeschmückten ehemaligen Fremdarbeitern plündernd durch leerstehende Häuser. Auch der Schmuck meiner Mutter war aus seinem Versteck verschwunden. Einen Brillantanhänger fand sie unter Rosinas Matratze wieder. Wo war der Rest? Guido versprach ihr: »Wenn Sie uns anzeigen, wir gehen zu russisches Kommandantur und sagen, Sie verstecken SS-Mann. Uns sie glauben, wir Ausländer und kein miese Deutsche.«

Im Bügelkeller türmte sich ihre Beute – Pelze, Kleider Teppiche, Silberwaren, Kameras und Fahrräder. Wenn Rosina in der Waschküche kochte und der Duft nach oben stieg, drehten unsere Mägen durch. Kaum zogen die beiden auf Beutejagd, fischten wir die Fettaugen von ihrem Pot-au-feu. Meist blieb auch noch ein Stück Fleisch in der Kelle hängen als Beilage zu unseren erfrorenen Kartoffeln.

So bestahl einer den anderen.

4

Eine Notbrücke führte wieder zum Festland.

Jola packte ihre Sachen zusammen.

»Höchste Zeit, daß ich nach Hause fahre. Ich habe keine Ruhe, wenn ich nicht weiß, wie es Oma geht und ob das Haus noch steht.« Sie umarmte ihre Mutter. »Tschüs, Mami. Du bleibst ja sicher noch bei Hartwigs. Ich komm bald wieder vorbei.«

Das Chaos des Kriegsendes war vorüber und mit ihm der kurze, innige, aus der gemeinsamen Todesangst entstandene Zusammenhalt zwischen Mutter und Tochter. Jola kehrte zu ihrer Familie zurück, die nicht Hanna Barris hieß, sondern Großmutter und Achim Genthin, von dem seit Januar keine Nachricht mehr gekommen war. Nach einer russischen Großoffensive in Kurland galt ihr Vater als vermißt, aber das besagte gar nichts in diesen Zeiten. Bestimmt war er in Gefangenschaft geraten.

Ich begleitete Jola.

Frau Barris stand – zum Durchpusten dünn – am Zaun und winkte uns nach.

»Du hättest ruhig ein bißchen lieber zu ihr sein können«, sagte ich, als wir in die Königstraße einbogen.

»Ich war doch lieb zu ihr«, verteidigte sie sich. »Und ich bin ihr wahnsinnig dankbar für alles, was sie jetzt für mich getan hat. Ich werde ihr das nie vergessen. Aber das bedeutet doch nicht, daß wir jetzt wieder das Mutter-Tochter-Spiel aufnehmen. Dafür ist es zu spät.«

Auf dem Wege zu Genthins über die lange, gerade Königstraße begegneten wir wieder armseligen Flüchtlingskarren in beiden Richtungen. Einer zog, einer schob, einer saß auf der letzten Habe. Nebenherlaufende Kinder hatten keine Schuhe an, nur Lappen, mit Strippen gehalten, und wenn Schuhe, so fehlten die Kappen, weil die Zehen inzwischen zu lang geworden waren, oder die Sohle klappte wie ein Entenschnabel bei jedem Schritt. Ab und zu trottete noch ein ausgemergeltes Pferd vor einem Leiterwagen, ein alter Mann hatte sich mit an die Deichsel gespannt.

Jolas Schritt verlangsamte sich, je näher wir dem Genthinschen Anwesen kamen. Schließlich blieb sie ganz stehen und sagte: »Geh du vor, Luise.«

Ich konnte sie verstehen. Die Angst, eine tote Großmutter vorzufinden, ein ausgebranntes Haus . . .

Mir war selber nicht wohl, als ich am heckendichten Zaun entlang zur Toreinfahrt ging, von der man den ersten Blick in das Grundstück hatte.

Am Ende der Auffahrt stand die Turmvilla unversehrt bis auf ein paar blindgeschossene Fensteraugen.

»Kannst kommen«, rief ich Jola zu. Ihre Beklemmung löste sich in einem hörbaren Seufzer.

Sie öffnete den geheimen Torriegel und rannte auf das Haus zu, »Oma – Frau Schult – Benita« rufend.

Ich schob mein Rad, das mit Jolas Gepäck beladen war, zum Garagenplatz und sah mich um.

Dieses in Serpentinen zum unteren Seegarten abfallende Grundstück kannte ich wie ein Zuhause. Jedes Gebäude, jeden Baum, jedes Beet, jede Unebenheit im Weg. Unser eigener Garten bot keine Romantik, bloß Pflichten, Rasenmähen, Beete gießen – und alles war überschaubar. Nicht ein Versteck.

Dies hier war kein Garten, sondern ein Park zum Verlieren und Träumen und irgendwann Wiederfinden. Und außerdem lag er am See, der mir mehr bedeutete als jede Stadt. Vom Rosenrondell unter überhängenden Rotbuchenzweigen kamen Frauenstimmen. Ich sah Großmutter Genthin und Frau Schult in der für diese Zeit so typischen Verkleidung: Kopftuch, Jacke über Schürze, darunter Trainingshosen, Strümpfe voller Laufmaschen, Socken, verkleisterte Schuhe. Frau Schult trug als Variation einen ausgebeulten Rock.

Die beiden schippten eine mannslange Grube zu. Irgendwann richtete sich Frau Genthin ächzend auf, schob das auf die Brille gerutschte Kopftuch stirnwärts und sah mich.

»Luise!!!«

Ich rannte auf sie zu. Sie zog mich an ihren Busen, hielt mich fest. Gab mich an Frau Schult weiter. Beider Umarmungen rochen stark nach Mottenkugeln. Ihre Freude, mich wiederzusehen, wurde durch die bange Frage gestört: »Wo ist Jolakind?«

»Die sucht Sie im Haus.«

»Gottseidank«, seufzte Großmutter. »Ich habe mir solche Sorgen gemacht.«

Frau Schult, den Schweiß von der Stirn wischend, nahm die Schaufel wieder auf. »Wir schippen gerade Untroffzier Rutenmacher aus Koblenz zu. Drei Tage lag er tot im Garten. Niemand hat ihn abgeholt, obgleich wir mehrmals drum gebeten haben.«

48

»Und das geht doch nicht, daß man einen Toten so verkommen läßt«, fügte Frau Genthin hinzu. »Wir haben ihn in einer Plane vom Segelboot beerdigt. Zeiten sind das, Zeiten!«

Dann kam Jola. »Hier seid ihr! Ich hab euch im ganzen Haus gesucht. Ach, Oma —«, sie fiel der alten Dame um den Hals.

Frau Genthins Küsse knallten auf ihre Wangen. »Mein Herzchen – daß du da bist!«

»Wie ist es euch ergangen?«

»Oh, wir hatten ein Geschütz auf der Terrasse, das ballerte immer rüber über den See. Bei jedem Schuß dachte ich, der trifft mein Jolakind – und ich hab sie auch noch rübergeschickt. Dabei hatten wir so ein gutes Versteck. Opas Weinkeller. Da waren alle Flüchtlingsfrauen mit ihren Kindern drin. Umständlich war das bloß mit dem Schrank, den wir vor die Tür schoben. Wir mußten ihn vorher immer ausräumen, weil er sonst zu schwer war, und hinterher wieder einräumen. Wir zwei standen allein an der Heimatfront, nicht wahr, Frau Schult?« Sie wechselten einen stolzen Blick.

»Und euch ist nichts passiert?«

»Nein, nur Mami hat dran glauben müssen.«

»Nu ja«, sagte Oma, nicht sonderlich erschüttert. Hanna Barris konnte gar nicht genug dafür gestraft werden, daß sie ihren Sohn wegen eines dahergelaufenen baltischen Säufers verlassen hatte. Verzeihen war nicht Omas Stärke.

»Warum stinkt das hier so nach Naphtalin?« erkundigte sich Jola.

»Das ist Untroffzier Rutenmacher«, klärte Frau Schult sie auf. »Wir haben ihn aus Erhaltungsgründen mit

Mottenkugeln belegt. Wegen der Würmer. Damit sie ihn in Ruhe lassen, bis er wieder ausgegraben wird und auf einem ordentlichen Friedhof unterkommt.«

»Sind Sie sicher, daß Mottenkugeln Würmer verscheuchen?« fragte ich.

»Nein. Aber wir hatten nichts anderes.«

»Aber nun kommt ins Haus.« Frau Genthin hakte sich bei uns beiden Mädchen ein.

Wir betraten das Entree. Rechts in der Garderobe, unter der Kleiderhakenleiste für vierzig Gästemäntel, stand Benitas Körbchen.

»Wo ist Benita?« fragte Jola, sich in der dunkelgetäfelten Wohnhalle umsehend. Die Teppiche waren aufgerollt, unsere Schritte klangen hohl und aufdringlich. »Warum begrüßt sie mich nicht?«

»Im – im Garten«, nuschelte Frau Genthin unbehaglich. »Benita ist im Garten.«

Vor zwölf Jahren hatte Barris die Hündin ganz jung und herrenlos in Mailand aufgegriffen und mit nach Berlin genommen. Solange ich Jola kannte, kannte ich auch Benita, die übrigens nach Benito Mussolini hieß.

Frau Genthin betrachtete ihre schwarzrilligen Handflächen. »Also gut, Jolakind, du mußt es ja doch erfahren. Als die Russen kamen, haben wir Benita eingesperrt. Aber jemand muß sie herausgelassen haben. Sie ist auf die Soldaten los wie ein Berserker – du weißt ja, sie hat Uniformen nie leiden können. Denk bloß an unsern armen Briefträger, wie sie den . . .«

»Was ist mit ihr?« unterbrach sie Jola.

»Ich habe sie in der Halle gefunden – mit gebrochenem Rückgrat«, seufzte Frau Genthin.

Jola wurde blaß und sehr ruhig. »Wie ist es passiert?«

»Ich weiß nicht, Kind. Wir haben sie im Garten beerdigt, wo früher deine Schaukel stand.«

»Du hast mir fest versprochen, auf sie aufzupassen, Oma. Du hast es nicht getan.« Jola drehte auf dem Hacken um und lief in den Garten hinunter, eine bekümmerte Großmutter zurücklassend.

»Es war soviel los. Ich konnte meine Augen ja nicht überall haben – mir tut's doch selber so leid – nun macht Jolakind mir Vorwürfe.« Großmutter zog einen Schluchzer hoch, suchte nach dem Taschentuch in ihren Schürzentaschen, fand schließlich ein zusammengeknülltes bräunliches Ding im Ärmel und schneuzte sich hinein. »Geh ihr nach, Luise.«

Links und rechts vom Serpentinenweg, der zum unteren Teil des Gartens führte, tropfte der Regen aus den Rosenbüschen. Mandelbäumchen schneiten rosa Blüten. Auf der großen Rasenfläche zum See leuchteten gelbe und weiße Narzisseninseln und himmelblaue Vergißmeinnichttuffs. Dazwischen lagen hastig fortgeworfene deutsche Stahlhelme, Tornister, Uniformstücke; Granaten hatten tiefe Krater in den Rasen gefetzt. Der Steg mit seinem weißen Geländer und der Bank hing im Wasser. Ich fand Jola im Pavillon. Sie wischte mit dem Ärmel ihre Tränen ab.

»Es tut Großmutter sehr leid wegen Benita«, sagte ich und fügte tröstend hinzu: »Sie war ja auch schon alt.«

»Wie euer Bolle überfahren wurde, hat es dich auch umgehauen. Wenn ich hiergeblieben wäre, wär es bestimmt nicht passiert,« schluchzte sie.

»Benita wär so oder so bald gestorben, da hättest du auch nichts dran ändern können.«

Sie war die Begleiterin unserer Kinder- und Jugendjahre

gewesen, sie hatte einfach zu uns gehört. Übrigens hat sie Mussolini, der am 28. April erschossen wurde und in Mailand mit dem Kopf nach unten zur Schau hing, nur um einen Tag überlebt.

Aber das wußten wir damals noch nicht, wir hatten ja weder Zeitungen noch Strom, um Radio zu hören.

Von einem Schlauchboot aus fischten russische Soldaten auf rasche, gründliche Art, das heißt, sie warfen eine Handgranate ins Wasser, das in einer hohen Fontäne aufbrach. Ringe weiteten sich bis zum Ufer aus. Nachdem sich der See beruhigt hatte, schwammen silbrig glänzende Fischleiber auf seiner Oberfläche. Mit Stahlhelmen holten die Soldaten sie an Bord.

Jola pflückte ein paar Narzissen für Benitas Grab. »Nimm auch welche für unsere Mütter«, sagte sie und, sich aufrichtend: »Irgendwie komisch, daß wir uns jetzt trennen müssen, Luise.«

Das bedeutete viel Bekenntnis für ihre spröden Verhältnisse.

Als wir am nächsten Morgen unsere Radioapparate auf der Kommandantur abliefern mußten, verlor mein vollbeladener, von der Nachbarin geborgter Kinderwagen ein Rad.

Ein Soldat, der das Anstehen mit einer Fliederdolde dirigierte, schrie mich an. Ich hielt seiner Meinung nach die Abfertigung auf. Aber ich konnte beim besten Willen nicht schneller vorwärtskommen.·

»Pomalu«, sagte ich zu ihm. Das Wort hatte ich aufgeschnappt. Vielleicht hieß es »immer mit der Ruhe« oder »halt die Klappe« oder »langsam« –

Auf alle Fälle löste es seine ärgerliche Ungeduld in einem

breiten Grinsen auf. Er nahm die Fliederdolde zwischen die Zähne wie einst die Türken ihren Krummdolch und half mir den Wagen schieben. Lehre mich einer dieses Volk verstehen.

»Lieseken«, sagte jemand hinter mir. Ich sah einen kleinen Mann mit karierter Schiebermütze und einem gewaltigen Kaschmirschal überm Trainingsanzug. Und fiel beinah um vor Schreck.

»Wat is? Wat kiekste mir an wie'n Jeist? Haste ooch jehört, det wa uns umjebracht ham?«

Ich nickte. Vor mir stand der berühmte Clown, den wir herzlich betrauert hatten.

»Det Jerücht war'n Vasehen. Det war'n nämlich nich meine Lucie und ick, sondern unsre Nachbarn. Noch'n Tag bevor die Russen anjetanzt sind, ham wa übern Zaun jesprochen. Sie haben mir jefragt, ob se sich erschießen sollen. Ick hab jesagt: Wovor? Bloß nich de Nerven valiern. Im Grunde wolln Se ja jar nich Ihr wertet Leben auslöschen, bloß Ihre Angst. Und die jeht von janz alleene weg. Hab ick jesagt. Na und da ham se sich richtig erleichtert bei mir bedankt und sind in ihr Haus jejangen und haben sich trotzdem erschossen. Een Wahnsinn det, Mann. Aber manche is ebend nich zu helfen.« Er zog ein goldenes Schlüsselbund aus der Hosentasche und gab es mir. »Der mit'n kleenen Bart paßt in unsre Haustür. Jeh man bei Lucien, die freut sich, wenn de kommst.«

Ich fand sie im ersten Stock ihres Hauses, im einzig heizbaren Zimmer am Fenster sitzend. Sie stopfte Strümpfe. Ihre fetten, zahnlosen Bullis schnarchten unterm Tisch. Zum erstenmal sah ich Lucie ohne Kriegsbemalung. So völlig ungeschminkt wirkte sie überraschend hübsch und mütterlich. Ich mußte mich zu ihr setzen, Schnaps trinken und erzählen.

»Und wie ist es Ihnen ergangen?« fragte ich.

»Wir haben eine malaiische Artistengruppe im Haus. Als die Russen kamen, haben sie jongliert, um sie von mir abzulenken. Daß wir Artisten sind, sprach sich schnell rum. Nun mußten wir mehrere Vorstellungen geben – tags und nachts. Mein Männe machte den dummen August. Du kennst nicht die Liebe der Russen für den Zirkus. Wir haben sie erlebt. Ein dankbares Publikum – wie die Kinder und ebenso unberechenbar.«

Lucie packte mir ein Stück Speck und Zucker ein. Sie hatten genug davon, denn ihr Publikum zahlte in Naturalien.

Auf dem Rückweg traf ich ihren »Männe«, auf seinem Wägelchen zwei Eimer Wasser ziehend. Er winkte mich heran. »Weeßte wat? Der Pielke – kennste ooch – den Glaser mein ick – also der war früher Rotfront. Wie Adolfen an die Macht jekommen is, streckte sich dem Pielken die Faust zum Deutschen Gruß. Und wie ick ihm ebend bei die Pumpe bejegnet bin, hatte er ne rote Binde um, und seine Finger waren wieda krumm. Det nenn ick Anpassungsvermöjen. Hat dir Lucien wat einjepackt? Ja? Denn is jut.« Er zog an der Deichsel, beim Anrucken schwappte Wasser aus den Eimern. »Tschüs, Lieseken. Verjiß nich, dein Frollein Mutta zu jrüßen.«

Schon beim Betreten unseres Hauses hörte ich Guido und Rosina toben. Er fluchte »Sacramento« und »Porca miseria«, sie rief ein übers andere Mal »Mamma mia«.

Im kalten, fensterlosen Wohnzimmer hockten meine Mutter und Hanna Barris, in Decken gehüllt. Frau Barris rauchte die fortlaufenden Generationen der Zigarettenkippen, Hujos genannt, in Durchlagpapier gerollt. Meine Mutter rülpste hinter vorgehaltener Hand und sagte stilvoll »Pardon«. Beide hatten dunkelrote Backen, »Hallo, Luise —«, und eine schwere Zunge.

»Was ist denn im Keller los?« fragte ich.

»Wir waren bei Frau Bellmann drüben.«

»Ja und?«

»Wir haben vergessen, die Terrassentür zuzumachen. Denn eigentlich wollten wir gleich wiederkommen.«

»Inzwischen waren Plünderer im Haus. Von uns haben sie nichts mitgenommen. Aber Guido haben sie ausgeraubt.«

»Es müssen Freunde von ihm gewesen sein, die genau Bescheid wußten.«

»Ist das nicht herrlich?«

Beide strahlten vor Schadenfreude.

»Und wieso seid ihr so besoffen?«

Sie sahen sich überlegend an. »Sind wir betüdelt? Aber iwoo!!«

»Die paar Likörchen bei Frau Bellmann. Da waren wir nämlich zum Tee.« Meine Mutter stand auf, öffnete die Tür zum Biedermeierschrank, stieg hinein und wieder heraus. »Ach, das ist mir aber unangenehm. Ich dachte, es wäre die Tür...«

So hatte ich sie noch nie erlebt.

Am selben Abend sollte die offizielle Siegesfeier der Russen stattfinden. Es war der 8. Mai.

Ich saß an meinem Zimmerfenster, vor mir die im Abendwind wehenden Arme der Trauerweide, heitere Melancholie verbreitend. Andere Bäume haben Äste.

Trauerweiden haben Arme. Ihre Bewegungen erinnern an offenes, langes Frauenhaar.

Ich mußte plötzlich sehr stark an Jobst denken. Es war nun auch schon wieder ein halbes Jahr her, daß mein Liebster »im Luftkampf gegen eine Übermacht von Feindflugzeugen« gefallen war, wie es in seiner Todesanzeige hieß.

Auf meinem Schreibtisch standen mehrere Fotos von ihm, mit Jagdmaschine in Fliegerkombination, ohne Maschine in Räuberzivil – aber immer mit dem gleichen unbedenklichen Grinsen. Warum war er nur so hoffnungslos tot. Jolas Vater war wenigstens nur vermißt und ihr Karl-Heinz wohl in russischer Gefangenschaft . . .

Hinter unserem Grundstück fanden sich Männerstimmen in einem Volkslied, das getragen begann und immer schneller wurde und immer peitschender und viele, viele Strophen hatte. Es klang wunderschön und dennoch bedrückend, denn die da sangen, waren die Sieger.

Man muß erst lernen, besiegt zu sein.

Bisher hatte die nationalsozialistische Diktatur unser Leben bestimmt, nun taten das die Alliierten. Was würden sie sich als Zukunft für uns ausdenken? Würden sie uns überhaupt die Chance einer Zukunft geben? Aber egal, was uns erwartete, dieser grauenvolle Krieg war endlich zu Ende, und es würde bestimmt keiner, der ihn miterlebt hatte, je wieder auf die Idee kommen, noch einmal einen anzufangen.

Ein Akkordeon begleitete jetzt den Vorsänger. Bunte Leuchtmunition flog in den Abendhimmel, trockene Schüsse knallten, selbst die Artillerie rumste. Durch die leeren Straßen patrouillierten motorisierte Streifen.

Die Siegesfeier begann.

5

Die Weltuntergangstimmung, die uns in den letzten Kriegstagen zusammengetrieben hatte, wie Herdenvieh vor einer Naturkatastrophe, war vorüber. Jeder kehrte in seinen Alltag zurück. Niemand kam mehr auf die Idee, beim Nachbarn unaufgefordert hereinzuschauen.

Man lebte wieder für sich, sofern man vier heile Wände und ein Dach darüber zur Verfügung hatte. Begegnete man sich auf der Straße, wurden Erlebnisse und Erfahrungen ausgetauscht. Man bestellte Grüße und war schon vorüber.

Nur in der akuten Gefahr sind wir ein Volk von Nachbarn. Bereits als Kinder bauen wir Zäune und dichte Büsche um unsere Holzklotzhäuschen, damit keiner uns zu nahe kommen kann, den wir nicht dazu eingeladen haben.

Hanna Barris hielt es nicht länger in Wannsee. Sie wollte wissen, was von ihrer Wohnung in der Teplitzer Straße noch übrig war.

So brach sie eines Morgens mit einem geborgten Rad von Frau Bellmann Richtung Grunewald auf. Ich begleitete sie. Auf der Avus, der ehemaligen Auto-Rennstrecke zwischen Berlin und Nikolassee, mußten wir alle zwei Kilometer absteigen und unsere porösen Schläuche durch frisch eingepumpte Luft aufrichten.

Das Haus, in dem ich Baby und Nervensäge und Volks-schulkind gewesen war, bestand nur noch aus einer Fassade mit Fensterhöhlen, zu denen es keine Stock-werke mehr gab.

Olrik und Hanna Barris' Atelierwohnung lag etwa zwei-hundert Meter weiter. Vor der Tür trafen wir Frau Noske aus der dritten Etage. Ihren Räumen zum Garten fehlte die Außenfront. Folglich lebte sie wie auf einem Balkon. Ein Glück, daß es auf den Sommer zuging. Ob Frau Barris etwa wieder im fünften Stock einziehen wollte?

»Ja«, sagte Hanna, »wenn irgend möglich. Ich erwarte jeden Tag meinen Mann zurück.«

Frau Noske sah sie so sanftmütig an, wie Berliner einen armen Irren anzusehen pflegen. »Wer sonst nischt mehr hat, dem soll man wenigstens nich seine Illusionen rau-ben«, sagte sie hinter uns her.

Bis zum dritten Stock war die Treppe geräumt, danach nicht mehr. Dann wurde es hochalpin. Wir kraxelten über Mauerbrocken und Scherben steil zum fünften Stock empor. Über uns war kein Dach mehr. Dafür schwebte ein geknickter Schornstein als Bedrohung zwi-schen weißen Wolken. Schuttmassen machten es uns schwer, die Wohnungstür aufzuschieben. Wir schafften gerade einen Spalt, durch den wir uns seitwärts in die Diele zwängten. Früher war sie stockdunkel, weil ohne Fenster, jetzt sonnendurchflutet. Das kam von dorther, wo einmal die Küche gewesen war. Nun pendelte ihre Tür über einem fünf Stock tiefen Abgrund.

»Vorsicht, Luise, bleib hinter mir«, warnte Hanna und stieg über einen Schuttberg in Barris' Arbeitszimmer. In der Decke war ein Loch, durch das man den Himmel sah. Auf dem Ledersofa häuften sich zerbrochene Dachziegel. Eines der wandhohen Bücherregale war zusammengestürzt. Sein Inhalt moderte auf dem Fußboden zwischen Pfützen vom letzten Regenguß.

Auf der Schreibtischplatte stand unversehrt die Teetasse, aus der Hanna getrunken hatte, als der Luftangriff kam, bei dem eine Sprengbombe das Haus halbierte. Hanna feierte Wiedersehen mit jedem Stück, das noch erhalten war.

»Als erstes muß das Loch repariert werden, damit es nicht mehr reinregnet. Morgen radle ich nach Berlin und mobilisiere unsere Freunde. Sie müssen mir dabei helfen.« Dann fielen ihr Barris' Bilder ein. Wo waren die geblieben? »Richtig. Die habe ich im Keller deponiert. Wir müssen sofort runter und nachsehen, ob sie noch da sind.«

Es begann der lebensgefährliche Abstieg, vor dem mir grauste, weil mir schwindlig war.

Frau Barris sammelte Bücher ins mitgebrachte Netz, mir drückte sie Erstausgaben von Heinrich Heine in die Hand. »Sind nicht schwer, kannst du tragen«, versicherte sie mir. Tragen schon, aber wie sollte ich mich am Schutt festhalten, wenn es abwärts ging?

Meine Fußsohlen verkrampften sich schmerzhaft wie immer, wenn mir ein steiler Abgrund bevorstand. Ich setzte mich auf den Hintern, verlor dennoch das Gleichgewicht, kriegte Fahrt, hörte die Erstausgaben poltern, landete zerschunden im dritten Stock.

Die Bücher sahen nach ihrem Absturz nicht besser aus als ich, aber wenigstens bluteten sie nicht.

Koffer und Mappen mit Barris' Bildern und Collagen im Kellerverschlag waren geöffnet worden. Ihr Inhalt lag über den Boden verstreut, mit Fußabdrücken versehen. Wir sammelten sie in die Mappen zurück.

Ehe wir auf unsere Räder stiegen, brachte Hanna einen Zettel mit ihrer Wannseer Adresse im Hausflur an. »Damit Barris und unsere Freunde wissen, wo sie mich finden können.«

6

Am 23. Mai 1945 hatte das Deutsche Reich – 1871 durch
Bismarck in Versailles proklamiert – aufgehört zu existieren.

Deutschland wurde in vier Besatzungszonen aufgeteilt,
Berlin – Insel im sowjetisch besetzten Gebiet – zur
Viersektorenstadt erklärt, mit einem alliierten Kontroll-
rat an der Spitze. Der Bezirk Zehlendorf, zu dem Wannsee gehörte, war nun amerikanischer Sektor. Die Russen
zogen sich in den Osten von Berlin zurück.

Und wieder rasselten Panzer über unsere Königstraße
Richtung Berlin, gefolgt von Lastwagen, beladen mit
Soldaten, luxuriöse Straßenkreuzer folgten, ein endloser
Zug, zu Fuß ging keiner. Die Amerikaner zogen in Berlin
ein.

Wir sahen sie vorüberrollen. Gesunde, kräftige, blitzsau-
bere, zum Teil blendend aussehende Männer in adretten
Uniformen. Sie warfen Schokoladenriegel und Orangen,
Zigaretten und Weißbrot den ausgehungerten Kindern
und Frauen am Straßenrand zu. Soldaten von einem
anderen Stern – so kam es uns vor.

Kein jahrelanger brutaler Fronteinsatz hatte sie ver-
braucht und abgezehrt wie deutsches und russisches
Militär.

Die Amis traten nicht mehr als Eroberer auf. An ihr
Privileg, Sieger zu sein, hatten sie sich auf der Fahrt

durch Deutschland bereits gewöhnt. Sie rollten als Gönner ein und schleuderten ihren Wohlstand auf Besiegte, sahen ihre gebückten Rücken und gierig grapschenden Hände, ihren tätlichen Streit um eine Zigarette.

»Wie kann man sich nur so demütigen«, sagte der baumlange Herr von Warzin, dessen Grundstück an unseres grenzte. »Haben diese Leute vergessen, daß es die Amerikaner waren, die unsere Städte aus der Luft zerstört haben? Zuletzt auch noch unser schönes Potsdam.«

»Nu regen Sie sich man nich auf, Herr Baron«, beschwichtigte ihn unsere Gemüsehändlerin, die mangels Ware genügend Zeit hatte, beim Einzug der Amerikaner Spalier zu stehen. »Die Jungs da haben die Bomben genausowenig geschmissen, wie Sie für angebliche Naziverbrechen zuständig sind.«

Warzin war strenggläubiger Protestant und mehrmals für seinen Glauben ins Gefängnis gegangen. »Ich schließe mich von keiner Schuld aus, meine Verehrteste«, widersprach er. »Und auch Sie sollten das nicht tun. Wer über die Erfolge seines Volkes im Kriege gejubelt und von *unseren* Siegen gesprochen hat, der muß sich auch zu *unseren* Verbrechen bekennen. Guten Tag.« Er lupfte andeutungsweise seinen speckigen Hut und stakste vondannen, ein ausgemergelter Riese, auf dem der Jagdanzug wie auf einer stöckrigen Vogelscheuche hing. Er hatte drei Söhne in diesem Krieg verloren.

»Dem ist auch nich zu helfen«, sagte die Gemüsehändlerin hinter ihm her. »Dafür büßt der viel zu gerne . . . egal, für was. Dem is bloß wohl, wenn er seine Wange hinhalten kann.«

»Ach, seien Sie doch ruhig«, fuhr Hanna Barris sie an. In diesem Augenblick flog eine Zigarette über die Köpfe hinweg, rollte ausgerechnet vor ihren Füßen aus. Seit zwei Tagen hatte Hanna keinen Stummel eines Stummels gehabt und litt unter Entzugserscheinungen. Einen Augenblick lang starrte sie wie hypnotisiert auf diesen wunderbaren weißen amerikanischen Glimmstengel, dann atmete sie tief durch und sagte: »Komm.« Ging entschlossenen Schrittes in unsere Straße hinein, sprach weiter auf mich ein, merkte endlich am Fehlen meiner Antworten, daß ich nicht mehr neben ihr ging, drehte sich um, sah mich da, wo sie mich verlassen hatte. »Was ist?«

»Ich steh auf ihr.«

Und als keiner schaute, bückte ich mich schnell und holte die Zigarette unter meiner löcherigen Schuhsohle hervor. Sie war zwar plattgedrückt, aber heil. Eine Camel.

»Ach, Schätzchen!« Frau Barris griff gierig zu. Ihr Stolz hatte sich nur auf das Bücken nach, aber nicht auf das Rauchen der Zigarette bezogen.

So begann unsere amerikanische Besatzungszeit.

Ich war gerade von meiner Hilfskrafttätigkeit im Arbeitsamt zurückgekehrt und stand hungrig vor den Tomatenpflanzen in unserem Garten, aber von meinem Verlangen wurden ihre grünen Kügelchen nicht größer und auch nicht röter. Da sah ich den Mann.

Er hangelte sich auf Krücken die Stufen zu unserer Haustür empor, trug eine Feldmütze, die sein ausgemergeltes Gesicht beschattete, und eine geflickte Uniformjacke über zu weiten Smokinghosen.

»Wohnt hier Frau Barris?«

»Ja, aber sie ist nicht da«, sagte ich. »Worum geht's denn?«

»Ich habe ihren Mann gekannt. Wir waren beim selben Haufen bis Frankfurt Oder.«

Ich nahm ihn mit ins Haus. Im Wohnzimmer stellte er seine Krücken ab und wälzte sich in einen Sessel.

»Bringen Sie Nachricht von Herrn Barris?«

»Ich hab ja schon gesagt, wir war'n beim selben Haufen – alles Versprengte, vom Heldenklau erwischt und wieder an die Front geschoben.« Er sah sich suchend auf den Tischen um. »Ne Zigarette haben Sie zufällig nicht? Oder nen Schnaps?«

»Nein, leider. Aber ich mache Ihnen einen Tee.« Den wollte er nicht. »Erzählen Sie. Wie geht es Barris?«

»Tja, das war so. Vor Frankfurt war das. Im Außenbezirk. Straßenkämpfe. Die Bevölkerung, da wo wir waren, wollte nicht mehr. Laßt doch den Widerstand, ergebt euch, sonst schießt der Iwan alles kurz und klein, haben die gesagt. Und da hat Olli – so haben wir Olrik Barris genannt – hat der Olli mit dem Kompanieführer geredet. Die beiden verstanden sich gut. ›Mensch‹, hat Olli zu ihm gesagt, ›hiß endlich den weißen Lappen, damit ein Ende ist. Sonst gehn noch mehr Menschen und Häuser drauf.‹ Und das haben sie auch gemacht. Dann ist das passiert, womit keiner mehr gerechnet hat. Ne SS-Einheit ist zu uns gestoßen. Schlug die Russen um zwei Straßen zurück und hat gefragt, wer den Befehl zur Kapitulation gegeben hat. Na, da hat sich Olli gemeldet, weil es ja seine Idee gewesen war. Und dafür haben sie ihn aufgeknüpft.«

»Wen?«

»Na, Olli.«

Mir war übel vor Schreck. »Was haben sie?«

Der Mann machte die Gebärde des Aufhängens.

»Nein.«

»Wenn ich es Ihnen sage. Ich hab ihn doch baumeln sehen. Ich wollte noch hin zu ihm, aber dann kamen Tiefflieger, und da sind wir nichts wie weg.«

In diesem Augenblick kam meine Mutter vom Anstehen nach Hause. »Red du mit ihm«, sagte ich und lief in mein Zimmer hinauf.

Ich hatte mal in der Zeitung ein Foto gesehen von einem aufgehängten Offizier mit einem Pappschild um den Hals: »Ich bin ein Feigling, der sich geweigert hat, Frauen und Kinder zu verteidigen.« Bloß nicht die Augen zumachen, sonst verwandelte sich der Offizier auf dem Foto in Barris. Bloß die Vorstellung weit fortschieben, sonst drehte ich durch.

Nach einer Weile hörte ich Krücken im Vorgarten, das Quietschen der Tür und dann die eiligen Schritte meiner Mutter auf der Treppe. Sie war weiß um die Nase, als sie sich auf mein Bett setzte. »Ich habe ihn persönlich kaum gekannt – aber es ist kein Tag vergangen, an dem du nicht von ihm erzählt hast – und nun das, in allerletzter Minute –!«

»Frau Barris darf nichts erfahren, Mutti, hörst du? Sie freut sich so auf seine Rückkehr. Sie soll sich so lange freuen, wie es geht. Wenn sie's erfährt, macht sie Schluß.«

»O Gott«, sagte meine Mutter, »ogottogott.«

Ich hörte Hannas schleppende Schritte auf die Haustür zu. Ein Lächeln verdrängte die Erschöpfung, als ich ihr öffnete. Sie sank auf einen Stuhl in der Diele, betrachtete ihre zerschundenen Hände, brach in ein Gähnen aus, das nicht enden wollte. Sah mich glücklich an. »Das Loch im

Dach ist zu. Wie gut, wenn man Freunde hat, die einem helfen.«

»Gratuliere«, sagte ich.

»Kaffee ist fertig«, rief meine Mutter aus der Küche, während ich ihr eine Camel vor die Nase hielt.

»Nanu«, wunderte sie sich. »Was ist denn hier für ein Luxus ausgebrochen?«

»Von Frau Hübner.« Das war eine der Nachbarinnen, die das Kriegsende in unserem Keller durchstritten hatten.

»Und alles für mich?« Hanna sah uns plötzlich mißtrauisch an. »Ist was?«

»Aber nein, was soll denn sein?« versicherte ich. »Wir wollten Ihnen nur eine Freude machen, Frau Barris.«

»Wie lieb von euch!«

»Sie müssen was essen«, sagte meine Mutter. »Ich koche Ihnen ein schönes Mehlsüppchen.«

Bei dem Gedanken an klüterige Suppe aus grauem Mehl wehrte Hanna ab. »Ach – bitte, machen Sie sich keine Umstände.« Ihr Kopf sackte vornüber. Die halbgerauchte Zigarette fiel ihr aus der Hand. Sie war eingeschlafen.

Wir betrachteten sie voll tiefem Mitleid. Ein Kinderkörper in zerschundener Erwachsenenkleidung, dem der Wille Überkräfte abverlangte. Und alles für einen Mann, den man in Frankfurt an der Oder aufgehängt hatte.

7

Es ist also wahr, was Hanna uns in einer der letzten Kriegsnächte erzählt hat. Es ist noch viel, viel grauenvoller. Es ist unvorstellbar.

Wenn nicht die Fotos von den wie Müll zu einer Halde gestapelten Leichen wären und die zum Skelett abgemagerten KZ-Häftlinge bei ihrer Befreiung durch die Alliierten, würden wir noch immer zweifeln, weil ein zivilisierter, human erzogener, mit Gewissen und Mitleid ausgestatteter Mensch solche Bestialität nicht auf einmal fassen kann.

Es sollen nach ersten Schätzungen in deutschen Konzentrationslagern mehr Menschen aus rassischen, religiösen, politischen und nationalen Gründen umgekommen sein als Soldaten aller Länder im Krieg. Ihrer Würde beraubt, zu Tode gefoltert, verhungert, vergast.

Und das haben Leute verbrochen, die stolz darauf sind, zum Volk der Dichter und Denker und tapferen Soldaten zu gehören.

Wir gehören auch dazu.

Diese Schuld trifft uns lebenslänglich mit.

Wenn man wie wir in einer Diktatur aufgewachsen ist, gewöhnt man sich daran, in der Furcht vor Verhaftung zu leben. KZs mit Folterungen und Erschießungen gehören zu ihrem Alltag.

Aber wie war es möglich, daß wir nichts von diesem

Millionenmord erfuhren? Haben alle Beteiligten so dicht gehalten? Die sadistischen Peiniger, die zuständigen Behörden, die Hersteller von Vergasungsöfen, die Chemiker, die ihre Präparate nicht an Mäusen und Kaninchen, sondern an Häftlingen ausprobieren ließen, die Eisenbahner, die Judentransporte in die Vernichtungslager spedierten ...

Unser Entsetzen war zu groß, um es allein tragen zu können. So hockten wir bei Genthins um den großen Küchentisch – meine Mutter, Großmutter, Frau Schult, Jola und ich. Vor uns lag die Zeitung mit den KZ-Berichten und den herzzerreißenden Bildern.

»Man kann ja als Deutscher keinem Alliierten mehr in die Augen sehen«, jammerte Großmutter Genthin, und Frau Schult sagte: »Das hat der Adolf bestimmt nicht gewußt, sonst hätte er das nie zugelassen. Das war der Himmler, das Schwein.«

»Meine jüdischen Bekannten sind alle rechtzeitig emigriert«, entschuldigte sich meine Mutter unaufgefordert.

»Aber es waren noch genügend da, die mit ihrem gelben Stern, wie Aussätzige gezeichnet, durch die Straßen huschten«, erinnerte ich sie. »Und die waren dann plötzlich auch nicht mehr da.«

»Ich dachte, die leben im Untergrund. Wir haben ja auch ab und zu mal jemand über Nacht aufgenommen, erinnerst du dich, Luise?«

»Außerdem hat es geheißen, die wären in Lagern und Ghettos zusammengefaßt worden«, sagte Frau Genthin. »Aber was da aus ihnen geworden ist, darüber hat sich auch keiner von uns Gedanken gemacht. Im Grunde genommen waren wir froh, daß sie nicht mehr da waren und unser Gewissen durch ihren Anblick belastet haben«, sagte ich. »Das war reiner Selbstbetrug.«

»Wir hatten genug eigene Sorgen in den letzten Jahren«, sagte Oma Genthin.

»Und was die amerikanischen Bomber in Dresden angerichtet haben, war das vielleicht weniger entsetzlich?« erinnerte Frau Schult.

»Nein, aber das war eine Kriegshandlung, das andere gezielter Massenmord, der bereits in Friedenszeiten geplant wurde.«

»Mord bleibt Mord, Luise.«

»Typisch«, sagte Jola, die bisher stumm vor sich hin gegrübelt hatte, an ihrem Zeigefingerknöchel nagend, wie immer, wenn sie sehr bewegt war. »Alle flüchten vor der Schuld erst einmal in eine Entschuldigung. Sich reinzuwaschen ist anscheinend wichtiger als das Mitleiden mit den Opfern. Solange wir noch andere Schuldige finden, fühlen wir uns selbst entlastet.«

»Aber wir haben doch nichts Böses getan!« begehrte Oma Genthin auf.

»Ich habe jedem Verfolgten geholfen, wenn ich konnte«, versicherte meine Mutter.

»Herr von Warzin hat neulich gesagt: Wer über die Erfolge unserer Soldaten im Krieg gejubelt und von unseren Siegen gesprochen hat, der muß sich auch zu unseren Verbrechen bekennen.«

»Hört ihr ab und zu mal politische Kommentare?« fragte Jola.

»Wir haben ja kein Radio mehr.«

»Man hat bereits den wahren Schuldigen an dem Entsetzlichen gefunden: den preußischen Geist, der noch in uns spukt. Der unbedingte, geistesblinde Gehorsam, die strikte Ausführung eines Befehls der Obrigkeit, egal wie bestialisch er ist«, sagte Jola, »der ist schuld. Dabei vergißt man nur, daß preußischer Geist auch Ehrgefühl, Anstand, Korrektheit und Einfallslosigkeit bedeutet hat. Für solche Greueltaten, die da geschehen sind, braucht man eine sadistische Phantasie. Ich meine, der wahre Schuldige ist die Angst jedes einzelnen um seine eigene Sicherheit.«

»Und ist die vielleicht nicht menschlich? Wer stirbt schon gerne für andere, wenn er dazu nicht gezwungen wird«, gestand Großmutter einsichtsvoll.

Und meine Mutter, Brotkrümel auf dem Tisch zusammenschiebend: »Es gibt schon lange kein Preußen mehr. Es gibt nun auch nicht mal mehr ein richtiges Deutschland. Und wißt ihr, was mich so betroffen macht? Daß es mir völlig gleichgültig ist. Ich habe heute meinen Patriotismus verloren. Den haben meine Schuldgefühle erdrückt.«

Als wir an diesem Abend von Genthins nach Hause kamen, stand Hanna Barris in der Küche und kühlte ein blaues Auge.

»Haben Sie sich geprügelt?« fragte ich interessiert.

»Ja. Und ich habe angefangen«, sagte sie.

»Wo?«

»In der S-Bahn. Ein paar Mitfahrer diskutierten die Berichte aus den KZs. Da mischte sich ein Kerl ein und lachte sie aus. ›Wie könnt ihr bloß so dämlich sein, den ganzen Quark zu glauben, den die Amis erzählen. Das ist doch alles erstunken und erlogen. Die wollen uns bloß fertigmachen.‹ Ja, und da habe ich ihm eine gelangt. Zum erstenmal habe ich jemandem eine gelangt. Er hat zurückgeschlagen.«

»Und die andern Leute im Abteil?«

»Haben zugeschaut und anschließend in ihre Zeitung gestarrt. Die Angst, was Falsches zu sagen oder zu tun, sitzt noch viel zu tief in allen drin.«

»Von wem wußten Sie eigentlich von den Massenmorden?« fragte ich.

»Von Kaspar Christ. Den kennst du ja. Du hast ja bei ihm im Lazarett gearbeitet. Er wußte, wenn seine nervenkranken Patienten auf höheren Befehl verlegt wurden, bedeutete das Tötung ›unwerten Lebens‹. Darum hat er sich vor sie gestellt. Als er zu unbequem wurde, versetzte man ihn an die Front in ein normales Lazarett. Unterwegs hat er die Güterzüge gesehen, die mit Verschleppten vollgestopft waren. Er sagte, so unwürdig befördert man nicht Menschen, für die man ein humanes Schicksal vorgesehen hat. Und einmal hat er sich lange mit einem Lagerarzt unterhalten, den Gewissensbisse plagten. Aber das auch erst, nachdem wir zu siegen aufgehört hatten.«

»Früher habe ich immer an das Gute im Menschen geglaubt«, sagte ich.

Und Hanna: »Das habe ich mir schon lange abgewöhnt. Heute traue ich nicht mal denen mehr, die beseligt ihrem Mozart lauschen und weinen, wenn ihr Wellensittich stirbt.«

»Aber wie ist das alles möglich?« Ich begriff noch immer nicht. »Wenn ich zurückdenke – so richtig grausamen, von Grund auf bestialischen Menschen bin ich nie begegnet. Und Jola auch nicht.«

Sie nahm ihre Kompresse vom Auge, um sie ins kalte

Wasser zu legen, und lächelte mich nachsichtig an. »Tja, ihr beide – ihr hattet das Glück, behütet aufzuwachsen. Und arisch zu sein.«

8

Guido und Rosina zogen endlich aus. Ein amerikanischer General hatte sie für seine Villa als Hausmeisterehepaar engagiert. Der würde seine helle Freude an den beiden haben.

Wenige Tage später hielt ein Jeep vor unserer Tür. Eine etwa vierzigjährige Frau in amerikanischer Uniform und ihr Fahrer stiegen aus und wünschten eingelassen zu werden. Ihr perfektes, leicht berlinisch gefärbtes Deutsch und der Widerwille, mit dem sie mich betrachtete, ließen auf eine Emigrantin schließen. Sie schob mich beiseite und ging durch die Wohnung, jedes Möbelstück begutachtend. Ihr Fahrer mußte ab und zu einen Teppich anheben. Sie öffnete Vitrinen und Buffettüren, notierte stumm auf einem Block, erinnerte sich irgendwann an mich, die ich ihr interessiert gefolgt war.

»Wer ist Wohnungseigentümer?«

»Meine Mutter.«

»Name?«

»Charlotte Hartwig. Ist aber nicht da.«

»Okay, sagen Sie Ihrer Mutter, daß der Bodjardteppich und der Sultanabad beschlagnahmt sind. Außerdem das Kurland-Service für 24 Personen.«

Die Möbel waren gottseidank durch Tieffliegerbeschuß zu stark beschädigt, um ihr Interesse zu erregen. »Ihre

Mutter haftet mir dafür, daß die auf diesem Zettel aufgeführten Gegenstände nicht entfernt werden. Ich lasse sie morgen früh abholen.«

Nachdem sie gegangen war, schloß ich das Haus ab und radelte zu Genthins.

Ich hatte Jola, die als Hilfskraft in einem Krankenhaus arbeitete, versprochen, mit ihr nach Dienstschluß das Kanu aus dem See zu heben.

Die Tür zum Haus stand offen. In der Halle schurrte Frau Schult einen Schrankkoffer übers Parkett.

»Was ist denn hier los?«

»Ach, Mensch, Luise«, begrüßte mich Jola, den Wellenschrank ausräumend, »unser Haus ist beschlagnahmt. Wir müssen binnen vierundzwanzig Stunden raus und dürfen nur unsere persönliche Habe mitnehmen. Sie wollen ein Gästehaus für die Amis draus machen. Großmutter hat versucht, daß wir im Chauffeurshäuschen oder im Kavaliershaus bleiben können. Sie und Frau Schult würden gern dafür in der Küche arbeiten, aber nichts zu machen . . .«

»Luise, was sagst du dazu!« eilte Frau Genthin, die Arme voller Bettwäsche, in die Halle und warf sie in eine geöffnete, altmodische Reisetruhe, in der schon zwei kleinere Heiligenfiguren und in Damastservietten eingewickeltes Porzellan untergekommen waren. »Diese Amis! Stehlen mir mein Haus. Da waren die Russen ja noch bescheiden. Die haben nur das Auto mitgenommen, als sie abzogen.«

»Bei uns waren sie auch«, sagte ich.

»So eine in Uniform mit berlinischem Tonfall? Ja? Der macht das richtig Spaß, uns zu vertreiben. Seid ihr auch beschlagnahmt?«

»Nur ein paar Sachen. Von Antiquitäten versteht sie was.«

»Die glaubt doch nicht im Ernst, daß ich meine guten Erbstücke hierlasse. Wir sollen zwar unser Haus irgendwann wiederkriegen, wer aber garantiert mir, daß das Inventar dann noch vorhanden ist? Wenn bloß jeder zweite, der hier wohnt, ein Stück mitgehen läßt, so wie mein Enkel Horst damals in Frankreich – was bleibt dann noch übrig? Neiheihein, meine Sachen kriegen die nicht. Ich habe mit unseren Nachbarn gesprochen. Heute nacht tragen wir das wertvollste Zeug durch das Loch im Zaun zu ihnen hinüber.« Sie richtete sich auf, ihr wehes Kreuz durchdrückend, graue Haarsträhnen im Gesicht, und sah sich um. »Da hat man geglaubt, nun ist der Krieg zu Ende, nun ist endlich Ruh – nu so was!« Dann kam neuer Schmerz über sie: »Meine Bohnen und Tomaten! Mein Obst! Alles hat so schön angesetzt. Das ernten nun die Amis! Sag mal, Luise, wenn wir das Gemüse ausbuddeln und bei euch im Garten einpflanzen ... das müßte doch gehen, oder?«

»Aber es kommt dann nichts mehr dies Jahr«, gab Frau Schult zu bedenken.

Jola machte mir ein Zeichen mit den Augen: Komm!

»Wo wollt ihr hin?« rief Frau Genthin hinter uns her.

»Hier ist noch genug zu tun.«

»Nur mal ne Pause machen, Oma.«

Wir liefen zum See hinunter.

»Bei Kriegsende hätte Oma noch alles, was sie besitzt, verschenkt, um unser Leben zu retten. Jetzt kämpft sie um jeden Löffel vom Erbsilber«, sagte Jola.

Es ist schon ein Jammer, dachte ich, auf den Großen Wannsee blickend. Hier sind wir um die Wette geschwommen, sind Schlittschuh gelaufen, von Eisscholle zu Eisscholle gesprungen, haben Wasserratten gejagt, Möwen und Enten gefüttert. An dieses Ufer trugen wir unsere erste Verliebtheit und unsere ersten Enttäuschungen. Von hier aus haben wir die Sternschnuppen beobachtet und die Blitze bei Gewitter und die Zweikämpfe zwischen deutschen und feindlichen Jagdfliegern, die uns wie mittelalterliche Ritterkämpfe vorkamen. Froschkonzerte. Das Springen der Fische. Müder Sommerwind in den Trauerweiden. Die tiefe Stille im Herbst, wenn der See sich leerte...

»Nun lohnt es auch nicht mehr, das Kanu zu heben. Für wen denn? Etwa für die Amis?« sagte Jola neben mir.

Wir hockten auf der Ufermauer, das Wasser mit unseren pendelnden Füßen bewegend.

Der Abschied vom See war der schwerste.

»Wo werdet ihr hinziehen?« fragte ich.

»Großmutter hat in Nikolassee eine alte Freundin aus ihrer Pensionatszeit. Mit Reihenhäuschen. Die will ihr und Frau Schult zwei Zimmer vermieten.«

»Und du?«

»Tja, ich –« Darüber hatte sie vor lauter Packen noch gar nicht nachgedacht. Spürte zum erstenmal das Drittklaßgefühl Heimatloser.

»Du kannst jederzeit zu uns – wenn du willst«, sagte ich.

»Ja, gerne«, nahm sie erleichtert an. »Dann könnten wir heute abend schon einen Teil von meinen Klamotten zu euch rüberbringen.«

»Jola! Luise!!« rief Großmutter Genthin von der Terrasse.

»Gleich«, antwortete Jola.

Wir zogen unsere Füße aus dem See und standen auf.

Liefen durch das Gras, um sie zu trocknen. Blieben unter einem Baum mit Knubberkirschen stehen.

»Kann man Kirschen grün pflücken und nachreifen lassen wie Tomaten?« fragte Jola ausgerechnet mich, deren gärtnerische Kenntnisse sich auf Blumengießen und Rasenmähen beschränkten.

Mit Bootshaken und Paddeln schlugen wir die Kirschen vom Baum.

»So«, sagte sie befriedigt, »das wird Oma beruhigen. Nun können die Amis nicht ihr Obst ernten.«

Die unreifen Früchte sammelten wir in einen Korb. »Aus denen kann man vielleicht noch Gelee machen.«

»Ohne Zucker? Das gibt vielleicht nen Dünnpfiff«, unkte ich.

Wir zogen unsere Strümpfe und Schuhe an. Dabei sagte Jola: »Ich habe jetzt die Erinnerung völlig abgeschaltet – ich meine, die unbrauchbare, die nur sentimental macht. Es ist eben nicht zu ändern.«

Sie warf das Paddel in den See. Holte das andere und warf es dem ersten nach und alles, was sie sonst noch im Bootshaus fand. Ich räumte inzwischen den Pavillon aus. Die Decken und Kissen gingen bald unter. Das Hölzerne trieb langsam mit der Strömung fort. Wir blickten ihm befriedigt nach.

»Was können wir noch machen?«

»Alle Blumen abschneiden.«

Das war ihr nicht genug. Sie fand eine Harke und schlug mit ihr die noch heilen Fenster des Gartenpavillons ein. Ich sah zu, fasziniert von ihrer Zerstörungswut. Dann hatte ich plötzlich einen moralischen Gedanken: »Hör auf! Mensch, hör auf!«

»Warum?«

»Wir spielen ja schon wieder Krieg. Wir wollten doch nie
mehr!«
Und somit blieb eine Scheibe vom Pavillon heil.
Gemeinsam trugen wir den Korb voll grüner Kirschen
und gerupfte Blumen die Serpentinen hoch, sahen uns
beinah gleichzeitig um. Nahmen Abschied vom See.
Er ging uns ja nicht verloren. Es gab genügend öffentliche
Ufer auf der gegenüberliegenden Seite, von denen aus
wir ihn erreichen konnten.
Aber das waren Ufer ohne unsere Kindheitserinnerun-
gen. Und es gibt eben Plätze im Leben, auf denen man,
wann immer man sie betritt, nicht aufhört, sich als Kind
zu fühlen. Egal, wie schief und runzlig man inzwischen
geworden ist. Hat mir mal eine alte Wannseerin gesagt.

Am nächsten Tag fuhr die Emigrantin wieder vor unserem Haus vor, diesmal gefolgt von einem Lastwagen, auf
dem sich Möbel wie Schlachtvieh drängten.
Sie wollte das beschlagnahmte Service und die beiden
kostbaren Brücken abholen. Aber siehe, ein Teppich war
verschwunden und vom Service nur noch die Hälfte vor-
rätig. Meine Mutter konnte nicht lügen. Sie stotterte am
ganzen Körper, als sie ihr Wundern über die vermißten
Gegenstände kundtat. Redete sich auf Diebe heraus – ihr
war ja schon soviel gestohlen worden – allein ihr herrli-
cher Schmuck...
Die Emigrantin bedachte sie mit ätzender Verachtung.
»Hören Sie auf, mich für dumm zu verkaufen, Frau
Hartwig. Den Tod von Millionen meiner Glaubensge-
nossen haben Sie protestlos hingenommen. Aber wenn
es um Ihre Tassen geht, werden Sie aktiv.«
Diese Anschuldigung machte meine Mutter stumm.

Die Emigrantin sagte: »Um Drei holt Sie die Militärpolizei ab. Halten Sie sich zur Verfügung, Frau Hartwig.« Drehte sich auf dem Hacken um und ging zum Wagen. Meine Mutter heulte auf: »Dein Vater war in keiner Partei! Ich auch nicht! Ich habe bloß Lebensmittelkarten ausgetragen, um mir mein Hausmädchen zu erhalten. Wir haben uns nichts zuschulden kommen lassen –«

»Mutti«, erinnerte ich sie beschwörend. »Es geht um den Teppich und das Geschirr, das du versteckt hast. Um nichts anderes. Rück den Krempel raus, und alles ist gut!«

Aber das konnte sie nicht, selbst wenn sie gewollt hätte. Die Sachen waren bei Frau Bellmann im Keller und dieselbe bei Bekannten in der Stadt.

Am Nachmittag hielt ein Jeep der Military Police vor unserer Tür. Zähneklappernd fragte meine Mutter, ob sie Wäsche zum Wechseln einpacken müßte.

»O Jesus – get in!« fluchte der Fahrer ungeduldig.

Da stieg sie denn ein und sah sich tragisch nach mir um.

»Leb wohl, mein Kind, vergiß nicht, Vati zu gießen.«

Der Jeep wendete, bog in die Königstraße ein Richtung Zehlendorf. Meine Mutter auf dem Beifahrersitz hatte bis zuletzt den Blick auf ihr ramponiertes Eigenheim gerichtet und auf mich, die auf der Straße stand und ihr nachwinkte.

Etwa eine Stunde später führte Jola ihr Rad mit vollbepacktem Gepäckständer und Reisetaschen an der Lenkstange vor unsere Gartentür.

»Luiiise«, rief sie, »kannst du mir helfen?«

Während wir ihre Habe in mein Zimmer hinauftrugen, sagte ich: »Meine Mutter hat die MP abgeholt.«

Jola wollte mir auch etwas erzählen, aber ihr kam das Lachen dazwischen.

»Was ist denn los?« Ich lachte bereits mit, ohne zu wissen, worum es ging. »Nun sag schon –«

»Kann nicht –« Tränen liefen über ihre Wangen.

»Mann, bist du albern.«

Die Story, die sie mir schließlich berichtete, besaß Possenniveau.

Auf der Fahrt Richtung Bahnhof Wannsee hatte der Militärpolizist meiner Mutter erzählt, daß er noch eine »ol' crook«, eine alte Gaunerin, abholen müßte. Wie staunte sie, als der Jeep in das Genthinsche Anwesen einbog. Wie staunte Großmutter Genthin, als sie meine Mutter mit verzagter Miene und verwehten Haaren bereits drin sitzen sah.

»Hach, Frau Hartwig! Sie auch? Soo sieht man sich wieder!«

Und meine Mutter: »Wenn das unsere Männer noch erlebt hätten!«

Das bereuten Jolakind und ich auch sehr. Es hätte sowohl meinen Vater als auch Herrn Genthin tief beeindruckt, ihre bisher unbescholtenen Damen wie Diebinnen abgeführt zu sehen. Und ein bißchen hätten sie es ihnen wohl auch gegönnt. Was mußten die alten Mädchen solchen Blödsinn machen.

Aber das sahen weder Frau Genthin noch meine Mutter ein. Ihrer Meinung nach hatten sie nichts Unrechtes getan, indem sie ihr von den Amerikanern requiriertes Eigentum zurückrequirierten.

»Oma saß so aufrecht im Jeep, als ob sie einen Stock verschluckt hätte«, sagte Jola. »Die läßt sich lieber einsperren, ehe sie etwas rausrückt.«

Fünf Stunden später war meine Mutter wieder da.

»Du schon?« wunderte ich mich, als sie, die Schuhe mit einem Seufzer abstreifend, in die Küche ging und die Teekanne über einer Tasse auströpfeln ließ. »Wir dachten, sie würden euch dabehalten.«

»Das hätte euch so gepaßt. Ich bin wie ausgetrocknet. Haben wir denn gar nichts zu trinken?«

»Das macht die Angst – da ist einem immer die Kehle wie zu«, sagte ich und wich ihrer Handtasche aus, die sie nach mir warf.

»Ist Großmutter auch wieder frei?« erkundigte sich Jola.

»Ja.« Meine Mutter ließ sich auf den Küchenstuhl fallen und räkelte ihre Hühneraugen in farbenfroh gestopften Strümpfen. Sah uns an. »Wenn ich euch das erzähle.«

»Aber schön der Reihe nach«, ermahnte ich sie, und nahm auf dem Küchenbuffet Platz, während Jola Wasser aufsetzte.

»Wir wurden also in ein Gebäude geführt, da saßen im Gang schon andere Verbrecher. Manche sahen kriminell aus, aber es waren auch feine, gebildete Menschen bei.«

»Solche wie ihr«, vermutete ich.

»Nachdem wir unsere Personalien angegeben hatten – also wirklich, ich hätte nie gedacht, daß deine Großmutter schon 77 ist. Dafür sieht sie wirklich fabelhaft aus.«

»Ach, ist sie schon so alt?« staunte Jola.

»Also nachdem wir unsere Personalien angegeben hatten, mußten wir uns auf der Armesünderbank einreihen. Acht waren vor uns dran. ›Das kann Stunden dauern‹, fürchtete deine Großmutter. Ein Soldat brachte unsere Akten ins Verhörzimmer, kam nach einer Weile wieder raus und rief ›Genthin, Martha‹ auf. Da wurde deine Großmutter grün im Gesicht, Jolande. Und hielt sich an meinem Arm fest. ›Die nehmen mich vor, weil ich am meisten gestohlen hab‹, flüsterte sie mir zu. ›Come on, Martha‹, pfiff der Soldat sie an. Sie stand auf und sagte: ›Wir gehören zusammen, ich geh nicht ohne Frau Hartwig.‹ — ›Okay okay, get in‹, rief er ungeduldig und gab uns noch einen Schubs, daß wir beinah gestolpert wären. Und dann waren wir drin. Ein Raum mit zwei Schreibtischen, an einem saß einer, der mitstenographierte, und am andern Schreibtisch saß ein kleiner, dünner Mann in Uniform mit einem Vogelkopf. Der sah uns grußlos über seine Brille an. Wir mußten an seinen Tisch treten, aber er bot uns keine Stühle an, sondern las die Bogen mit unsern Personalien und sagte: ›Genthin. Der Name ist kein Einzelfall in der Mark Brandenburg!‹«

»Auf deutsch?« fragte Jola.

»Ja, er sprach fließend deutsch. Und deine Großmutter sagte hinterher, er hätte sie vom ersten Augenblick an jemand erinnert, sie kam bloß nicht gleich drauf, an wen. ›Ich bin Frau Genthin‹, sagte sie zu dem Offizier. Und er: ›Sind Sie zufällig mit einem Bankier Genthin verwandt?‹ Und deine Großmutter stolz: ›Das war mein Mann!‹ Und er: ›Ich bin Siegfried Steinberg.‹«

»Ein Sohn vom alten Onkel Steinberg?« Jola blieb der Mund vor Staunen offen.

»Stell dir vor! Ist das nicht ein Zufall? Deine Großmutter rief: ›Mein Gott, Sigi! Ich habe Sie schon gekannt, wie Sie noch nicht mal laufen konnten. Sie waren oft mit Ihren Eltern bei uns in Wannsee und haben mit meinem Achim gespielt!‹ Na, nun wird alles gut, dachten wir beide. Aber nix da. Mister Steinberg blieb reserviert. Wenigstens durften wir uns setzen. Und dann kam's messerscharf. Er sagte: ›Mein Vater hat seinerzeit Ihren

Gatten vor einem Skandal gerettet, als der sich mit Kundengeldern verspekuliert hatte. Mein Vater hat seine Bank aufgekauft und ihn als Direktor behalten. Er hat es aus Freundschaft getan, Frau Genthin, denn unsere Familien waren damals herzlich miteinander verbunden.‹«

»Die Mutter vom Steinberg war meine Patentante«, erinnerte sich Jola. »Aber mußte er denn das alles aufwärmen – und dazu noch vor Ihnen, Frau Hartwig!?«

»Was glaubst du, wie peinlich mir das war für deine Großmutter. Aber es kam noch schlimmer. Steinberg sagte: ›Leider hat Ihr Mann versäumt, meinem Vater *seine* Freundschaft zu beweisen, als er sie dringend nötig gehabt hätte. Ihr Mann zog sich von ihm zurück, als es im Dritten Reich problematisch wurde, einen Juden zu kennen.‹«

»Und was hat Oma darauf gesagt?«

»›Ja, das stimmt‹, und dafür schäme sie sich nicht erst heute. Und dann fragte Steinberg nach einem baltischen Journalisten namens Olrik Barris, den sein Vater unter seine Fittiche genommen hatte, als er ganz jung nach Berlin kam. Er sagte: ›Barris ist der einzige von Vaters Schützlingen, der ihm die Treue gehalten hat, als alle andern ihn nicht mehr kannten.‹ Und ob wir zufällig seine Adresse wüßten. Und nun, Jola, richtete sich deine Großmutter auf und schlug zurück: ›Mister Steinberg! Dieser Barris hat meinem Sohn Achim die Frau fortgenommen und damit sein Leben zerstört. Und Ihr Vater hat ihn bei uns eingeführt.‹«

»Ach, Oma«, stöhnte Jola verärgert auf. »Wie konnte sie bloß –! Das ist so kleinlich. Sie hat doch sonst Würde.«

»In dem Punkt nicht«, sagte ich. »*Die* Schuld verjährt niemals in ihren Augen.«

»Und wie hat Steinberg reagiert?«

»Er sagte: ›Frau Genthin, Ihre persönlichen Ressentiments gegenüber Herrn Barris interessieren mich nicht. Für mich zählt nur, daß dieser Mann meinem Vater die Treue gehalten hat, im Gegensatz zu Ihnen.‹ Und nun deine Großmuter: ›Mister Steinberg, Ihr Vater war ein reicher Mann. Er hatte seine Söhne bereits im Ausland und selbst die Möglichkeit, rechtzeitig auszuwandern. Mein Mann hat ihm immer wieder dazu geraten. Wenn er geblieben ist, so ist das seine eigene Schuld.‹«

»Ganz schön aggressiv«, staunte Jola. »Wie hat Steinberg darauf reagiert?«

»Er sagte: ›Frau Genthin, wir sind eine alte preußische Bankiersfamilie. Mein Großvater hat dem Kaiser zinslos Millionen für seine Kriege geliehen. Mein Vater und seine Brüder waren im Ersten Weltkrieg Offiziere, einer ist für Deutschland gefallen. Mein Vater glaubte, ohne sein geliebtes Berlin, ohne Deutschland nicht leben zu können. Er war ein hoffnungsloser Patriot. Die Vorstellung, daß man ihm hier etwas zuleide tun könnte, hat er weit von sich gewiesen. Gott war gnädig, als er ihn rechtzeitig sterben ließ. Das hat ihn vor der Gaskammer bewahrt.‹«

»Habt ihr ihm von Barris erzählt?« fragte ich.

»Ja – daß seine Frau bei uns wohnt, aber er weiß nichts von Barris' entsetzlichem Ende.« Darauf wurde er freundlicher und sagte, daß er von einer Bestrafung absehen würde, sofern wir die beschlagnahmten Gegenstände wieder herausrückten. Deine Großmutter

war einverstanden unter einer Bedingung: daß sie das
Porträt ihres Mannes, das Liebermann gemalt hat, mitnehmen darf. Steinberg sagte, niemand habe etwas dagegen, wenn sie persönlichen Besitz mitnimmt. Aber nach
dem ihm vorliegenden Bericht habe sie ja die halbe
Einrichtung entfernt.«

»Ja«, gab Jola zu. »Ihre besten Möbel hat sie zu unserem
Nachbarn Köckeritz bringen lassen und dafür alte Klamotten vom Dachboden hingestellt. Ich hab ihr gleich
gesagt, laß den Quatsch, Oma, aber ihr ist ja nicht zu
helfen.«

Der Wasserkessel pfiff, meine Mutter brühte sich ihren
Tee allein auf, denn Jola und ich radelten zu Genthins,
um Bücher und Garderobe zu holen. Wir würden wohl
noch mehrmals hin und her fahren müssen, bis wir alles
zu uns geschafft hatten.

Der große, backsteinrote, turmgekrönte Kasten aus der
Gründerzeit mit seinen lanzenbewehrten Rittern vorm
Portal war, nüchtern betrachtet, ein architektonischer
Alptraum. Die Rasenflächen davor hatten sich in hohe
Wiesen verwandelt, weil niemand mehr kam, um sie zu
mähen.

»Ich versteh nicht, warum sich die Amis ausgerechnet
unser Haus ausgesucht haben«, überlegte Jola.

»Wahrscheinlich wegen seinen vielen Zimmern und seinem Garten«, sagte ich.

Der Hausmeister vom alten Köckeritz und sein Schwager
wuchteten gerade Kisten und Mobiliar durch ein Loch im
Zaun über die Steintreppen zur Terrasse hinauf und ins
Haus zurück.

Im Gartenzimmer saß Großmutter in der Abendsonne,

ein Häkeltuch über ihren wie in einem Frösteln hochgezogenen Schultern. War weit fort mit ihren Gedanken. Sah kurz hoch, als wir kamen.

»Frau Hartwig hat schon alles erzählt«, beugte Jola vor, um nicht noch einmal den ganzen Bericht ihres Ausflugs mit der MP, von Oma subjektiv eingefärbt, anhören zu müssen.

Aber die alte Dame war ganz woanders mit ihren Gedanken. »Ich habe gerade nachgerechnet. 1882 bin ich zum erstenmal in diesem Haus gewesen. Da war ich erst vierzehn Jahre alt. Mein Onkel Hermann kannte durch den ›Club von Berlin‹ den Gründer der Villenkolonie Alsen am Wannsee. Conrad hieß er. Der hatte ihn dazu überredet, sich hier anzukaufen und zu bauen. Mein Onkel hatte viel Geld, aber wenig Glück. Seine erste Frau starb im Kindbett, die Tochter aus seiner zweiten Ehe mit zwölf Jahren.«

Ich bemerkte Jolas Ungeduld, weil Großmutter sich ja erst in den achtziger Jahren des vorigen Jahrhunderts befand, und wir hatten noch viel zu packen, aber ich gab ihr ein Zeichen: Laß sie reden. Irgendwann macht jeder beim Abschiednehmen Bilanz, und wenn man 77 ist, dauert es eben ein bißchen länger. Sie brauchte es jetzt, daß wir ihr zuhörten.

»Für Onkel Hermann war ich Ersatz für seine Tochter. Als ich heiratete, wohnten wir im Sommer bei ihm. Wir hatten viele Freunde um den See, Maler, Architekten, Fabrikanten, Bankiers. Man verstand hier zu leben, und die Feste hatten Stil. Abends trafen wir uns häufig im Seglerhaus am Wannsee . . .«, Großmutter Genthin schlug eine Mücke auf ihrer Hand tot. »1905 sind wir dann ganz nach Wannsee gezogen. Als Onkel Hermann starb, hat er mir das Anwesen vermacht.« Sie stand auf und ging auf die Terrasse hinaus, wir folgten ihr. »Wenn ich jetzt aus dem Haus gehe, komme ich nie mehr her. Ehe ihr zwei kamt, habe ich überlegt, ob ich es nicht anzünden soll.«

»Oma!« schrie Jola auf. »Wenn du das machst –!!«

»Ich tu's ja nicht. Aber glaubt mir, es ist leichter, an eine heruntergebrannte Ruine zu denken, als sich vorzustellen, in diesen vier Wänden trinken die Sieger jetzt ihren Whisky.«

Jola wurde resolut: »So, Oma, jetzt will ich dir mal was sagen. Dieses Haus hat zwar schöne Räume, aber hoch wie'n Turnsaal, nicht mit nem Bolleröfchen zu heizen. Es hat allen Komfort, bloß der funktioniert nicht mehr. Im Frühjahr hatten wir zwei Rohrbrüche. Kaum eine Fensterscheibe ist mehr heil. Das Dach ist undicht. Die Regenrinnen durchgerostet. Weißt du, was das an Reparaturen kostet? Ich kenne dein Vermögen nicht, aber allzuviel Bares hast du bestimmt nicht mehr. Und Handwerker mußt du mit Naturalien spicken, damit überhaupt einer kommt, und dann hat er kein Material. Früher hattest du nen ständigen Gärtner. Der ist inzwischen zu alt, um sich zu bücken. Alles verwildert. Im Grunde genommen kannst du den Amis auf Knien danken, daß sie dir den ramponierten Kasten abnehmen und auch noch instand halten.«

»Kind, was bist du für ein Realist«, stellte Frau Genthin kopfschüttelnd fest.

Wir packten Jolas Bücher in eine Schubkarre und fuhren sie erst einmal zu Köckeritzen hinüber, auch ihre Winterkleidung. Dann beluden wir unsere Räder.

»Ich möchte mich noch von Frau Schult verabschieden«, sagte ich.

»Ja, wo ist die eigentlich?«

Jetzt lächelte Oma. »Entweder im Keller oder auf dem Dachboden. Sie sucht ihre 5000 Mark. Die hat sie im Haus versteckt, weil sie den Banken nicht traut. Da sie die aber ständig woanders versteckt, weiß sie nun nicht mehr wo. Bis morgen früh muß sie sie gefunden haben, sonst sind sie weg. Ist das nicht drollig?«

Auch Schadenfreude bedeutete einen kleinen Trost für Großmutter Genthin, die Abschied nehmen mußte von einem lebenslangen Zuhause, von allem, was ihr vertraut war und voller Erinnerungen an die geliebten Menschen, die sie verloren hatte...

Am nächsten Abend hielt schon wieder ein Jeep vor unserer Haustür, neben dem Fahrer saß Captain Steinberg. Meine Mutter erkannte ihn durch das gläserne Guckloch im verpappten Küchenfenster und erschrak sehr.

»Mein Gott, was will denn der noch von mir? Ich hab doch alles rausgerückt.«

Aber Steinberg kam nicht zu uns, sondern zu Hanna Barris. Sie empfing ihn im ehemaligen Musikzimmer, wo die Chaiselongue mit ihren Betten darauf neben dem Flügel stand.

Sein Fahrer trug einen Karton hinein, ging dann wieder aus dem Haus, um im Jeep zu warten.

Steinberg blieb etwa eine Stunde bei Hanna.

Jola und ich hockten indessen auf den Steinstufen vorm Eingang und überlegten, was wohl in dem Karton sein könnte. Endlich öffnete sich die Eßzimmertür, wir sprangen von den Stufen, um Mr. Steinberg durchzulassen.

Hanna stellte uns vor. »Luise Hartwig – meine Tochter Jolande, ein Patenkind Ihrer Mutter.«

»Eine Genthin?« fragte Mr. Steinberg und musterte Jola kurz. »Freut mich, Sie kennenzulernen.« Er nickte uns zu und ging durch den Vorgarten zum wartenden Jeep. Frau Barris begleitete ihn.

»Das hätte sie nicht sagen sollen, das mit dem Patenkind«, murrte Jola.

»Warum nicht? Stimmt doch.«

»Aber es sieht so aus, als ob ich was von ihm haben will.«

»Ach wo. Das hat er bestimmt nicht so aufgefaßt«, beruhigte ich sie. »Erstens bist du nicht *sein* Patenkind, und zweitens haben meine Paten nie was anderes als silberne Teelöffel geschenkt, und auch bloß, bis das halbe Dutzend voll war.«

Der Jeep fuhr ab, Frau Barris kam mit blanken Augen und lebhaft, wie wir sie schon lange nicht mehr erlebt hatten, ins Haus zurück.

»Kinder«, sie umarmte uns gleichzeitig, »den hat der Himmel geschickt. Ein reizender, kultivierter Mann – und so witzig!«

»Witzig?« fragte meine Mutter, die vom Wohnzimmerguckloch aus auf seine Abfahrt gelauert hatte. »Dann ist das nicht derselbe Steinberg, der uns verhört hat.«

»Was ist im Karton?« drängte Jola. »Pack endlich den Karton aus!«

Es war wie Frieden: ein Weißbrot, Pall-Mall-Zigaretten, Schokoladenriegel, Butter, Kakaopulver, Kekse, drei Orangen, Nescafé. Frau Barris eilte zum Herd, um eine Zigarette mit einem Fidibus anzuzünden, meine Mutter stürmte mit dem Kaffee hinterher. Dabei sah sie uns beifallheischend an: »Ich möchte nur bemerken: Hätte die MP uns nicht zum Verhör geholt, hätten wir Steinberg nicht kennengelernt, müßten wir heute abend hungrig ins Bett.«

Jola säbelte Scheiben vom Weißbrot. Jeden einzelnen Krümel tippten wir mit angefeuchtetem Zeigefinger auf. Ich schälte eine Orange – was für ein langentbehrter Duft!

»Wir sind reich!« strahlte meine Mutter.

»Wir werden endlich mal satt«, stellte Jola sachlicher fest. »Du mußt auch was essen, nicht bloß rauchen, Mami.«

»Steinberg will seiner Frau schreiben, daß sie uns Carepakete schickt. Die hebe ich auf für Barris, wenn er kommt. Ich versteh nicht, warum er nicht schon da ist.« Hanna pustete den Stummel ihrer Zigarette aus und verstaute ihn in ihrer Jackentasche.

»Vielleicht ist er noch zu guter Letzt in Gefangenschaft geraten«, sagte meine Mutter.

»Aber selbst dann hätte ich doch schon Nachricht von ihm. Jola hat ja auch von Karl-Heinz einen Brief.«

»Ach, das besagt gar nichts«, beschwichtigten wir sie geradezu übereifrig.

»Paß auf, Mami, eines Tages steht Barris vor der Tür.« Sie sah uns alle drei der Reihe nach an – wir blickten treuherzig zurück und spürten ihre Skepsis, aber sie sprach sie nicht aus.

»Ich glaube, wir sollten es ihr doch irgendwann sagen«, überlegte Jola, als wir uns vorm Doppelwaschbecken die Zähne putzten.

»Ja, vielleicht. Aber erst, wenn sie ein bißchen zugenommen hat«, sagte ich. »Auch an den Nerven.«

Captain Steinberg sorgte dafür, daß Hanna Barris in seiner Offiziersmesse als Serviererin angestellt wurde. Von dort hatte sie Zugang zur Küche. Sie fand bald Freunde, die ihr, dem mageren fröhlichen Spatz, etwas zusteckten, damit sie nicht vom Wind umgepustet wurde.
Wir erwarteten Hannas abendliche Heimkehr wie Hofhühner den Auftritt der Bäuerin mit der Futterschüssel.

9

Großmutter Genthins Tochter Henny Bode schrieb aus Hannover. Dorthin war sie in den letzten Kriegstagen mit ihrem Mann Heinrich geflüchtet. Sie bewohnten ein Zimmer in einer ehemaligen Wehrmachtsbaracke und betätigten sich im Schrotthandel. Ihr Sohn Horst, der SS-Untersturmführer a. D., befand sich in englischer Gefangenschaft. Schwiegertochter Ulla war mit Enkel Bruno Answald bei der Familie ihres ehemaligen Hausmädchens in Aurich untergekommen. Ullas Eltern hatten sich beim Einmarsch der Russen in ihrem Caputher Häuschen erschossen. Von Ullas Schwestern Gudrun und Heidrun Wilke hatten sie nichts gehört. Da Ullas Briefe an die Caputher Nachbarn unbeantwortet blieben, wurde Jola beauftragt, hinzufahren und nach dem Rechten zu sehen. Weniger die Sorge um die angeheirateten Verwandten ihres Vetters als der Gedanke an das viele Obst und Gemüse in ihrem Garten veranlaßte Jola, mich zu einem Ausflug nach Caputh in der Ostzone zu überreden.
Eines frühen Morgens sattelten wir unsere Räder. Meine Mutter gab mir das letzte Paar Budapester Schuhe meines verstorbenen Vaters mit. Ich sollte dafür Gemüse und Obst eintauschen: »Ihre Besohlung ist noch neu. Gutes Leder. So was gibt es heute gar nicht mehr.«

Es war ein Sommermorgen zum Glücklichsein. Sonnenstrahlen trockneten das Tauglitzern auf den Birken. Kohlweißlinge spielten in der Luft. Der Pirol rief: »Krischan Füerhoak.«

Wir radelten im Schatten duftender Linden, später zwischen Kiefernwäldern.

Ach, Sommer – ich trat beglückt in die Pedale. Manchmal ließ ich die Lenkstange los und breitete die Arme aus. Wind unter meinen Achseln, Wind in meinen Haaren – er bauschte meinen blaukarierten Rock aus einer Küchengardine über den Knien auf. »Ich kann mich einfach nicht sattsehen und -hören an diesem Sommer. Geht's dir nicht auch so?«

»Doch«, sagte Jola neben mir radelnd, »aber es ist besser, wenn wir weniger auf die Vögelchen und die lieben Bäume schauen als auf die Kontrollpunkte. Damit wir auf der Rückfahrt nicht hineinschliddern.«

Wie wahr!

Wir radelten durch Dörfer mit Granattrichtern im buckligen Pflaster. Rechts und links von der Straße schnurgerade aufgereiht die meist einstöckigen märkischen Häuser, schmucklos und wie geduckt von der Obrigkeit, im Schatten dichter alter Linden, die ihre Schäbigkeit verbargen.

Über der Straße hingen rote Fahnen und Spruchbänder und überall Plakate mit Stalins Kopf. Russische Militärautos und Kradfahrer überholten Karrenzieher und vereinzelte Pferdefuhrwerke und uns Radfahrer. Sobald wir die Ortschaften verließen, sahen wir arbeitende Brigaden auf den Feldern.

Wir radelten am Templiner See entlang auf Caputh zu. Hier begann das größte Obstanbaugebiet der Mark Brandenburg. Unsere wollenen, im Schritt mottenzerfressenen, x-mal gestopften Badeanzüge hatten wir mitgenommen, um vom Wilkeschen Grundstück aus im Schwielowsee zu schwimmen und, wenn möglich ein paar Krebse zu fangen wie bei unserem Besuch vor einem Jahr, als Obersturmführer Wilke zur SS-Geburtsfeier seines Enkels Bruno Answald geladen hatte.

Vor dem Wilkeschen Grundstück stiegen wir von den Rädern. Eine Kröte sprang über den Weg und landete am Straßenrand zwischen wildem Mohn.

Am Türchen waren mehrere provisorische Schilder angebracht, lauter fremde Namen: Mahnke – Kowalk – Krüger. Aber nicht mehr Wilke.

»Wir sind doch richtig?«

»Ganz bestimmt«, sagte Jola, »ich kenn das Häuschen genau.«

Vor einem Jahr hatten uns hier die Eltern Wilke mit ihren Töchtern Gudrun in Reichsarbeitsdienstuniform und Heidrun im Volkstanzkleid von Glaube und Schönheit empfangen.

Gudrun war zuletzt in Ostpreußen in einem RAD-Lager gewesen. Es hieß, daß sich ihre Vorgesetzten beim Nahen der Russen mit Autos und Verpflegung abgesetzt und die »Maiden« ihrem Schicksal überlassen hatten. Von Gudrun fehlte seither jede Spur.

Wir schauten über den Zaun. Wenig hatte sich seit unserem Besuch verändert. Da war der lange Kiesweg zwischen Stachelbeersträuchern, an seinem Ende das Sommerhäuschen mit der verglasten, inzwischen verscherbten Veranda.

»Paar Stachelbeeren sind noch dran«, sagte Jola nach gründlicher Musterung des Vorgartens und griff über

den Zaun, um den Riegel von der Tür zu schieben.
»Komm.«
Ich hatte plötzlich Bedenken. »Wilkes waren zweihundertprozentige Nazis. Ob es klug ist, nach ihnen zu fragen? Vielleicht werden wir verhaftet!«
»Sie waren die Schwiegereltern von meinem Vetter, und ich habe versprochen, nach dem Häuschen zu sehen«, sagte Jola. »Du kannst ja draußen warten, wenn du Schiß hast.«
Immer diese provozierenden Zweifelsäußerungen an meinem Mut, die mich moralisch verpflichteten, mitzumachen.

Eine Frau kam um das Haus herum, gedrungen und formlos in ihrer grauen Kittelschürze, Pantoffeln an den dicken Füßen. Als sie uns sah, begann sie zu kreischen: »Schon wieder das Pack aus der Stadt! Was wollt ihr? Wir haben nischt. Macht, daß ihr wegkommt.«
Ich wollte flitzen, aber Jola hielt mich rechtzeitig fest.
»Sie haben Stachelbeeren und Johannisbeeren«, sprach sie die Frau an.
»Janischt hab ick und schon janich for herjelaufenes Jesindel. Und nu raus —«
»Komm«, zog ich an Jola, aber sie schüttelte meine Hand ab. »Ich hab Amis.«
Jetzt zögerte die Frau. »Lucki Strieke?«
»Camel.«
»Du hast doch gar keine«, zischte ich.
»Na und? Hauptsache, wir kommen erst mal rein.«
Die Erwähnung amerikanischer Zigaretten änderte die Haltung der Frau abrupt: »Na ja, det is was anderes.«

Sie machte eine Bewegung, ihr zu folgen. Unsere Räder nahmen wir sicherheitshalber mit.

Hinterm Haus flatterte Wäsche über blaublättrigen Kohlrabipflanzen. Voriges Jahr hatte man von hier einen weiten Blick über den See. Inzwischen war das Schilf hochgewachsen und bildete zwei dichte, raschelnde Wände rechts und links vom Steg.

Die Frau ging zur Holztreppe der Veranda. »Komm' Se mit«, sagte sie zu Jola, und zu mir: »Sie nicht. Sie warten draußen.«

Einer alten Frau, die Erbsen in eine Emailleschüssel in ihrem breiten Schoß pahlte, rief sie zu: »Mama, paß uff, dasse nischt klaut.«

Die Alte musterte mich kurz über den Rand ihrer Nickelbrille. Ein fehlender Bügel war durch ein Gummiband ersetzt.

»Tag auch«, zischte sie durch Zahnlücken. »Drückend, wa?«

»Ja«, sagte ich und sah mich in der flirrenden Mittagshitze um. Außer Bienensummen und dem trägen Schleifen des Schilfs war nichts zu hören.

»Wohnen Sie schon lange hier?«

»Unser Haus is abjebrannt. Da hat mir meine Tochter herjeholt. Der neue Bürgermeister hat ihr hier einjewiesen.«

»Und die früheren Besitzer?« fragte ich.

»Sind all dot.« Sie wischte sich mit dem Handrücken den Schweiß von der Stirn. Durch ihr graues, schütteres Haar schimmerte die Kopfhaut.

»Alle?« fragte ich.

»Wat weeß ick, wie viele es waren. Die Alten haben sich umjebracht. Die lagen noch in die Veranda, wie meine

Tochter hier einjezogen is. Denn war auch noch die Jüngste da, Heidrun hieß se. Die wollte kurz vor Toresschluß noch zu ihre Schwester nach Norddeutschland machen. Aba sie is nich weit jekommen.« Die Frau zeigte mit dem Daumen in Richtung des leeren Hühnergeheges. »Da drüben hat se jelegen. Mit'm Messer in ihre Brust. Ja, so war det.«

Ich sah Heidrun vor mir, blondzöpfig, vollbusig, mit einem Leinenspenzer überm Glockenrock, mit Kornblumen und Ähren bestickt. Die strammen Beine endeten in weißen Söckchen und Bundschuhen. Ein derbes, fröhliches junges Mädchen.

Voll Entsetzen schaute ich in die angegebene Richtung. »Waren das die Russen?«

»Nee, das mecht woll so hinjestellt werden von die Schuldigen – aber das waren welche aus'n Ort. Das war Rache. Weil sie die Köpkes verpfiffen hat, die den abjeschossenen englischen Piloten bei sich vasteckt hatten. Und deswegen sind Köpkes erschossen worden.« Sie klatschte sich auf die welke Wange. »Die Fliegen stechen –«, und nach einem Blick in den Himmel: »Da braut sich wat zusammen. Wenn det übern See kommen dut – müssen Se noch weit, Frollein?«

»Die Heidrun ist also ermordet worden?«

»Es war die jerechte Strafe, Frollein«, versicherte die Alte. »Aber wenn ick's mir so recht überlege – sie war doch noch so'n jungschet Ding.«

Jola kam unnatürlich beschleunigt aus dem Haus gelaufen, knapp hinter ihr die Tochter der Alten mit erhobenen Fäusten.

»Camel soll det sind?« schrie sie. »Det is Kippentabak is det!«

»Aber aus Amizigaretten«, verteidigte Jola den Inhalt einer Blechbüchse, die sie an sich preßte. »Das riecht man doch.«

»Und dafor soll ick dir mein jutet Obst vakoofen? Ja, bin ick plemmplemm?«

Jola, hoheitsvoll: »Erstens sind Ihre Beeren mulsch, und zweitens gehören sie nicht Ihnen, sondern Wilkes.« Sie gab mir ein Zeichen: Komm, abhauen!

Die Frau rannte hinter uns her. »Wilkes? Det SS-Pack, det habt ihr jekannt?« Ihre Stimme überschlug sich. »Vielleicht seid ihr selber solche –«

»War'n wir nicht!« schrie ich zurück, ehe wir unsere Räder auf die Straße rollten und, neben ihnen herlaufend, aufstiegen. Wir trampelten eine Weile am Schwielow entlang. Bizarre Wolkentiere hatten sich vor die Sonne geschoben, aus denen ein feiner, grauer Vorhang bis zur Erde reichte.

»Da drüben regnet es schon«, sagte Jola.

Ich erzählte ihr von Heidrun.

Sie fuhr darauf eine Weile schweigend neben mir her, die Arme auf der Lenkstange, und starrte auf die staubige Landstraße. Schließlich sagte sie: »Es tun mir einfach alle leid. Die, die Heidrun denunziert hat, was sie für ihre idiotische Pflicht hielt – und sie selber auch. Sie war ja erst siebzehn oder achtzehn. Sie wußte wahrscheinlich nicht, was sie tat, aber sie hat dafür gründlich büßen müssen.«

»Wir hätten niemals jemand verraten, auch nicht mit zwölf.«

»Wir sind ja auch nicht so fanatisch erzogen worden wie sie«, sagte Jola.

Mittags erreichten wir den Ort Werder.

Wir wollten Frau Böckmann und ihre Pflegetochter Hedwig besuchen. Hedwig war ein uneheliches Kind unseres ehemaligen Hausmädchens Alma und hatte jahrelang meine Kleider und Puppen geerbt.

In den letzten Kriegsjahren, als es mit der Versorgung in Berlin trostlos wurde und die Städter täglich in Scharen aus dem Vorortzug fielen, um Zigaretten, Fotoapparate, Kaffee, Pelze, Seife, Strümpfe, Anzüge, Stoffe und so fort gegen Obst und Gemüse einzutauschen, fehlte es den Werderanern an nichts.

In Frau Böckmanns Stall, so erinnerte ich mich von meinem letzten Besuch, stand ein Klavier. Hedwig trug seidene Kleider schon am Vormittag und knabberte Schokolade, während sie die Fremdarbeiter auf der Plantage antrieb.

Frau Böckmann war über die Jahre die arbeitsame Obstbäuerin geblieben. Kein Reichtum hätte sie dazu gebracht, ihren Wecker von halb fünf auf acht Uhr umzustellen.

Wir standen vor verschlossener Tür. Ich zog die silberne Pennäleruhr meines Vaters, die einzige, die uns geblieben war, aus der Tasche. Sie ging vor. Nach ihr war es ungefähr halb eins.

»Die müßten doch mal Mittag machen.«

Da kamen auch schon Frau Böckmann und Hedwig, zerstochen und verschwitzt, angeradelt.

»Ach, Fräulein Luise«, jammerte Frau Böckmann absteigend, »die guten Zeiten sind vorbei. Wir sind bloß noch Pflücker auf unsere eigene Plantage. Alles müssen wir abliefern. Da bleibt kaum was für unsereinen übrig. Und was Hedwig ist, die hat sich ein Kind andrehen lassen.

Von einem Feldwebel von der Flak. Wie er das wußte, hat er sich nicht mehr sehen lassen. Bin ich mit Hedwig nach seine Einheit hin, nach Wildpark. Aber da kannte keiner den Josef Schmitz aus Neuß. Hat er ihr auch noch unter falschen Namen das Kind gemacht. Aber ich habe Hedwig gleich gesagt, eh du mit einem Landser auf Stube gehst, schreib dir sein Soldbuch ab, sonst geht's dir wie deine Mutter mit ihre uneheliche Bälger. Sie ist ja sonst ein braves Ding, bloß zu gutmütig. « Während dieser Jammertirade lehnte Hedwig schweratmend im Hausflur und hörte alles mit an. Es war, als ob Frau Böckmann über einen Gegenstand redete. »Na, nu is es passiert. Nu wer'n wir das Kind auch großkriegen. « Anfang September sollte Hedwig niederkommen. Bis zuletzt würde sie auf der Plantage mitarbeiten müssen. »Und wie ist es euch ergangen? Habt ihr was mitgebracht? Zeigt mal. Amitabak? Echter? Na ja, riecht so. Dafür könnt ihr zwei Eier haben. «

»Drei Eier und ein Pfund Kirschen«, sagte Jola.

»Denn gehn Sie mal bei meine Nachbarn. Das sind all Raucher, die zahlen Sie vielleicht den Wucherpreis. «

Ich packte die Budapester Schuhe meines Vaters aus, Frau Böckmann nahm jeden einzeln in die Hand und begutachtete ihn rundum. »Sind ja soweit in Ordnung. «

»Und frisch besohlt, aber meine Mutter hat gesagt, wenn ich nicht genug dafür kriege, soll ich sie lieber wieder mit nach Hause bringen. «

»Einen Momang«, Frau Böckmann verschwand in der guten Stube. Jola ging mit ihrem Tabak zum Nachbarn. Ich blieb allein im dämmrigen Flur, der früher nach Schmierseife und Bohnerwachs gerochen hatte, jetzt nur noch nach feuchtgescheuerten Brettern. Auf dem Hof gurrten Tauben. In der Küche erbrach sich Hedwig überm Ausguß.

Jola erhielt für ihren »echten Virginiafeinschnitt« zwei Eier und ein halbes Pfund Johannisbeeren. Außerdem hatte sie sich aus einem Korb, der im Flur stand, mit der Geschwindigkeit eines neapolitanischen Taschendiebes die Rocktaschen voll Kirschen gefüllt.

Frau Böckmann packte mir Kartoffeln, Obst und Salatköpfe in den mitgebrachten Rucksack.

Wir strampelten heimwärts. Der Himmel vor uns war schwarz, hinter uns schwefelgelb.

Kaum waren wir aus der Ortschaft heraus, da ging es los. Gewitter von allen Seiten. Wir zählten die Sekunden zwischen Blitz und Donner. Einmal zwei, dann fünf, und dann riß ein augenblendendes Licht den Himmel auf bei gleichzeitigem Einschlag. Elektrizität durchfuhr mich. Bloß runter vom Rad. Ich fiel platt in ein Erdbeerfeld. Hielt mir die Ohren zu. Zwanzig Meter ab brannte der einzige Baum im Umkreis. Von unten brannten Brennesseln mich an. Atemlos wartete ich auf den nächsten knackend krachenden Einschlag. Trockene Gewitter klingen ja viel fürchterlicher als nasse.

Nahebei schrie eine Stimme gellend um Hilfe. Das war Jola.

Ich richtete mich auf. Im Blitzlicht sah ich sie mit einer anderen Gestalt kämpfen. Wie ein wildbewegter Scherenschnitt, schoß es mir durch den Kopf.

»Hilfe! Luise!! Der will dein Rad klauen!«

Ich sprang hoch und rannte stolpernd auf sie zu, hörte mich »Karl! Hermann! Emil!« brüllen. »Kommt schnell! Schlagt den Kerl tot!« Unser alter Trick, wenn wir uns im Wald fürchteten. Wir riefen starke Männer zu Hilfe, zumindest ihre Namen.

Beim nächsten Wetterleuchten war die Gestalt verschwunden. Ich erreichte Jola. Keuchend hielt sie unsere Räder umkrampft. »Was mußt du auch wegrennen, du dumme Gans. Plötzlich war der Kerl da. Ich bin ihm in die Seite gefahren. Fielen alle beide hin. Aua – mein Handgelenk! Der hatte vielleicht Kräfte –!«

»Vielen Dank, du –«

»Aber deinen Rucksack hat er mitgenommen. Komm bloß weg hier.«

In diesem Augenblick platzten die schwarzen Wolken, die den Nachmittag zur frühen Nacht verdunkelt hatten, wie ein gesprengter Wassertank. Im Nu waren die Straßen überschwemmt. Über die Lenkstange gebeugt, in den Pedalen stehend, traten wir gegen den Strom an, mit Heckwelle. Wannsee war noch Stunden entfernt, so langsam, wie wir vorwärts kamen.

Einmal ging es gar nicht mehr weiter. Da mußten wir uns unterstellen und aßen die Knubberkirschen aus Jolas Rocktaschen.

Sie erinnerte sich an ihre Eier, griff besorgt in den Beutel, in dem sie auf den Johannisbeeren obenauf gelegen hatten, und zog die Finger gleich wieder heraus. Von ihnen tropfte es glibberig.

»Und du bist schuld«, fuhr sie mich an.

Meine Mutter öffnete uns die Haustür, als wir, bis auf die Knochen naß und wund vom Sattel, endlich heimkamen. Nanu, meine Mutter! Trotz der Erschöpfung fiel mir auf, daß sie ihre schönste Bluse trug und rote Lippen hatte. Sie mußte auch etwas mit ihren Haaren gemacht haben.

»Da seid ihr ja endlich!« begrüßte sie uns strahlend. Kein Wort der Besorgnis, kein Mitleid mit unserem Zustand.

»Freu dich ja nicht auf Obst oder Gemüse – und die Schuhe sind auch weg«, bereitete ich sie vor.

»Alles ist futsch«, bestätigte Jola.

»Na, so was«, sagte sie wenig erschüttert. »Kommt rein und zieht euch schnell was Trockenes an.«

»Beinah hätte uns ein Blitz erschlagen, Frau Hartwig! Es war wie Weltuntergang.«

»Und Heidrun ist ermordet worden«, schmiß ich meiner Mutter an den Kopf.

Nicht einmal diese Mitteilung erschütterte sie. »Na, nun seid ihr ja da«, war alles, was sie interessierte.

Gekränkt zogen wir uns am Treppengeländer hoch in den ersten Stock.

»Macht schon!« trieb uns meine Mutter an.

»Warum?«

»Weil wir Besuch haben. Darum.«

»Was für Besuch?« fragte ich ohne Lust auf Besuch.

»Ich geh nicht mehr runter«, sagte Jola. »Ich geh ins Bett. Mir reicht der Tag.«

»Mir auch.«

»Wollt ihr mich nicht wenigstens begrüßen?« fragte eine Männerstimme von unten.

Eine tiefe, herzliche Stimme mit baltischem Akzent, von der ich geglaubt hatte, daß ich sie nie mehr hören würde. Jola und ich blieben stehen. Starrten uns an. Das war doch nicht möglich!

Ich guckte vorsichtig übers Treppengeländer. Da stand er wirklich in durchlöchertem Pullover und Wehrmachtshosen neben meiner Mutter in der Diele. Schwarze, heitere Augen. Eisgraue Locken.

»Herr Barris?« sprach ich das Phantombild an.

Da breitete der Mann in einer großen Geste die Arme aus, wir stolperten die Treppe hinunter und auf ihn zu.

»Luischen! Jollichen!«

»Sind Sie's wirklich?«

»Ich denke, du bist tot!«

»Hab schon gehört, was mir passiert ist.« Er schloß uns in seine Umarmung ein. »Äh – ich hab euch nech so naß in Erinnerung.«

Jola löste sich als erste von ihm, kopfschüttelnd. »Aber wie konnte der Mann sagen, daß er dich hat hängen sehen?«

»Er hat sich eben geirrt. Das war mein Kompaniefiehrer, der arme Kerl. Wie ich drankommen sollte, kam ein Tief-fliegerangriff. Inzwischen sind meine Bewacher mit mir jetirmt. Aber nu trocknet euch erst mal ab. Ihr verkiehlt euch noch.«

Während Jola nach oben lief, blieb ich noch ein bißchen in Barris' Arm.

»Luise«, mahnte meine Mutter. Es fehlte nur, daß sie sagte: Herr Barris ist ein verheirateter Mann.

Barris, ihre Gedanken erratend, küßte mich auf die Nasenspitze, ehe er mich freigab: »Ach, wissen Sie, Frau Hartwig, Luischen und ich sind schon sehr lange ein Liebespaarchen.«

Meine Mutter hatte Tee gekocht, den dritten oder vierten Aufguß, aber sie hatte dafür ihr bestes Geschirr hervor-geholt.

Barris nahm eine der Tassen auf und betrachtete sie rundum: »Daß es so etwas Schönes noch gibt, hatte ich ganz vergessen.«

Nun war meine Mutter in ihrem Element: »Es ist Meißen

Marcolini, etwa 1780. Schaun Sie sich diese feine, einfach vollkommene Gold- und Sepiamalerei an –«

Ich hörte sie noch schwärmerische Erklärungen abgeben, als ich – zwei Stufen auf einmal nehmend – nach oben rannte.

Barris lebt! Lieber Gott, ich danke dir.

Mir platzte beinah das Herz vor Glück.

»Langsam glaube ich wieder an Wunder«, sagte Jola unter dem Handtuch, mit dem sie ihre Haare trockenrubbelte.

Ich zog mir gerade lange Hosen an, als meine Mutter unser Zimmer betrat. »Jetzt kommt Frau Barris!«

Zu dritt standen wir hinter der Gardine, um dieses Wiedersehen mitzuerleben.

Jobst, mein Liebster, war tot. Jolas Karl-Heinz in russischer Gefangenschaft. Meine Mutter seit 1943 Witwe. Bisher hatte Hanna Barris zu unserem liebearmen Frauenverein gehört. ·

Mit müden Schritten, in jeder Hand eine gefüllte Tasche, kam sie die Straße herauf und stutzte, als ihr in dem tropfenden Dämmer ein Mann entgegeneilte. Blieb stehen, ließ ihre Taschen fallen, hob die Arme in einer hilflosen Gebärde. Jetzt, da er endlich, endlich zurückgekommen war, verließ alle künstlich aufgeputschte Energie ihren ausgemergelten Körper. Sie brach zusammen.

Barris fing sie auf und hielt sie umschlungen wie ein wiedergefundenes Kind. So standen sie lange. Dann hob er sie auf den Arm und trug sie die Gartenstufen herauf ins Haus.

Wir drei am Fenster waren sehr gerührt und sehr neidisch.

»Mami hat's gut«, sagte Jola, »die hat ihren Mann wieder.«

»Dabei weiß sie nicht einmal, wie gut sie es wirklich hat«, sagte ich. »Er könnte ja tot sein.«

»Daß wir ihr nichts erzählt haben, wird Herr Barris uns nie vergessen. Hat er gesagt«, fügte meine Mutter hinzu.

Jola beschloß: »Ich werde jetzt mal runtergehen und ihre Taschen reinholen, sonst werden sie noch geklaut.«

Auf dem Kaiser-Napoleon-Gedächtnismarsch, wie er den Rückzug aus Rußland bezeichnete, nach einem schweren Gefecht in Ostpreußen, bei dem seine Kompanie am Ende nur noch aus drei Mann bestand, hatte Barris beschlossen, sich in Richtung Berlin abzusetzen.

Er gehörte von nun an zu den einsamen Wölfen, die in ständiger Flucht vor dem Heldenklau lebten, den Feldjägern, die versprengte Soldatentrupps an die Front zurückspedierten.

Zeitweise hatte er sich Flüchtlingstrecks angeschlossen. Diese Trecks waren seit Monaten unterwegs, waren übers Eis des Frischen Haffs gezogen, Kälte, Tieffliegern und Kampfhandlungen ausgesetzt. Ihren entsetzlichen Weg kennzeichneten umgestürzte Wagen, verendete Pferde und Leichen, die auf dem Eis unbestattet zurückgelassen werden mußten. Barris blieb eine Weile bei einer Frau, ihr Vater war erschossen worden und ihr Säugling auf der Flucht gestorben. Er kutschierte ihren Wagen, damit sie sich um ihre an Ruhr erkrankten Zwillinge kümmern konnte.

Eines Nachts durchfilzten Feldjäger den Treck. Barris wurde vom Wagen geholt, einer zusammengewürfelten Truppe zugeteilt und bei den Kämpfen um Frankfurt an der Oder eingesetzt. Hier geschah, wovon uns der Landser erzählt hatte.

Die Bevölkerung des Vorortes, in dem bereits die Russen kämpften, forderte die deutschen Soldaten auf, den sinnlosen Widerstand aufzugeben, damit nicht noch mehr Häuser zerstört und Zivilisten getötet wurden. Barris überredete seinen Kompanieführer, die Kampfhandlungen einzustellen und sich zu ergeben. Unerwartet stieß eine SS-Einheit zu ihnen, schlug die Russen zurück und hängte den Leutnant als abschreckendes Beispiel für kriegsmüde Soldaten. Barris entging demselben Schicksal durch russische Tiefflieger und die Bereitwilligkeit seiner Bewacher, mit ihm zu türmen. Sie gerieten in Gefangenschaft und kamen in ein Lager. Wegen seiner perfekten Russischkenntnisse wurde er als Dolmetscher eingesetzt.

»Warum hast du dich nicht beim Deutschen Heer als Dolmetscher beworben?« wollte Jola wissen. »Es wäre dir bestimmt viel erspart geblieben.«

»Dafier war ich politisch nicht zuverlässig genug«, sagte Barris. »In Rußland hab ich manchmal ausgeholfen.«

»Und im Gefangenenlager ging's gut?« erkundigte sich meine Mutter.

Barris lächelte. »Es gibt Situationen, wo das Dolmetschen aufhört und das Vermitteln anfängt. Zum erstenmal kam ich mir in dieser Uniform nitzlich vor. Ich habe viel gelogen, um den Mitgefangenen das Leben zu erleichtern. Die Sowjets haben mir vertraut. Ich wurde außerhalb des Lagers eingesetzt. Solange ich in Begleitung von niederen Chargen war, mochte ich nicht abhauen. Damit sie nicht dafier büßen mußten.«

»Du hast wirklich auf die Rücksicht genommen?« staunte Jola.

»Stell dir vor, Jollichen.«

»Also das kann ich nicht verstehen.«

»Das glaube ich dir«, nickte er freundlich, »aber nun sollte unser Lager aufgelöst und in die Sowjetunion verlegt werden. Und da wurde ich nervös, wo ich schon so kurz vor zuhause war. Aber ich habe viel Massel gehabt in den letzten Monaten. Ein Oberst der Roten Armee nahm mich zu Jeschäften mit nach Berlin. Da bin ich getirmt. Und nu bin ich da.« Er legte seinen Arm um Hannas Schultern.

Nie habe ich eine glücklichere Frau gesehen. Plötzlich schlug sie sich gegen die Stirn. »Ich hab ja was für dich!« Sprang auf und lief ins Eßzimmer, kam gleich darauf mit einem Schokoladenriegel und Whisky zurück. Sie stellte die Flasche vor ihn auf den Tisch wie eine Trophäe.

»Whisky!« Barris staunte andächtig.

»Und weißt du, von wem? Von Siegfried Steinberg. Ach, ich habe dir ja so viel zu erzählen!«

Als wir uns kurz vor Mitternacht, am Ende dieses turbulenten Tages, auszogen, sagte Jola: »Ich freu mich riesig, daß er wieder da ist. Es ist einfach fantastisch für Mami. Aber seine Einstellung wird mir immer unbegreiflich bleiben. Wie kann er so denken, wie er denkt. Daß er kein Patriot ist, weiß ich. Aber daß er Rücksicht auf seine Bewacher nimmt – also da hakt's bei mir aus.«

Ich dachte nach, meine Mückenstiche kratzend. »Weißt du, in erster Linie ist Barris ein Mensch, und darum habe ich ihn so gern.«

Nachdem er sich gründlich ausgeschlafen und rundum gesäubert hatte, bot Barris meiner Mutter seine Hilfe in Haus und Garten an. Sie nahm selbige nur am ersten Tage dankbar an, am zweiten schickte sie ihn lieber zum Anstehen nach aufgerufenen Lebensmittelzuteilungen. Als er nach stundenlangem Warten endlich am Ladentisch stand, mußte er feststellen, daß er Marken und Geld zuhause vergessen hatte. Nein, eine große Hilfe war er nicht.

Am dritten Tag begann er die verschiedenen Behörden aufzusuchen, die aus ihm einen aus dem Heer entlassenen, ordentlich registrierten, mit Ausweis und Lebensmittelkarte versehenen Bürger machen sollten. Am vierten Tag kam Mr. Steinberg von einem Trip nach München zurück, fand Hannas Nachricht vor und stand noch am selben Abend vor der Tür, um den von den Toten auferstandenen Barris kennenzulernen.

Von nun an fuhr Barris täglich Richtung Stadt. Besuchte alte Freunde, traf sich nach Dienstschluß mit Hanna in der Offiziersmesse, wo sie arbeitete, verabredete sich mit ihr bei Steinberg. Ab zehn Uhr abends war Ausgangssperre für Deutsche – Curfew nannten es die Amerikaner. Immer seltener kamen Hanna und Barris nach Wannsee zurück.

Eines Tages siedelten sie ganz in den Grunewald über.

Mr. Steinberg hatte ihnen die Chauffeurwohnung im Garagenhäuschen, das zum Grundstück seiner Eltern gehörte, zur Verfügung gestellt.

Zu der Zeit arbeiteten Jola und ich bereits im Amerikanischen Hauptquartier.

10

Den ganzen Tag über berieselte der amerikanische Soldatensender AFN mit Schlagern unser verräuchertes Großraumbüro.

Lieutenant Paul versuchte, einige Texte ins Deutsche zu übersetzen. Aus »Darling, you 're drivin' me crazy« wurde »Liebling, du fahren mir verruckt«. Aus »Don't fence me in«: »Tu mir nix einzäunen.«

Er arbeitete mit Lexikon und unermüdlich. Ab und zu wandte er sich an Jola und mich, las uns seine Übersetzungen vor und fragte, ob das so korrekt sei.

»Perfekt«, versicherten wir ihm, entzückt von seinen Kreationen.

Lieutenant Mac gähnte stillvergnügt über den Comics in »Stars and Stripes«. Er nahm selten die Füße vom Schreibtisch. Lieutenant Richard schaufelte, während er eine Show zusammentelefonierte, Aspirin und eine Handvoll Vitamine in sich hinein, träufelte alles mögliche in seine Nase, hüstelte, nahm darauf einen Schluck aus der Hustensaftflasche, versicherte uns zum x-ten Male, daß er sich eine cold gecatched hatte und sicher war, eine Influenza zu kriegen. Mac guckte kurz von seinen Comics auf und grinste: »Richard opened the window and in flew Enza. Hurray!«

Harry tippte einfingrig einen längst fälligen Brief nachhause.

Jonathan, unser Ernsthafter aus Boston, brütete über einem Text für ein Programmheft.

Mit seinen fünfundzwanzig Jahren war er der älteste von ihnen. Sie gehörten der 69. Division an, einem Eliteregiment der Amerikaner.

Jolas und meine Aufgabe war es, Plakate, Programmzettel und Dekorationen zu malen. Sie übernahm die Schrift, ich war für das Figürliche und die Ideen zuständig. Nun teilten wir nicht nur ein Schlafzimmer, fuhren gemeinsam mit S-Bahn und Omnibus zum Hauptquartier, wir teilten auch einen Schreibtisch und waren überhaupt vierundzwanzig Stunden am Tag aneinander gekettet wie siamesische Zwillinge. Hatten uns manchmal gründlich satt. Aber die Arbeit machte großen Spaß.

Ich hatte vor diesem Job auf einer nach Kohl und angesengten Möbeln riechenden Kartenstelle gearbeitet, die mit einem miesepetrigen, unter seiner Furunkulose leidenden Beamten besetzt war. Nun riß mich der Gedanke an einen Tag mit fünf gutaussehenden, sportlichen, zu jedem Blödsinn aufgelegten jungen Männern morgens förmlich aus dem Bett.

Man stelle sich vor: in dieser männerarmen Zeit fünf Prachtexemplare für zwei Mädchen. Wir waren die Hennen im Korb, heftig beflirtet und verwöhnt, wobei ein Lieutenant auf den andern aufpaßte, daß keiner zu weit ging. Wozu wir sie auch nicht ermutigten. Nur Jonathan hielt sich zurück und beobachtete still vor sich hingrinsend das vierfache Gebalze. Wir fühlten uns seit langem wieder als attraktive junge Mädchen und – wir wurden endlich einmal rundum satt.

Der Colonel, unser Vorgesetzter, ein Aktiver von der Westpoint-Militärakademie, verglich uns mißbilligend mit einem Haufen verspielter junger Hunde. Und das waren wir auch. Verspielt und vergnügungssüchtig. Bloß keine Probleme! Von denen hatten wir genügend in den zurückliegenden Jahren gehabt. Wir wollten lachen und Blödsinn machen und rund um die Uhr oberflächlich sein.

Jeder Lieutenant hatte einen Kalender auf dem Tisch, auf dem er morgens als erstes das Datum durchkréuzte, was bedeutete: einen Tag weniger bis zu seiner Rückkehr in die Staaten. Paul, der Textdichter, war der vielbeneidete erste Heimkehrer. Er mußte nur noch sieben Kreuzchen machen, dann war es für ihn so weit.

Jeder von ihnen hatte außerdem das lieblich kolorierte Foto seines Mädchens vor sich stehen. Alle Girlfriends lächelten bildschön. Entweder gab es nur hübsche Mädchen in den Vereinigten Staaten oder hervorragende Retoucheure.

Unser Verein nannte sich Special Services. Seine Aufgabe war es, für die Unterhaltung der in Westberlin stationierten amerikanischen Truppen zu sorgen. Die Jungs stellten Shows zusammen, organisierten Konzerte, Sportveranstaltungen, Musicals und kümmerten sich um durchreisende, truppenbetreuende amerikanische Hollywoodprominenz. Jede Woche hatten wir einen anderen Gast in unserem Büro, zum Beispiel die schöne, herzliche Ingrid Bergman oder Marlene Dietrich.

Beim Betreten unseres Office stierten acht Paar Augen auf ihre weltberühmten Beine. Aber selbst das schönste Bein bringt es nicht fertig, zwischen einem längeren Uniformrock und einem Schnürschuh sexy zu wirken. Zu den Offizieren war sie kumpelhaft nett, Jola und mich behandelte sie wie »Veronika Dankeschöns«. Das war die häßliche, fette, gelbzöpfige Karikatur eines deutschen Frolleins, das die Soldaten vor dem Geschlechtsverkehr mit deutschen Mädchen warnen sollte. Ihre Anfangs- buchstaben VD waren die allgemein übliche Abkürzung für veneral disease, sprich Geschlechtskrankheit.

In meinem Aschbecher drückte Marlene ihre kaum angerauchte Zigarette aus. Ihr Lippenstift war darauf verewigt. Ich beschloß, ein Geschäft daraus zu machen und erlebte nichts als Enttäuschungen. Andenkenjäger bezweifelten, daß der Lippenstift wirklich von der Diet- rich stammte: konnte jeder sagen. Ja, wenn sie den Stummel signiert hätte. Aber so!? Und zu dem Preis, den ich dafür verlangte – nee, danke.

Eines Abends, als ich nicht eine Kippe, weder in mei- nen Taschen noch in einem Blumentopf fand, habe ich die Dietrich selber aufgeraucht.

Mehrere Dinge ereigneten sich beinah gleichzeitig.

Von Jonathans Schreibtisch verschwand das Bild seines Mädchens, und er gab uns keine Erklärung ab, wes- halb.

Der Colonel verlor an Zackigkeit, kam immer später und immer entspannter ins Office, hatte dabei Mühe, seine Äugelchen zwischen verschwiemelten Polstern aufzureißen. Wir grinsten gütig verstehend über sei- nen Zustand: der Alte hatte sich verliebt. Richard brachte in Erfahrung, daß es sich um eine deutsche Filmschauspielerin handelte.

Und ich wurde vorübergehend in den Titania-Palast versetzt – ein ehemaliges Steglitzer Großkino, das jetzt von den Amerikanern als Kulturhaus für alles benutzt wurde –, um Dekorationen für eine Show zu entwerfen. Das heißt, ich zeichnete sie, auf dem Boden liegend, auf Pappe, dann wurden sie ausgeschnitten und bemalt. Die Bühnenarbeiter waren sämtlich GIs und sahen mir gern bei der Arbeit zu. Einer setzte sich dabei auf ein Waschbecken. Das Becken brach ab. Im Nu ergossen sich Wasserströme über meine Dekorationen. Es gelang mir gerade noch, einen jungen Hund aus den Fluten zu retten und mit ihm auf einen Tisch zu steigen. Dann gab es Kurzschluß. Als das Licht wieder anging, sah ich Lieutenant Paul im abfließenden Wasser an einer Wand lehnen. Obgleich er mit dieser Produktion nichts zu tun hatte, war er in der Mittagspause vom Hauptquartier herübergekommen, um mich zu besuchen.

»Hello«, grinste er, »Herr Paul sein da.«

»Ist da«, verbesserte ich ihn. Und freute mich, daß er gekommen war.

Ohne die vier anderen Lieutenants im Rücken wirkte er fast schüchtern.

»Nice to see you, Lou –« Alle nannten mich hier Lou. »Isch bringen du neues translation. You wanna hear me?«

»Bitte«, sagte ich. Und dann sang er mir verlegen grinsend ›The Sentimental Journey« vor:

»›Gehen isch nehmen ein sentimental Reise,
gehen isch setzen mein Herz auf diese.
Gehen isch nehmen ein sentimental Reise
zu erneuern mein Erinnerung.‹ Good?«

»Touching«, versicherte ich ihm. »Wirklich rührend.«

Und dann wußten wir nichts miteinander zu reden. Wo war seine große Klappe geblieben, wo meine? Wir hatten in den vergangenen Wochen viel Blödsinn miteinander angestellt – nun waren wir auf dem besten Wege, den unsinnigsten Blödsinn anzustellen: uns ineinander zu verlieben.

Er streckte die Hand aus, um mir vom Tisch zu helfen, ich sprang, er zog mich an sich – das Hündchen, das einem GI gehörte, wurde rebellisch zwischen uns. Ich machte mich frei und setzte es auf den Boden.

»You better go now, Paul«, sagte ich dringend.

Er: »Aye, aye, Miss Lou«, und blieb.

Ich sagte ihm, daß er in zwei Tagen sein letztes Kreuzchen auf dem Kalender machen würde: »So what?«

Da ging er dann wirklich, aber am nächsten Tag, während der Mittagspause, war er wieder da und sang mir vor:

»I' m gonna loo-loo-loose
dear Lou...«

Von jedem Lieutenant kannte ich die Lebensgeschichte, denn Heimweh macht gesprächig. Pauls Vater war Theaterproduzent. Er hatte zwei Schwestern, bereits die vierte Stiefmutter. Nach dem Krieg wollte er Architektur studieren. Sein Mädchen hieß Catherine und hatte ihm seit seiner Landung in Europa fünf Paar selbstgestrickte Socken geschickt. Ich sagte ihm, ich könnte keine Socken stricken – wegen dem Hacken. Paul grinste: »Cathy auch nicht.« Darum hätte er sie ja so gern.

An diesem Tag fragte er, ob er mich nach meiner Arbeit im Titania-Palast zu einer farewell-party abholen dürfe – just you and me. Ich sagte no, um Himmels willen, no. Das fehlte noch!

Am Tage seines letzten Kreuzchens im Kalender wartete ich mittags vergebens auf ihn. Da war ich ein bißchen enttäuscht.

Ich pinselte gerade rote Äpfel in einen grünen Baum, als

die Tür aufgerissen wurde und Paul, bereits reisefertig, hereinstürzte.

»Jesus, Lou, your Lieutenant, there he is again«, amüsierte sich der Soldat, der mir beim Ausmalen half.

Paul zog mich von meinen roten Äpfeln fort. Seine Abreise war um einen Tag vorverlegt worden. Er war nur noch schnell vorbeigekommen, um mir Lebewohl zu sagen, und drängte mich in einen schmalen, schlecht beleuchteten Gang hinter der Bühne.

Er küßte mich zum ersten und zum letzten Mal.

Paul fuhr ab, ich malte weiter rote Äpfel in grüne Bäume und dachte daran, daß die meisten Küsse in meinem Leben Abschiedsküsse waren. Es war ja Krieg gewesen. Aber nun war endlich Frieden, und das Abschiednehmen ging weiter wie bisher...

11

Jola hatte von ihrem Verlobten Karl-Heinz Kühnhagen, der beim Kampf der dritten Panzerarmee im Samland verwundet worden war, die zweite Nachricht aus russischer Gefangenschaft erhalten.

»Es geht mir den Umständen entsprechend. Ich denke viel an Dich, mein Liebes, und bete, daß ich Dich eines Tages wiedersehen werde. Der Gedanke an Dich gibt mir Kraft.«

Nachdem sie dieses Lebenszeichen aus einer weit entfernten, düsteren Lagerwelt gelesen hatte, wirkte Jola wie versteinert.

»Sei froh«, tröstete ich sie, »du weißt, daß er lebt und in einigen Jahren wiederkommen wird. Du hast deinen Karl-Heinz wenigstens noch.«

»Ja«, sagte sie, »ich habe Karl-Heinz –« Aber es klang eher, als ob sie sagen wollte: er hat *mich*.

Merkwürdig, dachte ich. »Liebst du ihn denn nicht mehr?« kam mir dabei in den Sinn.

Sie fuhr herum, als ob sie ein Skorpion gestochen hätte: »Wie kommst du denn darauf?«

»Oh, Mann, bist du empfindlich!«

»Ja, bin ich«, gab sie gereizt zu. »Dieses ständige Zusammenhocken geht mir so auf den Wecker. Nie bin ich einen Augenblick allein. Schon wenn ich aufwache, bist du da. Nur auf dem Klo habe ich vor dir Ruhe.«

»Was glaubst du, wie ich die Zeit im Titania-Palast genossen habe. Da war ich wenigstens tagsüber ohne dich«, schoß ich zurück. »War das schön!«

»Darum werde ich so schnell wie möglich hier verschwinden«, sagte Jola und sah sich in meinem Zimmer mit einem Blick um, als ob sie gleich mit dem Packen anfangen wollte.

Bei Großmutter Genthin konnte sie unmöglich wohnen. Da hatte ich gerade erlebt, wie die ehemalige Pensionsfreundin, die Oma und Frau Schult aufgenommen hatte, die Hände rang: Wenn sie das vorher gewußt hätte –! Warum hatte sie nur keiner gewarnt! Oma in Untermiete war ein Unding. Schlimmer als ein Rohrbruch – und so beherrschend! Als ob das Haus ihr gehörte. Sie konnte sich einfach nicht unterordnen. Und Frau Schult spielte die Dame und ließ die arme Vermieterin ständig fühlen, daß sie an feinere Wohnkultur gewöhnt war.

Jola ging auf Zimmersuche. Sie hatte es jetzt sehr eilig, bei mir auszuziehen.

Eines Abends kam sie später als gewöhnlich und sehr vergnügt nach Hause.

»Ich hab was gefunden! Du kennst doch unsern Nachbarn am Wannsee – den alten Köckeritz. Bei dem war ich heute. Eine Flüchtlingsfrau zieht nächste Woche bei ihm aus, sie will mit ihrem Kind nach Braunschweig. Dann wird ihr Zimmer frei – ne ehemalige Mädchenkammer unterm Dach. An sich wollte der Köckeritz niemand mehr aufnehmen, er hat zehn Fremde im Haus und trouble genug. Aber als er hörte, daß ich bei den Amis arbeite, hat er mir das Zimmer versprochen. Für Kaffee und Zigaretten geht eben alles.« Sie sah mich glücklich an. »Stell dir vor, Luise, ich komme an meinen See zurück. Ist das nicht phantastisch?«

Durch die Atombomben auf Hiroshima und Nagasaki wurden wir Anfang August daran erinnert, daß im Pazifik noch immer gekämpft wurde. Japan weigerte sich zu kapitulieren. Aber Japan war weit. Was ging uns unser ehemaliger Verbündeter noch an? Für uns war der Krieg seit Anfang Mai zu Ende. Wir wollten nichts mehr von Krieg hören.

Und nun diese Bomben! In der Zeitung waren Fotos vom aufsteigenden Atompilz und von der verheerenden Wirkung ihrer Explosion, deren Ausmaß noch nicht bekannt war.

»Ihr mit euren verfluchten Bomben«, griff ich unsere Leutnants an. »Waren die noch nicht schlimm genug, die ihr auf uns geschmissen habt? Dieses Uranding hat auch noch den niedlichen Namen Little Boy! Little Boy löscht ne ganze Stadt aus. Und ihr seid auch noch stolz auf diesen Massenmord.«

»Hey, hey, hey, Lou!« wehrten sie sich. »Ist es unsere Schuld, wenn diese verdammten Kamikazejapsen nicht kapitulieren wollen? Sollen ihretwegen noch mehr Millionen Menschen draufgehen? Die kann man nur mit einem Schock zur Aufgabe zwingen.«

Die zweite Bombe schaffte es dann wirklich. Der Zweite Weltkrieg war jetzt auch im Pazifik zu Ende.

»Lieber ein Ende mit Schrecken als ein Schrecken ohne Ende«, war in den letzten Jahren zum Schlagwort geworden. Aber hier waren nach ersten Schätzungen an die hunderttausend Menschen für den erzwungenen Frieden vernichtet worden und die Verletzungen der Überleben-

den grauenvoll. Doch der Jubel über das Ende des Welt-
krieges übertönte das Entsetzen.

Während der Siegesfeiern der Alliierten karrten Jola und
ich ihre Habe ins Köckeritzsche Haus. Ihr Zimmerchen
lag im dritten Stock und hatte ein kreisrundes Fenster
zum See.
Von der Genthinschen Terrasse nebenan dröhnten Laut-
sprecher, Tanzmusik, Jubel, Glockenläuten und patrioti-
sche Reden auf die Uniformierten nieder, die im Garten
feierten und sich gröhlend betranken.
An alliierte Siegesfeiern hatten wir uns inzwischen
gewöhnt. Wir hörten kaum noch hin.

Nun wohnten wir nicht mehr zusammen, aber Jolas
Abwehr gegen mich hatte sich sogar noch verstärkt. Ich
war gekränkt und sprach sie nicht mehr an, es sei denn,
sie hatte meinen Pinsel oder mein Lineal. Nichts war von
ihrer spröden Selbstsicherheit geblieben. Sie benahm
sich verstört – wie ein flugunfähiger, ängstlicher Vogel.
Stocherte im Essen herum, hatte leicht Tränen in den
Augen. Vor der Heimfahrt nach Wannsee verschwand
sie gruß- und spurlos. Was war nur mit ihr los, was ich
nicht wissen durfte?
Eines Vormittags kam ich durch Zufall hinter ihr
Geheimnis. Lieutenant Jonathan Woodburger wurde
dringend am Telefon verlangt. Ich wußte, daß er in ein
anderes Büro gegangen war und lief ihm nach, um ihn zu
holen. Da auf mein Klopfen niemand antwortete, öffnete
ich die Tür und sah Jola und ihn im Gegenlicht vorm
Fenster stehen, sah auch die Verbindung zwischen beiden
– sie hielten sich an den Händen.

»Jonathan, you 've got a very urgent phonecall –«

Die beiden fuhren auseinander, ich wartete nicht, bis sie sich umdrehten, sondern lief in unser Büro zurück, an meinen Arbeitsplatz, hatte es so eilig, beschäftigt zu wirken, daß ich die Ausziehtusche umkippte. Nun hatte ich eine Beschäftigung.

Jonathan kam kurz nach mir herein und lief zum Telefon. Fünf Minuten später erschien Jola. Anstatt über unser verkleckstes, unbrauchbar gewordenes Plakat zu toben, half sie mir geradezu eilfertig, den Tisch zu putzen. Manchmal spürte ich dabei ihren fragenden Blick, aber ich tat ahnungslos, damit sie glauben konnte, ich hätte nichts gesehen. Später sagte sie, ein wirklich ahnungsloser Mensch hätte sich niemals so ahnungslos gebärdet wie ich. Nun ja, ich habe wohl ein bißchen übertrieben. Aber ich war so außer mir über meine Entdeckung. Da lebten wir wochenlang wie siamesische Zwillinge miteinander, und es war ihr gelungen, ihre große Sympathie für Jonathan vor mir geheimzuhalten.

Nach einer Weile sagte sie: »Ich weiß, was du jetzt denkst.«

»Feine Freundschaft«, grollte ich. »Ich erzähl dir immer alles – aber du – wenn ich nicht zufällig reingeplatzt wäre, hättest du mir nie was gesagt.«

»Nein, Luise. Ich kann nicht darüber reden. Ich hasse mich so sehr, und wenn du mir jetzt Vorwürfe machst, dann –« Sie brach mitten in ihrer Drohung ab und seufzte tief.

Ich kannte sie lange genug, um zu wissen, daß sie nicht leichtfertig mit ihren Gefühlen umging. Im Gegenteil, sie beschwerte sie von Anfang an mit Gewichten voller Endgültigkeit. Als sie Karl-Heinz Kühnhagen im Potsdamer Yachtclub kennenlernte, war sie zwölf und er siebzehn und in ein Mädchen verliebt, das er Löckchen nannte. Am selben Tag verkündete sie mir: Den werde ich einmal heiraten. Ich zeigte ihr damals einen Vogel. Aber wenn Jola sich etwas in den Kopf setzte...

Fünf Jahre später war sie mit Karl-Heinz verlobt. Und hat davor und danach mit keinem anderen männlichen Wesen geflirtet. Und nun Jonathan G. Woodburger aus Boston, Massach – Massachus – Massasuchsetts –? Ich konnte diesen Staat ums Verrecken nicht aussprechen.

Jonathans Familie stammte väterlicherseits aus Wien und hieß früher Waldburger, seine Mutter war reines Boston. Wie sein Vater und Großvater sollte er einmal Bankier werden. Bevor er zur Armee eingezogen wurde, hatte er vier Semester Rechtswissenschaft in Harvard studiert und wollte nach seiner Rückkehr sein Studium fortsetzen.

Jonathan war lang, dünn und ging leicht vorgebeugt wie einer, der schlechte Erfahrungen mit niedrigen Türstökken gemacht hat. Diese Haltung verlieh seiner Figur die morbide Eleganz eines ehemaligen K. u. K.-Herrenreiters. Seine Haare waren drahtig, dunkel und stark gewellt, weshalb er sie sehr kurz hielt... auf alle Fälle die haltbare Sorte Haar bis ins hohe Alter. Sein gutgeschnittenes, zurückhaltendes Gesicht wurde von einer dunklen Hornbrille mit ziemlich starken Gläsern beherrscht. Jonathan war kein Sonnyboy wie Paul, kein Charmeur wie Mac und schon gar kein mädchenfressender Wolf, eher ein stiller Intelligenzler und somit ein Außenseiter in unserer Crew. Aber er hatte sich immer bemüht, kein Spielverderber zu sein.

Ich weiß nicht, wann es die beiden erwischt hatte. Es war

keine Liebe auf den ersten Blick gewesen, aber es war wohl Liebe, denn beide neigten nicht zum Flirten. Und Karl-Heinz?

»Was soll denn nun werden?« fragte ich Jola beim Zeichnen des neuen Plakates.

»Gar nichts natürlich. Wir haben noch fünf Tage, dann ist es aus.« Jetzt, da ich es wußte, schien sie fast erleichtert, mit mir darüber reden zu können. »Jon wollte alles versuchen, um noch länger in Berlin zu bleiben, aber ich habe ihm gesagt, wenn du bleibst, gehe ich fort. Er will mich heiraten, sobald das möglich ist. Aber er weiß, daß ich Karl-Heinz nie im Stich lassen werde – und schon gar nicht wegen einem Ami. So was Schäbiges kann ich nicht mal zu Ende denken.«

»Aber du liebst Jonathan.«

»Darauf kommt es nicht an.« Sie sah zu ihm hinüber, er schien schon lange darauf gewartet zu haben. In ihrem Blick war traurige Sehnsucht nacheinander – als ob bereits der Atlantik zwischen ihren Schreibtischen läge. O weh, dachte ich, o weh –

Und dann war sein Tisch eines Morgens leergeräumt und der Stuhl mit der Lehne dagegengekippt. Jola hatte dunkle Ränder um die Augen und ein hoffnungsloses Lächeln im Gesicht.

Sie malte verbissen Buchstaben. Ab und zu öffnete sich ihre linke Hand, dann sah ich ein zerknittertes Paßfoto von Jonathan Woodburger. Ich konnte mir vorstellen, wie ihr zumute war.

Zum erstenmal seit drei Wochen fuhr sie mit demselben Zug wie ich nach Hause, zum erstenmal fragte sie mich, ob ich etwas vorhätte, und wenn nicht, ob ich noch ein bißchen mit zu ihr kommen wollte. Sie hatte wohl Angst vorm Alleinsein.

Der alte Herr von Köckeritz empfing uns im schottisch karierten Morgenmantel mit weißem Schal und Lackschuhen, ein Monokel im vergreisten Lebemanngesicht. Er wirkte auf mich wie eine Karikatur aus dem Simplicissimus.

»Ach, du Schande«, erschrak Jola bei seinem Anblick, »ich habe heut ganz vergessen, die Stummel aus den Aschbechern zu sammeln. Da wartet er doch täglich drauf. Hast du zufällig welche?«

Ich gab ihr ungern die beiden Zigaretten, die mir der Colonel angeboten hatte.

»Warum kauft er sich keine auf dem Schwarzen Markt? Er hat doch genug zum Verscherbeln.«

»Tut er ja auch. Aber er ist Kettenraucher.«

Herr von Köckeritz bat uns auf seine Veranda, er hatte gerade frischen Tee aufgebrüht, Jola winkte ab. Vielleicht später. Zuerst wollte sie mit mir in ihr Zimmer hinaufgehen.

»Wie geht es dem reizenden Leutnant Woodburger?« rief er hinter uns her.

»Er ist abgereist«, sagte Jola kurz.

»Ach, wie schade! So ein gebildeter, feiner Mensch und so gar nicht amerikanisch! Aber er kommt doch wieder?«

»Nein.«

»Ach, das tut mir wirklich leid.«

Bis zum zweiten Stock führte eine runde Treppe mit einem in seiner Abgetretenheit noch immer wunderschönen Aubusson-Läufer. In den Gängen dazwischen knallten Türen, stritten sich Frauen, plärrten Kinder.

»War Jonathan öfter hier?« fragte ich.

»Er war sogar in unserem Haus drüben unter dem Vorwand, sich für einen Major ein Zimmer anzusehen. Hat sich alle Räume zeigen lassen. Er wollte doch die Umgebung kennenlernen, in der ich aufgewachsen bin.«

Die letzte Stiege zum Dienstbotentrakt hatte nur einen Kokosläufer und eine einzige trübe Hängefunzel.

»Setz dich«, sagte Jola und zeigte auf das altertümliche Mahagonibett, das ein Drittel der Kammer einnahm. Aber ich ging erst einmal zum Fenster, um den See zu begrüßen.

Auf dem Tisch davor lagen aufgeschlagen Grimms Märchen: die Geschichte von Jorinde und Joringel. Das klang wie Jolande und Jonathan.

Jorinde und Joringel waren ein Liebespaar. »Sie waren sich versprochen in den Brauttagen und hatten ihr größtes Vergnügen eins am andern.« Sie verirrten sich im Walde, Jorinde sang todbang: Mein Vöglein mit dem Ringlein rot, singt Leide, Leide, Leide, es singt dem Täublein seinen Tod, singt Leide – Lei – und mitten im Lied verwandelte eine böse Hexe Jorinde in eine Nachtigall.

»Ich hab Jonathan das Märchen übersetzt. Er hat gesagt, wann immer er von nun an eine Nachtigall hört, wird er an mich denken.«

»Th – du und Nachtigall. Der hat dich wohl noch nie singen hören«, nahm ich an.

»Ich habe ihm gesagt, daß ich so schön wie eine Krähe singe. Und er hat gesagt, wann immer er von nun an eine Nachtigall oder eine Krähe hört, wird er an mich denken.«

»Wenn die in Boston soviel Krähen haben wie wir...«

»Auch er wird das Erinnern eines Tages aufgeben –«,

sagte Jola. »Es ist nur im Augenblick noch sehr schwer, sich vorzustellen, daß wir uns nie, nie wiedersehen werden.« Sie hatte plötzlich eine tränenverschnupfte Stimme. »Wollen wir 'n bißchen rudern? Herr von Köckeritz hat ein Boot.«

Es war ein lauer Septemberabend. Wir fuhren zuerst in Richtung des Genthinschen Steges, den die Besatzer aus dem Wasser gehoben, repariert und neu angestrichen hatten. Auf seiner Bank saßen zwei kugelköpfige, bürstenhaarige Offiziere und tranken Bier aus der Dose. Zwischen sich hatten sie ein grellgeschminktes Mädchen. Die Männer stießen ihren unvermeidlichen Pfiff aus und forderten uns auf, anzulegen und mitzutrinken.

Das Mädchen drohte uns, wegen der Konkurrenz besorgt: »Haut bloß ab, hier is privat.«

»Aminutte«, schimpfte ich, als wir weiterruderten.

»Wenn du's dir recht überlegst, bin ich auch nichts anderes.«

»Oh, Mann, Jola, zwischen der und dir ist doch wohl ein kleiner Unterschied.«

»Ja«, sagte Jola, »sie hat vielleicht keinen kranken Verlobten in russischer Gefangenschaft.«

»Hör endlich auf, dir Vorwürfe zu machen. Niemand kann für seine Gefühle. Und außerdem ist es sowieso vorbei.«

»Ja, das wird mir immer mehr bewußt.«

»Es dauert noch ne lange Weile«, sagte ich, an Jobst denkend. »Aber dann – wie heißt es so schön – die Zeit heilt alles.«

»Bleib mir bloß mit diesen dummen Sprüchen vom Hals.«

»Sprüche sind die Erfahrungen, die Leute vor uns gemacht haben.«

»Zeit heilt nicht alles«, sagte Jola nach längerem Überlegen. »Zum Beispiel kein großes Schuldgefühl. Zeit fördert nur die Vergeßlichkeit . . .«

Und später, nachdem wir schweigend eine Schleife über den See gerudert hatten und ans Ufer zurückkehrten, sagte sie: »Eigentlich unfaßbar, daß ausgerechnet mir das passieren mußte. Bei dir könnte ich mir ohne weiteres vorstellen, daß du mit einem Amerikaner was anfängst. Du bist ja gern verliebt und hast niemand, auf den du Rücksicht nehmen mußt. Du bist frei –«

Was als kleiner Angriff auf meine Leichter-Lebigkeit gestartet worden war, versiegte in einem unbewußt neidischen »Du bist frei«.

Ja, ich war frei, aber ich wußte nicht, ob ich mich darüber freuen sollte.

12

Ein langer Zaun in Form von schmiedeeisernen Lanzen sperrte das Grundstück zur Straße ab, und zwar so hoch, daß die Vermutung nahelag, sein Hersteller habe nicht nur ein Übersteigen durch Menschen, sondern auch durch Elefanten verhindern wollen.

Das Portal war angelehnt. Rechts befanden sich die Garagen mit der Chauffeurswohnung darüber, in der Hanna und Barris residierten.

Solange sie noch unversehrt dastanden, hatte ich die Prachtvillen des Grunewaldes so wenig beachtet wie alles, woran man täglich vorübergeht. Nun, als »Herrschaftsruinen«, in die die Gärten hineinzuwuchern begannen, zogen sie meine Phantasie geradezu magisch an.

Steinbergs Haus war von einer Sprengbombe zerstört worden. Die ehemals französischen Fenster im Erdgeschoß waren nun französische Fensterhöhlen. Ich schaute hinein und erkannte im getürmten Schutt ein Stück Wandpaneel mit japanischen Szenerien im Stil der frühen zwanziger Jahre. Einen zersplitterten Rest Mahagonitür mit Intarsien. Einen Säulenfuß aus schwarzem Marmor. Delfter Kacheln, da, wo die Küche einmal war. Ich ging zum Chauffeurshäuschen, aber es antwortete niemand auf mein Rufen. Darum suchte ich Barris im hinteren Garten. Ging über Wege, die zwischen ungemähten Rasenflächen und Rosenrabatten sternförmig zu einem großen Bassin führten, das jetzt ausgetrocknet war und voller Laub, mit einer Fontänenanlage in der Mitte.

Ging durch Laubengänge, an zerstörten Gewächshäusern und dem hohen Maschendrahtzaun des ehemaligen Tennisplatzes vorbei. In einem angegriechelten Tempel saß Barris an einem Gartentisch und hackte auf seine Schreibmaschine ein – ein kräftiger, graugelockter, pfeifenrauchender Faun.

»Luischen! Ich begrieße dich!« Aha, Barris hatte heute seinen baltischen Tag, das bedeutete, daß er sich gemütlich fühlte. »Bist du schon im Hauschen jewesen?«

»Ich hab mir gedacht, daß Sie bei dem schönen Wetter im Garten sitzen«, sagte ich.

»Hock dich hin, mein Herz.«

Ich sah mich um. »War der Tempel früher mal ne Bühne?«

»Was glaubst du, wer hier alles aufgetreten ist. Beriehmte Sänger, Schauspieler, Kabarettisten. Dichter haben hier gelesen. Und dann die Serenadenabende! Hier oben saß das Orchester, auf dem Rasen waren Stuhlreihen aufgebaut. Bei Kammermusik stand ich meistens hinter den Zuhörern, damit ich mich besser verdricken konnte«, erinnerte er sich.

»Das muß toll gewesen sein.«

»Wenn ich damals geahnt hätte, daß ich hier eines Tages zwischen Ruinen sitzen und einen Artikel tippen wirde, während mir die Ameischen in die Socken krabbeln...«

»Worüber schreiben Sie? Über unsere neogermanische Trümmerarchitektur?«

»Vielleicht kann ich mich später wieder auf Kunst spezialisieren. Jetzt muß ich machen, was jewinscht wird«,

sagte er. »Ich bin an einer Artikelserie ieber die Nach-
kriegsjugend in Berlin.«

»Für wen?«

»Ein amerikanisches Magazin.«

Ich war tief beeindruckt. »Kaum sind Sie wieder da,
haben Sie bereits einen Auftrag aus den USA.«

»Alles Sigi Steinberg in seiner großen Jiete. Seine Frau
stammt aus einem Verlagshaus. Was sie drieben mit
meinen Artikeln machen werden, weiß ich nich, aber sie
zahlen pinktlich, und das ist wichtig. Aus meinen
Taschen fällt ja nischt mehr wie Tabakkriemelchen.
Wenn meine Hanna nicht servieren ginge, mißten wir
darben.«

»Dann will ich Sie nicht länger stören«, sagte ich und erhob mich.

Er drückte mich erschrocken auf den rostigen Klappstuhl
zurück. »Bleib! Du kommst mir wie jerufen. Erzähl mir
was über deinen Jahrgang.«

Ich hatte kurz vorher ein Mädchen aus meiner Klasse am
Bahnhof Grunewald getroffen. Ediths Geschichte ging
mir noch immer sehr nach.

»Ich glaube, für viele von uns sind die Eltern die größte
Enttäuschung nach dem Krieg. Ich erzähle Ihnen das am
besten am Beispiel eines Mädchens, das mit mir Abitur
gemacht hat: Edith wurde wahnsinnig streng erzogen.
Ihre Eltern waren sehr prüde. Mit siebzehn mußte sie
noch Punkt acht zu Hause sein, sonst setzte es Ohrfeigen.
Im Vergleich zu ihr war ich geradezu ein streunender
Hund. Mit achtzehn verlobte sie sich mit einem Soldaten. Verloben durfte sie sich, weil Krieg war, aber die Tür
mußte offen bleiben, wenn er Edith in ihrem Zimmer
besuchte. Damit auch ja nichts zwischen den beiden

passierte außer einem Küßchen in Ehren. Denn Edith sollte ja eines Tages unbescholten in die Ehe gehen. Den Mut, nachts aus dem Fenster zu steigen und sich heimlich mit ihrem Verlobten zu treffen, hatte sie nicht. Der Verlobte fuhr an die Front zurück und fiel. Das war 1944. Kurz vor Kriegsende schickten ihre um Ediths Jungfräulichkeit besorgten Eltern die Tochter ins Rheinland, damit sie nicht etwa den russischen Eroberern in die Hände fiel. Ihr Evakuierungsort wurde von marokkanischen Truppen der französischen Armee besetzt. Die nahmen keine Rücksicht auf Ediths behütete Unschuld und vergewaltigten sie mehrmals brutal. Aber mit ihrem Verlobten hatte sie nicht schlafen dürfen. Und darüber kommt sie nicht hinweg.«

»Das ist bei Gott eine Story«, sagte Barris.

»Sie geht noch weiter«, sagte ich. »Edith trampte aus dem Rheinland nach Berlin zurück. Ihren Eltern erzählte sie nichts von den marokkanischen Vergewaltigungen, aus Angst, von ihnen als entehrte Tochter verstoßen zu werden. Sie nahm einen Job in einer englischen Dienststelle an. Und mußte erleben, daß ihr strengmoralischer Vater ihr Vorwürfe machte: ›Warum bringen andere Mädchen von ihrer Arbeit Kaffee und Zigaretten nach Hause? Warum du nicht?‹ Ganz einfach, weil Edith die Schnauze von Männern voll hatte und nicht bereit war, mit einem Alliierten ins Bett zu gehen. Das konnte der Vater auf einmal nicht mehr verstehen. Lieber gab er seine strengen Moralbegriffe auf, als daß er auf seine Glimmstengel verzichtet hätte.«

»Und Edith?«

»Es wird lange dauern, bis sie wieder fähig ist, an irgend etwas zu glauben.«

»Erst kommt das Fressen, dann kommt die Moral«, nickte Barris. »Eine widerwärtige Geschichte.«

»Aber wehe, Sie verwenden sie«, erschrak ich nachträglich. »Unser Ruf ist schlimm genug in der Welt. Sollen wir ihn selber noch schlimmer machen? So was würden die Amerikaner nur zu gerne über uns lesen.«

Barris versprach mir, Ediths Geschichte nicht zu schreiben. Ich wußte, ich konnte mich auf ihn verlassen.

»Und du?« wandte er sich an mich: »Hast du einen amerikanischen Freund?«

»Nee.«

»Und Jola?«

Ehe ich verneinen konnte, faßte er sich selbst an den Kopf. »Jola doch nicht. Niemals. Die liebt ihren Preußen, bis daß der Tod sie scheidet.«

»Klar«, sagte ich. »Jola doch nicht.« Und es tat mir so leid, daß ich Barris nichts von Jonathan G. Woodburger und Jolas schweren Konflikten erzählen durfte.

Barris stocherte mit der Spitze seines Bleistiftstummels im Pfeifenkopf. Schmauchte. Verbrauchte mehrere Streichhölzer. Über uns in den Bäumen versammelten sich Singvögel für die weite, ungewisse Reise nach Afrika.

Barris, noch immer mit seiner Pfeife beschäftigt, sagte, er hätte in den letzten Tagen etliche Mädchen in verschiedenen Stadtteilen interviewt: »Ihre Brüder und Freunde sind noch nicht zurück oder gefallen. In den letzten Jahren haben sie vor allem Bombenterror, Angst, Hunger, Vergewaltigung, Tod, Trümmerarbeit erlebt. Ihre Vorbilder haben sie enttäuscht. Ihre Illusionen sind zerstört. Ihre anerzogenen Moralbegriffe erschüttert. Nun sind da plötzlich junge, gesunde, gepflegte, satte Sieger, die den Mädchen nachsteigen und sie daran erinnern, daß sie nicht bloß Kellerasseln, Trümmerfrauen, Schlangesteher, Hungerleider sind. Ihr Nachholbedarf an Jungsein ist groß, ihre Vergnügungssucht unersättlich. Sie wollen endlich hübsch sein, begehrt und tanzen, tanzen, tanzen. Die meisten haben mir versichert, daß sie nicht mit einem Alliierten gehen, um an Naturalien und Zigaretten heranzukommen, sondern wegen dem uralten Boy-meets-girl-Spiel. Ich glaube ihnen das sogar. Und wenn die Eltern ein Auge zudrücken, solange für sie was Lukratives dabei abfällt . . . Wer hat dann das Recht, diese Mädchen zu verurteilen? ›Jugend reimt sich auf Tugend. Und Tugend ist, wenn keiner kommt.‹ Dieser Spruch ist übrigens schon alt, ich weiß nicht mehr, von wem er stammt.«

»Aber es gibt noch genügend Mädchen, die niemals einen Alliierten auch nur mit dem Hintern angucken würden«, sagte ich. »Es sei denn, es kommt ihnen die große Liebe dazwischen. Und dagegen ist man machtlos.«

Als ich nach Hause kam, empfing mich meine Mutter mit ihrem mir nur zu bekannten Alarmgesicht: hochgezogene Augenbrauen, verschreckter Blick, o-förmig geöffneter Mund.

»Was ist passiert?«

»Jola war da. Sie konnte leider nicht warten –«

»Nun sag schon!«

»Der alte Herr von Köckeritz ist tot.«

Ich war so erschrocken, daß ich »Schlimm?« fragte. Noch vorgestern hatte er uns Tee aus seinem russischen Samowar zelebriert und dazu Schaljapinplatten gespielt.

Und dann erfuhr ich die Tragödie.

Herr von Köckeritz hatte seine kostbaren, alten Pistolen, die er vorm Einmarsch der Roten Armee in seiner Jauchegrube versenkte, heben wollen. Die Pistolen steckten in einem Seesack, der Sack klemmte beim Heraufziehen, der alte Köckeritz stieg ein paar Stufen hinunter in die Grube und kam sofort in den Gasen um. Was für ein makabrer Tod für einen Ästheten!

Zu seiner Beerdigung erschienen ein paar alte Freunde und die nächsten Nachbarn; seinen aus Schlesien nach Oberbayern geflüchteten Verwandten war die tagelange Reise zu beschwerlich. Einzig sein Neffe und Haupterbe Tassilo Bast von Köckeritz sagte telegrafisch sein baldiges Kommen an.

Die Wirtschafterin des alten Lebemannes ließ die Waffen später von einem Fachmann heben und vergaß nie, frische Blumen auf den Deckel der Grube zu legen.

Übrigens waren die Pistolen trotz gründlicher Reinigung nur bei kurzer Geschäftsverhandlung auf dem Schwarzmarkt an Alliierte abzusetzen. Und danach war rasches Türmen angebracht, ehe ihr neuer Besitzer dem Verkäufer nachwetzen und das Geschäft rückgängig machen konnte, denn ihr Holz stank unausrottbar nach Jauche.

13

Cand. med. Robert Kühnhagen, Jolas zukünftiger Schwager, hatte einen langen Brief aus Garmisch geschrieben. Er war dort in einem Lazarett tätig und wartete auf die Eröffnung der Münchner Universität und einen Studienplatz, um sein Medizinstudium zu beenden.

Robby schrieb unter anderem: »Noch genießen wir den goldenen bayerischen Herbst. Daß ein Herbst so unbeschreiblicher Herbst sein kann, habe ich erst hier erlebt. Die Augen tun einem abends weh von dieser Leuchtkraft. Ihr, meine beiden lieben Kumpane aus dem letzten Kriegsjahr, wie gerne möchte ich Euch von meiner herrlichen Umgebung etwas abgeben. Aber da ich die Landschaft nicht scheibchenweise in Briefumschläge verpakken kann, möchte ich Euch vorschlagen: Kommt her. Was hält Euch im trostlosen Berlin? Bald wird es schneien. Ihr könnt im Gasthof von Burgls Eltern beinah umsonst wohnen. Burgl ist Oberschwester in unserem Lazarett, ein wunderbares Mädchen, das alle hier den ›Engel‹ nennen. Burgl ist vor allem mein Engel. Ich habe ihr viel von Euch erzählt, und es ist ihr Vorschlag, Euch herzuholen und gründlich aufzupäppeln. Also!! Macht Euch auf die Socken. Vielleicht findet Ihr sogar eine neue Existenz in Bayern. Nebenbei, mein Lockruf ist nicht uneigennützig. Es fehlt mir hier an nichts, nur manchmal vermisse ich die Ansprache mit alten Freunden von zu Hause.«

Dieser Brief vergällte von nun an unseren Alltag. Goldener bayerischer Herbst. Robby wiedersehen. Fette Kuhmilch. Vielleicht sogar Käse?

Der Colonel erschien jeden Morgen verschwiemelt, aber ungemein selbstzufrieden, durchschritt flötend das Büro, mit den Pobacken den Takt dazu kneifend, und begrüßte jeden von uns mit Handschlag. Er war verliebt wie ein Kater in seine Filmschauspielerin. Von ihr brachte er die kleinen, juckenden Pusteln zwischen den Fingern mit, die er per Shakehand an jeden von uns weiterverteilte.

Zuerst merkten wir gar nicht, was auf uns zukam. Wir hatten eben ein leichtes Jucken zwischen den Fingern. Der Colonel befand sich bereits im fortgeschrittenen Stadium. Ich erwischte ihn einmal dabei, wie er sich mit der linken Hand am Bauch kratzte und mit der rechten über seine Schulter hinweg ein Lineal in seinen Kragen einführte und damit heftig seinen Rücken schubberte.

In unserem Großbüro erstarb das Lachen. Ein Leutnant nach dem andern ging zum Medizinmann. Fühlte sich anschließend als Aussätziger.

Wir hatten allesamt die Krätze von der Filmschauspielerin. Scabies hieß das Übel auf lateinisch, das sich ständig neue Gänge in unsere Epidermis grub. Es fing zwischen den Fingern an und breitete sich über den Körper aus, auch an Stellen, an denen man sich in der Öffentlichkeit ungern kratzt. Wenigstens das Gesicht blieb verschont.

Zuerst landete der Colonel im Hospital, dann ein Lieutenant nach dem andern. Uns Mädchen versorgten sie mit Zinksalbe, gegen die meine Milben immun zu sein schienen, denn sie milbten munter fort. Bettwärme spornte sie zu Höchstleistungen an. Ich lag und kratzte mich zweihändig wie ein Affe.

Dem Colonel begegneten wir nach seiner Rückkehr aus dem Hospital nur noch vorwurfsvoll.

Als ich eines Morgens Jola auf dem Bahnhof traf, war ihre Stimmung im Vergleich zu meiner nicht verkrätzt, sondern zum erstenmal seit Jonathans Abreise geradezu aufgekratzt.

»Was ist los?«

»Ich kündige zum 1. November.«

»Bei dir piept's wohl. So nen Job findest du nie wieder.«

»Seit Jonathan fort ist, mag ich den Laden nicht mehr. Nächsten Monat gehen die letzten von der alten Besatzung, dann hört der Spaß sowieso auf.«

»Hast du denn schon was Neues?«

»Nö... ich will versuchen, zum Sommersemester an der Uni anzukommen. Und bis dahin jobbe ich eben rum – entweder hier oder in Bayern.«

»Wieso Bayern? Erzähl, was ist los.«

»Der Neffe vom alten Köckeritz ist da. Der Tassilo. Und der will uns mit rüber nehmen.«

»Wen – uns?«

»Na, dich und mich, das heißt, wenn du mitkommen willst. Der Winter in Berlin wird furchtbar werden, das sagen alle. Es hält mich nichts hier. Ja, wenn wir unser Haus noch hätten...«

»Wir kriegen weder nen Passierschein noch ne Reisegenehmigung«, gab ich zu bedenken, in Gedanken schon mit Packen beschäftigt.

»Das laß nur Tassilo machen. Der kennt alle Tricks. Er war schon zweimal nach dem Krieg hier, seinen Onkel besuchen, als der noch lebte.«

»Was'n anhänglicher Neffe!«

»Es waren wohl mehr Onkels Briefmarken- und seine Münzsammlung, die er schon mal mit rübergenommen hat. In Bayern wären sie sicherer, hatte er dem Alten eingeredet.«

»Woher kennst du ihn?«

»Seit meiner Kinderzeit. Als er noch in Schlesien lebte, war er jedes Jahr in Berlin beim Onkel zu Besuch. Er ist sieben Jahre älter als ich. Komm heute abend mit zu mir, dann lernst du ihn kennen. Aber kratz dich ja nicht. Wenn Tassilo erfährt, daß wir Krätze haben, nimmt er uns garantiert nicht mit.«

Tassilo Bast von Köckeritz empfing uns in kanariengelbem Kaschmirpullover und Pepitahosen, dazu trug er schwarzweiße Golfschuhe, von denen er die Spikes hatte entfernen lassen. Er war mittelgroß und von jener blanken Hübschheit, die man häufig bei Leuten findet, die sich nicht gern mit Sorgen belasten. Überhaupt sah er aus, als ob er den Krieg auf irgendeinem Golfplatz verspielt hätte.

»Alles Klamotten vom Onkel«, klärte er uns auf. »Ein Glück, daß wir die gleiche Figur hatten.«

»Dein Onkel war ein Dandy –«, sagte Jola, die Pepitahose betrachtend.

Außer Garderobe hatte Tassilo eine Kiste mit Champagner und Gänseleberpastete sowie ein Glas mit Trüffeln im Keller entdeckt. »Mein Onkel hatte eben Lebensart«, sagte er, den Sekt in hauchfeine Jugendstilkelche füllend.

»Und dann so ein stinkiger Tod.« Er reichte uns jedem ein Glas. »Auf den Onkel!«

Wir aßen die Trüffeln und die Pastete – leider hatten wir kein Brot, aber es ging auch so –, und dazu tranken wir zwei Flaschen. Danach kniete Jola vor der Kloschüssel. Ich lag flach auf dem Sofa und preßte den Handrücken vor den Mund. Eher wäre ich erstickt, als daß ich diese Köstlichkeiten wieder von mir gegeben hätte.

Tassilo beförderte uns schimpfend in Jolas Zimmer. »Was seid ihr bloß für trübe Tassen! Vertragt nicht mal drei Gläser Schampus –«

»Die Gänsele –« Allein das Wort ließ Jola schaudern. »Wir sind doch nichts mehr gewöhnt!«

Solange wir noch geistig aufnahmefähig gewesen waren, hatte er uns den illegalen Übergang über die grüne Grenze vom russisch besetzten Thüringen ins amerikanische Bayern als spannendes Abenteuer in lieblicher Landschaft geschildert.

Am nächsten Tag schrieben wir an Robby Kühnhagen und kündigten ihm unsere baldige Ankunft an.

Der Abschied von unseren noch verbliebenen Buddys im Special Service war in Wehmut getränkt.

»Be a good girl – all luck to you – take care of yourself...« Einer versicherte uns, daß wir nie wieder solchen »cute guys« wie ihnen begegnen würden.

Wieder hatten Jola und ich ein gemeinsames Kapitel Leben beendet. Nun stand uns das Abenteuer Bayern bevor.

Einen Tag vor unserer Abreise kam Jola herübergeradelt. Setzte sich auf mein Bett und sah mir zu, wie ich Blusen für die Reise bügelte.

»Bist du etwa schon mit dem Packen fertig?« staunte ich.

»Nö, wieso?«

»Na, weil du hier rumsitzt und deine Zeit verplemperst.«

»Ich war heute bei meiner Schwiegermutter, um mich zu verabschieden und einen Brief für Robby mitzunehmen.«

»Na und?«

»Sie wohnt ja noch bei ihrer Schwester in Potsdam. Aber nun hat sie von ihrem Bruder ein Häuschen in Steinstükken zur Verfügung gestellt gekriegt. Da zieht sie jetzt hin. Und ich soll ihr dabei helfen.«

»Etwa noch morgen?«

Ohne auf meine Frage einzugehen: »Das Häuschen ist immerhin so groß, daß Karl-Heinz und ich mit einziehen können, wenn er aus der Gefangenschaft kommt. Und weißt du, was sie mir erzählt hat? Schauergeschichten vom illegalen Grenzübergang. Jede Nacht werden ganze Gruppen von den Russen erwischt und eingesperrt. Und ein Grenzführer hat zwei Frauen, die sich ihm anvertrauten, ermordet und ausgeraubt.«

Jetzt begriff ich und setzte das Bügeleisen ab. »Sag bloß, du hast Angst und kommst nicht mit! Und hast vielleicht schon meiner Mutter deine Greuelmärchen erzählt!«

»Nein, bestimmt nicht. Kein Wort. Aber ich muß dir sagen, ich habe den Krieg nicht gesund überstanden, um jetzt mein Leben leichtfertig aufs Spiel zu setzen, bloß um mir paar schöne Tage in Bayern zu machen.«

»Th, was die Leute reden. Tassilo hat gesagt, es wäre überhaupt nicht schlimm.« Ich fühlte mich von ihr im Stich gelassen, geradezu betrogen. »Mir wirfst du immer vor, ich wüßte nicht, was ich will. Jetzt weißt du es nicht.«

»Wieso? Ist doch ganz einfach. Bis gestern wollte ich, und heute will ich nicht mehr.«

Ein warmer Geruch nach Versengtem stieg mir in die Nase. Das war das Bügeleisen, das auf meiner Bluse stand. Nun hatte die Bluse einen braunen Bügeleisenabdruck auf dem Rücken. »Daran bist du schuld, Mensch!«

»Reg dich nicht auf, ich geb dir eine von mir.« Jolas ungewohnte Großmut war ein Beweis dafür, daß sie ein schlechtes Gewissen wegen der abgesagten Reise hatte.

»Deine Blusen passen mir nicht, ich habe mehr Busen als du.«

»Ich geb dir ne weite. Du willst also wirklich fahren, auch wenn ich nicht mitkomme?«

»Natürlich.«

»Thth – du bist auch bloß konsequent, wenn du beschließt, ne Dummheit zu machen. Dann kann dich nichts davon abbringen.«

Es dauerte eine Weile, bis ich mich von meiner Enttäuschung erholt hatte. Ich hätte es nie gewagt, Jola im letzten Moment im Stich zu lassen. Ihr machte es anscheinend keine Schwierigkeiten.

Wir trennten uns kühl. Sie wünschte mir alles Gute und gab mir Briefe für Robby mit. Ich brachte sie nicht einmal zur Haustür, als sie ging. Am meisten nahm ich ihr übel, daß sie mir nun auch die Lust an der Reise verdorben hatte.

In der folgenden Nacht schlief ich so gut wie gar nicht. Vielleicht sollte ich lieber doch nicht fahren? Hier hatte ich ein wind- und regendichtes Zuhause. Meine Geborgenheit gab ich leichtfertig auf – wer weiß wofür?

Wie immer vor einem größeren Unternehmen brachte ich mich erst einmal durch das Aufzählen aller möglichen Katastrophen, die mir dabei zustoßen könnten, in überschäumende Untergangsstimmung. Wenn es dann soweit war, hatte ich das Schlimmste bereits hinter mir.

Ich wollte nach Bayern. Nun gerade. Tassilo (warum hatte der Mensch nur so einen blödsinnigen Namen!) würde mich schon beschützen, denn er wollte etwas von mir. Meine Zurückhaltung reizte und verärgerte ihn gleichermaßen, aber er hoffte, das würde sich ändern, sobald wir in Bayern waren. Und ich ließ ihm diese Hoffnung aus Sorge, er könnte mir sonst vorführen, wozu ein in seiner männlichen Eitelkeit gekränkter Mann fähig sein kann. Das würde die Reise nur unnötig verzwicken.

Außerdem mochte ich ihn wirklich ganz gern. Er hatte den Krieg in Polen, Frankreich, Afrika, zuletzt den Rückzug aus Italien mitgemacht und sich bei Kriegsende zu einem Vetter nach Bad Tölz abgesetzt. Sein stolzes Zuhause in Schlesien war jetzt unter polnischer Verwaltung. Nachtrauern bezeichnete er als Zeitverschwendung. Schließlich brauchte er alle Sinne und Energien, um sich eine neue Existenz aufzubauen und verlorene Kriegsjahre nachzuholen.

Auch ich hatte Nachholbedarf.

Jugend reimt sich auf Tugend. Und Tugend ist, wenn keiner kommt – hatte Barris gesagt. Jetzt war Tassilo im Anmarsch auf meine Tugend und ich viel zu temperamentvoll und unruhig, um meine freien Abende auf die Dauer am heimischen Ofen zu verbringen.

Dank der verflixten Krätze blieb ich weiterhin zu absoluter Tugend verdonnert. Gesicht und Hals hatte sie ja gottseidank verschont, und tiefer ließ ich Tassilo nicht an mich heran. Ich hatte auch gelernt, in seiner Gegenwart dem wahnsinnigen Juckreiz zu widerstehen und nicht mit zehn Fingern unterm BH zu scharren.

Der Abschied von meiner Mutter fiel schwer. Sie brachte mich bis zur Königstraße, bis zur Haltestelle des Omnibusses, aber es kam keiner. Die alten Busse hielten sich selten an ihren Fahrplan, weil sie meistens irgendwo mit Reifenpanne oder Motorschaden auf der Strecke stehenblieben.

Also ging ich die zwanzig Minuten zum Bahnhof Wannsee. Blickte mich mehrmals nach ihr um, sah sie klein und schmal und bekümmert am Straßenrand stehen, mir nachwinkend. Vielleicht würde ich sie nie wiedersehen. Man mußte in dieser Zeit mit allem rechnen. Als ich mich das letzte Mal nach ihr umsah, war sie nur noch ein kleiner schwarzer Strich am Straßenrand – in ihrem Persianermantel, dessen kahle Stellen sie mit Ausziehtusche zu kaschieren pflegte.

Am Bahnhof Wannsee erwartete mich Tassilo in des Onkels geerbter Kledage: karierte Schirmmütze, pelzgefütterte Joppe, Breeches und Reitstiefel.

»Dein Anblick hält sich die Waage zwischen ehemaligem Großgrundbesitzer und verkrachter Rennbahntype.«

»Danke für die Blumen«, sagte er, »jetzt komm.«

Tassilo hatte mir geraten, möglichst wenig Gepäck mitzunehmen, nur das allernötigste. Jedes Pfund zuviel würde den mehrstündigen nächtlichen Marsch zur bayerischen Grenze nur unnötig beschweren. Er hatte aber noch einen anderen Grund, weshalb er auch die weiteren Teilnehmer an unserer Expedition – einen Schwarzmarkthändler in Feuersteinen namens Otmar Ziebuhlke und seine Frau Molly – zur Mitnahme von Fliegengepäck überredete: je leichter wir ausgerüstet waren, um so besser konnten wir ihm beim Tragen der Werte helfen, die aus dem Erbe des verjauchten Onkels stammten. So kriegte Ziebuhlke den Koffer mit Krebsbestecken und Austerngabeln für 24 Personen angehängt, außerdem mußte er des Onkels voluminösen Kamelhaarmantel anziehen. Er verbreiterte seine Schultern um etwa zehn Zentimeter und reichte ihm bis zum oberen Rand der Skistiefel. Ziebuhlkes Frau Molly hängte Tassilo ein vergilbtes Hermelincape mit schwarzen Schwänzchen über den Trainingsanzug und belud sie mit einer Diplomatentasche, vollgestopft mit Miniaturen. Aus meinem Rucksack ragten zwei aus ihrem Rahmen geschnittene, zusammengerollte Gemälde wie Ofenrohre. Es handelte sich um ein Mädchenporträt von Renoir und eine Landschaft von Monet: Werte, um deren Verlust man zur Zeit weniger bangen mußte als um eine heile Hose oder ein Pfund Butter, wenn man Dieben in die Hände fiel.

Mit der S-Bahn rüttelten wir zum Potsdamer Bahnhof und marschierten von dort durch Geisterstraßen zum Anhalter Bahnhof. Es war zunehmender Mond, über den schwarze Wolken fetzten. Er leuchtete die Mauerreste aus – zerstörte Kamine und Rohre ragten wie ein verfaultes Gebiß in den Himmel. Mondlicht glitzerte in Wasserlachen. Aus Mauerhöhlen strömte Totenkälte. Weiße Pfeile auf einem stehengebliebenen Hauspfosten zeigten in eine tiefe Grube – da war einmal der Luftschutzkeller gewesen. Wie viele mochten noch unter den Trümmern liegen –?

Hier war nun nichts mehr, gar nichts als nach Verwesung stinkendes, hohles Schweigen. Und das Pfeifen der Ratten, die über unseren Weg flitzten.

Wir stiefelten, Grauen zwischen den Schulterblättern, auf die bombastische Ruine des »Anhalters« zu. Das war der Paradebahnhof der Kaiser- und Nazizeit gewesen. Der Bahnhof, von dem aus wir in die Ferien fuhren. Ich hatte noch die Eile, das Reisefieber, die Aufregung, das Fernweh, die freudigen Begrüßungen und die verschnupfte Stille beim Abschied, die Rufe nach den Gepäckträgern, den Singsang der Zeitungsverkäufer, dieses auf- und abschwellende Raunen zahlloser Menschen im Ohr und über allem das schwerfällige Tschtsch-pch der anhaltenden Loks.

Nun stolperten wir im Dunkel durch eine Ruine. Ich fand mich nicht mehr zurecht.

Da war noch das Skelett der riesigen Halle über sechs Gleisen – der Wind sang hoch oben, wo es kein Dach mehr gab.

Tassilo führte uns vom Bahnhofsgebäude fort aufs Betriebsgelände und öffnete die Tür zu einer Baracke mit Sitzbänken. Hier sollten wir die Nacht verbringen bis zum Abgang des ersten Zuges Richtung Thüringen.

Immer öfter quietschte die Tür, immer mehr Hamsterfahrer rumpelten herein, so daß an Ausstrecken nicht zu denken war und an Schlaf schon gar nicht. Die Leute um uns sangen, ließen Flachmänner mit Rübenschnaps kreisen, rülpsten, schnarchten. Ziebuhlkes stritten sich.

»Woran denkst du?« fragte Tassilo.

»An den Anhalter Bahnhof. Als Kinder sind wir manchmal hier hergefahren.«

»Wir auch«, erzählte er, »ich meine, mein Bruder und ich sind oft zu unserer kleinen Bahnstation geritten, um die Züge vorbeidonnern zu sehen.«

»Wir sind nicht wegen der Züge gekommen, sondern wegen dem Leierkastenmann und seiner Frau«, sagte ich. »Die hatten ihren Stammplatz am Anhalter. Der Mann trug einen Schellenbaum auf dem Kopf, den setzte er durch Schütteln in Gang. Sein einer Fuß bewegte die große und die kleine Pauke, mit den Händen bediente er das Becken und trommelte. Seine Frau drehte die Kurbel des Leierkastens, hatte viele Glöckchen an den Ärmeln und sang. Eine Zeitlang saß ein Äffchen neben dem Sammelteller, aber das war wohl der phonetischen Dauerbelastung nicht gewachsen. Eines Tages war es nicht mehr da.«

»Die habe ich auch mal erlebt«, lachte Tassilo, »die waren besser als die Philharmoniker.«

Um uns herum wurden Kriegserlebnisse ausgetauscht. Einer versuchte den andern an Schrecklichkeiten zu übertrumpfen. Eine Frau sagte, sie wäre viermal hintereinander vergewaltigt worden. Eine andere sagte, das wäre noch gar nichts. Sie hätte es zwölfmal hintereinander durchmachen müssen. Die erste Frau fragte erstaunt: »Und da haben Sie noch immer mitzählen können?«

Tassilo war an meiner Schulter eingeschlafen. Ich schob ihn in die Senkrechte, denn auf die Dauer wurde er mir zu schwer.

Ich dachte an Jobst. Einmal hatte ich ihn vom Anhalter abgeholt. Seine erste Frage war: »Gibt's das Orchester noch? Dann laß uns hingehen.« Der Mann – inzwischen

rammdösig von dem ständigen schweren Schellenbaum –
wackelte auch mit dem Kopf weiter, wenn Pause war und
er seine Klappstullen auspackte. Die Frau sang mit zittri-
ger, schriller Stimme:

»Ach, wie ist's meechlich dann, daß ick dir lassen kann.
Hab dir von Herzen lieb, det gloobe mir.
Du hast die Seele mein so lang jenommen ein –
daß ick keen andern lieb als dir allein . . .«

Es klang sehr armselig und rührend, nicht mal Jobst hatte
gegrinst.

Jobst, verflixt noch mal, warum bin ich gezwungen, eines
Tages einem anderen zu gehören »als dir allein . . .«?
Das sind doch alles Fremde, denen ich heute begegne.
Denen muß ich ja erst erklären, was ich denke. Und weiß
ich, ob ich ihnen trauen kann? Wir beide gehörten so sehr
zusammen. Unsere Lust nacheinander wurde nie weniger, eher unersättlicher.

Übermorgen war Jobst ein Jahr tot. Im Luftkampf abge-
schossen, brennend vom Himmel getrudelt. Die Maschine hatte sich in einen Acker gebohrt. Es gab keine Möglichkeit mehr, mit dem Fallschirm auszusteigen. Das soll
in der Nähe von Osnabrück gewesen sein, aber noch auf
der holländischen Seite.

Nun mußte ich mir eben einen anderen Mann suchen,
denn ich konnte mit einundzwanzig Jahren meine Gefühle nicht zuhäkeln und für alle Zeiten einmotten.
»Um Himmels willen, Lieschen«, hätte Jobst protestiert.
»Nur das nicht. Das wäre ja jammerschade!«

Tassilo war aufgewacht und zündete eine Zigarette an.
Wir rauchten sie gemeinsam.
»Hast du überhaupt noch nicht geschlafen?«

»Nicht eine Minute.«

»Du mußt. Morgen nacht wirst du nicht dazu kommen.«

»Ja, ich weiß. Aber ich bin nicht müde.« Außerdem feierten die Milben Orgien um meine Taille, und ich mußte stille halten.

Ich durfte mich erst kratzen, als Molly Ziebuhlke aufschrie: »Hiiech! Mich hat was gebissen.« Sie rüttelte an ihrem schlafenden Mann. »Otmar! Otti! Hier gibt's Flöhe!!«

»Na und?« grunzte er. »Behalt se für dich.«

»Ich glaube, ich hab auch einen«, sagte ich erleichtert, öffnete meinen Mantel und machte mich an meine Taille. »Woher kennst du eigentlich die beiden kleinen Schieber?« fragte ich Tassilo.

»Von Schwarzmarktgeschäften vom Bahnhof Zoo.«

»Und warum nimmst du sie jetzt mit rüber?«

Er grinste. »Damit sie mir helfen, das Geerbte zu tragen.«

»Und wenn sie damit durchgehen?«

»Wo sollten sie? Auf dem Schleichweg über die grüne Grenze? Da sind sie ohne meine Führung verratzt und verloren. Und hinter der Grenze, in Bayern, nehme ich ihnen sowieso alles ab. Kann also nichts passieren.«

»Edel sei der Mensch, hilfreich und gut«, fiel mir ein.

Er zuckte die Achseln. »Notzeiten schreiben sich ihre eigenen Gesetze. Außerdem wollen Ziebuhlkes sowieso nach Bamberg, Feuersteine besorgen. Wenn sie mit mir gehen, sparen sie sich das Geld für einen Führer.«

Ein schwarzgekleidetes Fräulein mit geknifftem Filzhut sprach mich bescheiden an: »Ach, bitte, ich hätte eine Frage...« Gemeinsam mit einem alten, klapprigen

Herrn hockte sie auf einem Koffer, der alles enthielt, was sie gerettet hatten, wie sich später herausstellte.

»Ja bitte –«, sagte ich.

»Darf ich uns erst einmal vorstellen: Oberregierungsrat Wachsmann –«, sie zeigte auf den Alten im sorgsam geputzten, abgetragenen Überzieher und Bowlerhut, dessen Krempe auf seinen Ohren Halt suchte, »–ich bin Fräulein Elsbeth Brünner.«

Soviel höflicher Umstand erinnerte uns an unsere eigene Kinderstube. »Bast von Köckeritz«, und dazu erhob sich Tassilo mit halber Backe.

»Sehr angenehm, Herr von Köckeritz.«

»Luise Hartwig.«

»Freut mich außerordentlich, gnädiges Fräulein.«

Mein Blick war auf seinen auf und niederhüpfenden Adamsapfel im weit abstehenden Hemdkragen konzentriert, während er kurz seine Umstände schilderte: Aus Potsdam. Dort total ausgebombt. Seit fünf Jahren Witwer. Nicht fähig, sich diesem – äh – robusteren neuen Lebensstil anzupassen. Versicherte ausgerechnet uns, noch niemals ein Schwarzmarktgeschäft getätigt zu haben. Das ließen erstens seine preußischen Ehrbegriffe nicht zu, und zweitens besaß er auch nichts mehr zum Tauschen. Was ihm geblieben war, war seine anständige Gesinnung. Und an der verhungerte er so peu à peu.

Tassilo und ich schauten aufmerksam Oberregierungrat Wachsmann und seine Wirtschafterin Fräulein Elsbeth an. So verhungert sahen also »Volksgenossen« aus, die ausschließlich von offiziellen Zuteilungen lebten.

Arme Schweine, dachten auch die Umsitzenden, die zugehört hatten, aber ohne Mitleid. Wenn der alte Daddy schon zu senil war, um sich Extras zu beschaffen, warum unternahm sein Fräulein Elsbeth nichts?

»Fahren Sie hamstern oder weiter?« erkundigte sie sich bei Tassilo.

»Wir wollen nach Bayern.«

»So ein Zufall! Wissen Sie, ich möchte mit dem Herrn Oberregierungsrat nach Hof, dort habe ich Verwandte, die uns aufnehmen würden. Wäre es wohl gestattet, uns Ihrer Führung anzuschließen?«

Tassilo sagte sofort: »Nein, ganz unmöglich.«

Der alte Herr entschuldigte sich wegen Fräulein Elsbeths Aufdringlichkeit und war noch ein bißchen verzagter als zuvor. Fräulein Elsbeths Finger in gestopften Makohandschuhen streichelten kurz über seine fleckigen Hühnerhände.

Ich trat Tassilo gegen das Schienbein, und als er mich ansah, schüttelte ich mißbilligend den Kopf. »Das kann man auch freundlicher sagen.«

»Es tut mir wirklich leid, Herr – äh – Oberregierungsrat, aber wir haben viel Gepäck, der Weg ist teilweise steil und mühsam – wir könnten uns nicht um Sie kümmern.«

»Danke, sehr liebenswürdig, es war ja auch nur eine Anfrage.«

»Aber ich werde Ihnen einen Platz im Zug erkämpfen«, versprach Tassilo, der es nicht mit mir verderben wollte.

Im fahlen Morgendämmer, über Schnarchen und Stöhnen und röchelnde Atemzüge hinweg, hörte ich ein Tsch-sch-sch näherkommen und stieß Tassilo an.

»Ich glaube, der Zug fährt ein.«

Wir rüttelten an Ziebuhlke und Molly, die mit offenem

Mund einer überm andern hingen: »Aufstehen – schnell«, und weckten auch Fräulein Elsbeth.

Als erste stürmten wir aus der Baracke und fanden den nahen Bahnsteig schwarz vor Menschen. Tassilo rannte neben dem einfahrenden Zug her, enterte den Postwagen und hielt Plätze für uns frei, die wir uns gegen die rücksichtslos drängenden Massen mit Fäusten und Ellbogen erkämpfen mußten. Die meisten waren Hamsterfahrer.

Sie feixten über Ziebuhlkes um drei Nummern zu großen Kamelhaarmantel mit hochgestelltem Kragen. Mit diesem Kleidungsstück schien der Geist von Hans Albers über ihn gekommen zu sein. Zumindest legte er sich eine Hoppla-jetzt-kommt-Ziebuhlke-Attitüde zu. Und dazu seine Molly in Hermelin über Trainingshosen.

»Zu welchen Gelegenheiten trug dein Onkel eigentlich Hermelin?« fragte ich Tassilo.

»Das Cape gehörte wohl seiner Mutter.«

Der Zug war gerammelt voll. Keine Chance, jemals ein Klo zu erreichen. Selbst die engen Toilettenkabinen waren mit drei bis vier Personen besetzt. Aber das kannte ich ja schon aus den letzten Kriegsjahren.

Der Anhalter Bahnhof lag im amerikanischen Sektor. Nun fuhren wir durch die russische Zone. Wir fuhren den ganzen Tag. Einmal blieben wir auf der Strecke stehen, bis eine undichte Stelle im Kessel, durch die der Dampf entwich, repariert worden war.

Viele Reisende stiegen aus, Frauen setzten sich mit erhobenen Röcken neben die pinkelnden Männer, die Unterhaltung dabei war ebenso laut wie ungeniert.

Bei jeder Steigung blieb die Lokomotive stehen und

fauchte asthmatisch, kein Wunder bei dem Grus aus Schlackenkohle, den sie zu fressen kriegte. Sie war genauso unterernährt wie ihre Fahrgäste, von denen bei jedem Halt immer mehr ausstiegen und sich mit Netzen und Taschen in Richtung bäuerlicher Ansiedlungen entfernten, in der Hoffnung auf ein paar Kartoffeln oder eine Kohlrübe.

In unserem Wagen blieben schließlich nur wir vier und der Oberregierungsrat mit seinem Fräulein Elsbeth übrig. Und alle juckten sich. Auch die Flöhe fuhren sippenweise in den Zügen mit, um sich zu beköstigen.

Tassilo schlief wie ein Murmeltier. Wir übrigen wurden daran gehindert, von Molly, die aufzählte, was sie alles durch Bomben verloren hatte. Ich kannte ihren Typ. Bei jedem Bericht kamen noch ein paar Sachen dazu, konnte ja keiner mehr nachprüfen.

Der jetzige Stand waren vier Pelzmäntel, eine Fünfzimmerwohnung mit allem!!! Eisschrank, Singernähmaschine. Die Perser hatten nur so übereinander gelegen. Und Schmuck hatte sie gehabt – wie eine Prinzessin! Selbst Ziebuhlke hörte staunend zu und wußte nicht, ob er mahnend eingreifen oder sich darüber freuen sollte, daß er mal so viel verdient hatte, um seiner Molly all den Luxus zu kaufen.

Gegen zehn Uhr abends hielt der Zug endgültig an. Lobenstein in Thüringen war erreicht.

Flüchtig grüßend löste sich die Abteilgemeinschaft auf und strebte aus dem fahlen Bahnhofslicht in die Dunkelheit. Ich machte den Fehler, mich noch einmal umzusehen.

Da stand der Oberregierungsrat mit Fräulein Elsbeth und

dem Koffer so verlassen, schlimmer noch – so ausgeliefert unter der elektrischen Uhr.

»Das kannst du doch nicht machen«, sagte ich zu Tassilo. »Stell dir vor, er wäre dein Vater.« Vor Ärger grunzend wandte er sich an die beiden. »Was wollen Sie denn jetzt anfangen?«

»Ach, wir dachten, wir suchen uns einen Gasthof, und morgen werden wir uns einer Gruppe anschließen, die rübergeht«, sagte Fräulein Elsbeth.

»En Zimmer kriechen Se bloß vom Ortsgommantanden, damit sind Se rekistriert als illegole Krenzkänger«, sagte ein Mann, der ebenfalls mit dem Zug gekommen war und zugehört hatte. »Se gennen mir glooben, ich weeß Bescheid.«

Fräulein Elsbeth und der Oberregierungsrat sahen mich an, ich sah in ihrem Namen Tassilo an, Tassilo bereute bereits, mich mitgenommen zu haben. »Also gut – kommen Sie«, knirschte er, »aber stellen Sie es sich bitte nicht einfach vor.«

Während wir im Gänsemarsch durchs nächtliche Lobenstein tippelten, fluchte er, hörbar für mich: »Scheiß die Wand an! Mit dem Scheintoten im Schlepptau schaffen wir's nie. Sie werden uns einbuchten und uns alles abnehmen. Und du bist schuld.«

O Gott, dachte ich, das möchte ich nicht erleben.

Nebel hingen auf den Hügeln, an den Nordhängen leuchtete blaß der Neuschnee. Die kalte, würzige Luft nach der tagelangen Fahrt im miefigen Zug wirkte ungemein belebend.

Es roch nach Ländlichkeit. Nach Frieden. Ich hatte plötzlich ein Glücksgefühl: es roch wie Schulferien in Bayern.

Aus einem größeren Gebäude am Straßenrand strömten Einheimische.

»Razzia«, befürchtete Ziebuhlke.

»Kino«, beruhigte ihn Tassilo. »Schluß der Abendvorstellung.«

Wir mischten uns unter die Heimgeher, damit den russischen Posten nicht unsere Tragtaschen und Rucksäcke auffielen. Die Lobensteiner verteilten sich auf ihre Häuser rechts und links der aufsteigenden Straße, die Häuser hörten schließlich ganz auf.

Da war nun nichts mehr um uns als Wiesen und bewaldete Hügel. Der Mond kam hinter den Wolken hervor und beschien eine sich langsam aufwärtsbewegende Gruppe.

»Seht ihr den Haufen da vorn? Die wollen auch über die Grenze. Wir müssen sie im Auge behalten, aber auch nicht zu nah herangehen. Wenn sie geschnappt werden, sind wir gewarnt«, raunte Tassilo uns zu. »Wenn bloß der Mond verschwindet. Bei der Helligkeit schaffen wir nie die letzten zwei Kilometer bis zur Grenze.«

»Wollen wir nicht lieber umkehren?« fragte der alte Herr verzagt.

Fräulein Elsbeth hakte ihn unter. »Stützen Sie sich auf mich. Denken Sie immer daran – morgen sind wir bei meinen Verwandten. Dann ist alles vorbei.«

Der Weg wand sich den Hang hinauf, mir wurde schnell warm beim Steigen, die Riemen des Rucksacks schnitten in die Schultern. Vor mir fluchte Ziebuhlke über das adlige Familiensilber, das seinen Arm ausleierte und gegen sein Schienbein schlug. Hinter mir keuchte der Oberregierungsrat, von Fräulein Elsbeth anfangs fürsorglich gezogen, später geschoben.

Tassilo stieg stetig vor mir her. Obgleich er ein Radio, eine Aktentasche und den schweren Rucksack trug, schien ihm die Steigung nichts auszumachen. Einmal blieb er stehen und wartete auf uns. »Seht ihr die Baumgruppe? Dahinter liegt das Dorf Lichtenbrunn. Es ist nicht von Russen besetzt. Wenn wir durchgehen, sparen wir eine halbe Stunde.«

Für sparen waren alle. Ehe wir weitergingen, wechselten die Männer ihre Lasten. Nun trug Ziebuhlke das Radio, Tassilo die Krebsmesser und Austerngabeln. Ich hätte am liebsten meinen Rucksack den Abhang hinuntertrudeln lassen, denn sein Gewicht nahm von Schritt zu Schritt zu, und an den Hacken in den harten Skischuhen bildeten sich erste Blasen.

Hinter uns wurden das Rumpeln eines Karrens laut und Stimmen, die sich auf thüringisch unterhielten.

Es war elf Uhr. Das Dorf lag in tiefem Schlaf. Nah bei der Kirche klappte eine Haustür. Ein Hund kläffte. Kläffte sich ein. Konnte gar nicht aufhören. Verdammte Töle.

Überall gingen Lichter in den Häusern an. Tassilo scheuchte uns hinter einen Schuppen, ließ die Leute mit dem Karren vorgehen und siehe, da rief auch schon eine kehlige Männerstimme: »Stoy!« Ich dachte, hier gibt es keine Russen?

Tassilo packte meinen Arm und zog mich in den nächsten Hof. Die andern schlichen hinter uns her, wobei unsere Schuhe im weichen Morast blubbernde Geräusche machten. Dazu unser keuchender Atem und Mollys schepperndes Kochgeschirr auf ihrem Rucksack.

Wir fühlten uns wie von Hunden verfolgte Rehe. Tassilo bezeichnete uns eher als ein Rudel stampfender Elefanten, und wenn er das vorher gewußt hätte!!

Zwischen Scheune und Stall stolperte der gebückt schleichende Ziebuhlke über den zu langen Mantel und schlidderte in den Morast, auch seine Nase tauchte ein. Als er das Radio aufhob, klang es in seinem Innern wie in einer Kinderklapper.

»Die Röhren sind bestimmt im Eimer.«

Wir trabten über eine Wiese einen Abhang hinunter. Runter ging es mit Schubkraft, dafür sorgten die schweren Rucksäcke.

Dann kam ein Tal, in dem die Russen patrouillierten. Gottseidank hatten sich Wolken vor den Mond geschoben, es war stockdunkel. Tassilo versammelte uns um sich und zeigte auf einen Berg.

»Über den da müssen wir rüber.«

Mußte er ausgerechnet auf den höchsten zeigen?

»Werden Sie das schaffen?« wandte er sich flüsternd an den Oberregierungsrat. »Er ist steil und teilweise vereist . . .«

»Natürlich schaffen wir's«, versicherte Fräulein Elsbeth, den alten Herrn und den schweren Koffer fest im Griff. Tassilo stand unschlüssig vor den beiden. Hatte plötzlich eine mitmenschliche Regung. »Wenn Sie meine Tasche nehmen, werde ich ihn führen«, sagte er zu Fräulein Elsbeth.

»Vielen Dank, sehr liebenswürdig.« Der Oberregierungsrat raffte all seine noch verbliebene Kraft und Würde zusammen, um möglichst gerade zu stehen.

»Aber es hat keinen Sinn.« Er ging mit seiner Wirtschafterin ein Stück beiseite, um mit ihr zu reden. Sie sprachen leise. Wir hatten Mühe, alles mitzubekommen, was sie sagten.

»Elsbeth, Liebste, laß uns scheiden. Ich finde schon zum

Bahnhof zurück. Grüß deine Verwandten in Hof von mir.«

Sie schluchzte auf: »Aber Vatichen – ich kann dich doch nicht allein lassen!«

»So hilflos bin ich gar nicht, wie du mich immer hinstellst. Ich fahre nach Berlin zurück und versuche, legale Einreisepapiere zu bekommen.« Er zog seinen Fäustling aus und strich ihr über die Wange. »Nun weine nicht, mein Herz – ich komme bestimmt nach – adieu – paß gut auf dich auf!«

Durch ihren eckigen Körper lief ein Zittern, sie legte den Kopf an seine Schulter, ihr Hut fiel in den Schnee. Sie schluchzte laut, er streichelte ihren Rücken. »Vatichen – kommst du auch bestimmt?«

Eine letzte Umklammerung – sie bedeckte sein altes Gesicht mit Küssen, dann hob sie ihren Hut und den Koffer auf – erinnerte sich plötzlich: »Aber da sind ja auch deine Sachen drin –«

»Laß nur, ich brauch nichts bis Berlin.«

In seinem viel zu groß gewordenen Mantel stand er da und hob die Arme in einer winkenden Gebärde. »Leben Sie wohl und vielen Dank. Sie waren sehr freundlich, daß Sie mich mitgenommen haben. Und viel Glück.«

Dann wandte er sich um und stelzte mit schlackernden Armen betont forsch in die Dunkelheit zurück.

»Ein Sejen, daß er freiwillig aufjejeben hat«, sagte Molly neben mir.

Als Fräulein Elsbeth uns erreichte, begannen wir hintereinander den Aufstieg. Ich hörte sie leise vor sich hin weinen.

Es war sehr steil und vereist, der schwere Rucksack wirkte wie eine Bremse, ich packte kleine Fichten am Schopf, um mich festzuhalten, ihre Nadeln stachen durch den Handschuh. Plötzlich hörte ich ein Aufstöhnen unter mir: »Aber er verhungert doch ohne mich!«

Ohne sich von uns zu verabschieden, kehrte Fräulein Elsbeth um, rutschte abwärts, ihre eiligen Schritte krachten in den gefrorenen Schneematsch – wurden leiser – ihre Stimme war nun schon weit entfernt: »Herr Oberregierungsrat – so warten Sie doch auf mich!«

»Großer Gott, ich danke dir«, sagte Tassilo über mir. Und ich dankte ihm auch, daß wir die beiden und das Mitleid mit ihnen los waren.

Fräulein Elsbeths lautes Rufen hatte Warnschüsse in der Nähe ausgelöst. Ziebuhlke überholte mich, trat mir auf die Hand, ohne es zu merken. Aber ich, ich merkte es, ließ mich auf einer hochstehenden Wurzel nieder und streichelte meinen Schmerz.

Das war nun die zweite Nacht, in der ich nicht zum Schlafen kam. Ach, mein liebes Wannseer Bett – du stehst leer, und ich hocke hier und weiß nicht mehr, was ich eigentlich in Bayern will. Ja, was will ich denn da? Wieso hatte Jola gerade noch rechtzeitig gewußt, daß das ganze Unternehmen ein Irrsinn war? Wieso immer sie und ich erst, wenn ich mittendrin steckte?

Ich rappele mich auf. Wir rutschten, fielen auf die Nase und krabbelten wie Fliegen auf einem steilen, vereisten Laufband. Und das kleine, trockene Knallen von Schüssen war gar nicht weit weg.

»Schießen die eigentlich scharf?« erkundigte ich mich.

»Mann, bist du doof!« fegte mich Molly an. »Glaubst du, die schießen mit Pfefferkuchen?«

Na schön, ich war die Jüngste in unserem seltsamen Quartett, aber das war noch längst kein Grund für Ziebuhlkes, mich zu duzen. Wieso nahmen sie mich nicht ernst? Keiner nahm mich ernst. Bloß ich. Ich nahm mich sehr ernst.

»Ich wünsche, daß Sie mich siezen«, verlangte ich.

»Pschscht!« fauchte Tassilo.

»Ich sag ja auch nicht du zu Ziebuhlkes!«

Er fand endlich eine Fichtengruppe als Halt und zog einen nach dem andern zu sich herauf.

»In einer halben Stunde haben wir den anstrengendsten Teil hinter uns. Dann beginnt der gefährliche«, versprach er mit leiser Stimme. »Was mich beunruhigt – wir sind noch keiner Gruppe begegnet, die von drüben kommt. Anscheinend haben sie alle abgefangen. Dann klappt es auch mit uns nicht.«

»Was klappt nicht?« fragte ich mißtrauisch.

»Na, das Rübergehen.«

»Und was machen wir dann?«

»Hier warten bis morgen nacht.«

Also nein – so war das nicht geplant gewesen. Nicht noch eine Nacht. Ich löschte meinen Durst mit Harschschnee voller Tannennadeln. Und haßte Tassilo Bast von Köckeritz, der mich zu diesem freudlosen Unternehmen eingeladen hatte.

Molly sagte: »Im Zug haben sie immer Herr Oberregierungsrat und Frollein Elsbeth zu sich jesagt. Und wie se alleine waren: Vatichen! Und Liebste!! Also wenn ihr mich fragt, det is'n langjähriges Verhältnis zwischen Arbeitjeber und Anjestellte. Det darf bloß keena wissen, weil er mindestens vierzig Jahre mehr aufm Buckel hat wie sie. Also mir jraust et bei dem Jedanken, mit Vatichen im Bette zu jehn.«

»Nu halt doch die Klappe, Molly. Wenn se nich an ihm

jehangen hätte, wäre se nie und nimma umjekehrt«, widersprach Ziebuhlke. »Mir hat det richtig jerührt.«

»Det war nich Liebe, bloß schlechtet Jewissen«, sagte Molly, und ich: »Na und? Fraulein Elsbeth hat wenigstens eins.«

»Wer weiß, wo die beiden jetzt rumtapern –«, überlegte Tassilo.

Der Berg war endlich erstolpert, erklommen, errutscht, erkeucht, erflucht. Wir fielen erschöpft in den Schnee.

Tassilo wollte weiter, aber wir konnten nicht mehr. Sobald das Schwitzen nach der Anstrengung nachließ, setzten Schüttelfröste ein – und Müdigkeit.

Er gab uns zehn Minuten Pause. Dann ging es erbarmungslos weiter. »Von jetzt ab müssen wir verdammt leise sein!«

Schon wieder Schüsse, diesmal aus der Gegend, in die wir schleichen sollten. Tassilo änderte deshalb seinen Schlachtplan und führte uns kreuz und quer durchs Tannendickicht.

»Wenn de mich fragst, der weeß selber nich mehr, wo's lang geht. Der hat sich verfranst«, zischelte Molly besorgt.

Es war inzwischen ein Uhr nachts. Eine unruhige, unerwartet helle Nacht, nichts schien zu klappen. Ich hörte nahe Schritte in gleichen Abständen, dumpf und eintönig – aber dann waren es doch keine Schritte, sondern mein Herzschlag.

Schüsse. Hinwerfen. Warten. Eindösen. Kurze Träume. Aufspringen. Weiterstolpern. Hinwerfen ... Und ich hatte gedacht, der Krieg wäre endlich vorbei!

Auf einmal waren die Schüsse ganz nah – pfiffen über

unsere Köpfe. Ich sprang in eine Kuhle, Molly war schon drin und heulte, sie hätte die Schnauze voll, das wäre ja alles so furchtbar.

Ziebuhlke robbte heran und hieb ihr auf die Pudelmütze, damit sie endlich stille war. Wo blieb nur Tassilo? Tassilo war fort. Der wird uns doch nicht etwa hier ausgesetzt haben und allein weiter—? »Dieses Schwein!!«

»Quatsch«, sagte ich, »ist doch unlogisch. *Uns* läßt er vielleicht den Kontrollen ins Messer laufen, nicht aber sein Tafelsilber«, das Ziebuhlke gerade trug.

Nach zehn Minuten war er plötzlich wieder da, lautlos wie ein Waldmensch, und gab uns Zeichen, ihm zu einer kleinen Anhöhe mit weitem Blick ins mondhelle, verschneite Land zu folgen.

»Die Lichter links – das ist das Dorf, wo die Russen liegen. Die Lichter rechts gehören zur bayerischen Grenze. Die war bisher nie beleuchtet. Es ist wie verhext heute. Seht ihr das Stoppelfeld da vorne? Da müssen wir rüber.«

Wir sahen nicht nur das Stoppelfeld, sondern auf ihm auch die Gruppe, die in Lobenstein vor uns hermarschiert war und jetzt, um zwei russische Soldaten mit Maschinenpistolen vermehrt, in den Arrest trottete.

In diesem Augenblick rutschte der schwere Rucksack wie ein Geschoß von Tassilos Rücken – die Träger waren abgerissen. Was bedeutete, daß er ihn von jetzt an vor sich hertragen mußte. Was bedeutete, daß Ziebuhlke zum Tafelsilber auch noch das Radio aufgehalst kriegte. Molly erinnerte sich rechtzeitig an ihren Herzklappenfehler, der ihr verbot, schwer zu heben. Was bedeutete, daß ich zu Rucksack und Brotbeutel auch noch Tassilos

Aktentasche tragen mußte. Sie war schwer, als ob sie eine eiserne Kaminplatte enthielte. Dabei gab sich mein eigener Rucksack bereits die größte Mühe, meine Schultern von der übrigen Luise abzureißen.

Wir torkelten über eine Straße, rutschten einen Abhang hinunter und sanken hinter einer Weidenhecke in ein Bett aus modernden Blättern, Schneematsch und aufgeweichter Wiese.

»Sind wir endlich da?« forschte Ziebuhlke weinerlich.

Tassilo schob die Mütze auf den Hinterkopf und wischte mit dem Handrücken seine schweißnasse Stirn. »Die nächsten zwei Kilometer bis zum Grenzbach sind die gefährlichsten.«

Noch zwei Kilometer mit dem Gepäck! Das war wie ein K.o.-Schlag. Ich streckte alle viere von mir und wollte mich auszählen lassen, aber Tassilo rüttelte an mir herum. »Steh auf! Nicht einschlafen! Und Vorsicht! Die Wachen sitzen manchmal in den Bäumen, lassen einen rankommen und schießen dann. Du mußt die rechte Seite im Auge behalten. Sobald sich etwas rührt, gib mir ein Zeichen.«

Ich nickte und starrte angestrengt nach rechts – sah die Bäume langsam auf mich zukommen und Großmutter Genthin in ihrem Garten, sie trug eine Gießkanne und wollte die Hühner füttern.

Tassilo buffte mich aus meinem schönen Traum. »Aufpassen sollst du, nicht pennen! Also dich hätten wir im Krieg als Wachtposten gebraucht.«

»Na und –«, giftete ich zurück, »ihr habt ihn auch ohne mich verloren.« Und konnte ihn wirklich nicht mehr leiden. Er mich übrigens auch nicht.

Neben uns knisterten Ziebuhlkes mit Stullenpapier, kauten mit offenem Mund, hatten noch was zu essen und gaben nichts ab. Ich konnte auch Ziebuhlkes nicht mehr leiden.

Etwa eine halbe Stunde lang lagen wir im Schlamm, zu Eisblöcken erstarrt, bloß unsere Flöhe nicht. Wenn ich mit den Zähnen klapperte, stieß Tassilo mahnend in meine Seite. Nicht mal mit den Zähnen klappern durfte ich.

Auf der nahen Straße, die sich wie ein schwarzer Strich durch die weiße Landschaft zog, ratterten russische Soldaten zur Wachablösung. Wir hörten sie sprechen und lachen.

Gegen halb drei pflegen die Wachposten einzuschlafen, wußte Tassilo aus Erfahrung. Nur heute abend schliefen sie nicht. War eben eine ungünstige Nacht.

Wir brachen zur letzten Etappe auf. Ein halbgefrorener, umgepflügter Acker war zu überqueren. »Mensch, macht det Laune«, stöhnte Ziebuhlke neben mir.

Von den letzten zweihundert Metern weiß ich nur noch, daß ich gebückt gerannt bin, beseelt von einem einzigen Gedanken: der Grenzbach!

Umgeben von knorrigen, kahlen Weiden rauschte er dahin. Kurz vorm Ziel setzte Schießerei ein. Pfiff um unsere Köpfe. Molly rannte Ziebuhlke um, der gerade einen Schuh aus dem Morast zog. Sie sprang und platschte wie eine fette Kröte ins Gewässer. Sekunden später sprang ich nach – Eiswasser umspülte meine Beine – mir fielen die Geldscheine in meiner Socke ein – da zogen mich feste Griffe ans andere Ufer.

»So was von blödem Trampeln hab ich mein Lebtag nicht erlebt«, versicherte Tassilo und hievte auch noch den nassen Ziebuhlke an Land. »Guckt mal nach rechts – nur drei Meter ab ist der Steg, und den habt ihr nicht gesehn!«

Auf alle Fälle waren wir nun »drüben«. Tassilo zog ein Päckchen Camel aus der Tasche und reichte jedem von uns eine Zigarette. »Willkommen in Bayern.«

Bayern! Die erwarteten Glücksgefühle stellten sich nicht ein. Nur Erschöpfung und tödliche Müdigkeit. Aber es stand uns noch der Marsch ins Dorf bevor.

Ich setzte mich hin und mochte nicht mehr.

»Los, steh auf, stell dich nicht an.«

»Ich stell mich nicht an!« schrie ich zurück.

»Wenn du weiter so brüllst, erwischt dich die Patrouille der Amis und schickt dich dahin zurück, wo du herkommst, weil du keine Aufenthaltsgenehmigung für Bayern hast«, munterte Tassilo mich auf.

Das Wasser quatschte in den Stiefeln, unter der Fußsohle weichte mein Vermögen, ich mochte gar nicht drauftreten.

Endlich blieb unser Führer vor einem Bauernhaus stehen und warf in Ermangelung von Steinchen, die er im Dunkeln nicht finden konnte, Groschen gegen eine Scheibe im ersten Stock. Es dauerte eine Weile, bis ein Kopf am Fenster sichtbar wurde. Drei Minuten später ging dann das Licht an und die Haustür auf. In ihrem Rahmen stand eine hübsche, dralle, junge Person und knöpfte sich verschlafen die Bluse zu.

»Erni, ich bin's«, rief Tassilo. »Geh, mach uns Frühstück.«

Ich ließ meinen Rucksack von den wunden Schultern rutschen und fragte nervös nach dem Klo. Es befand sich im Hof.

Eine winzige, unaufgeräumte Küche. Im Herd bullerte ein Feuer. Um den Wasserkessel herum trockneten unsere nassen Socken und vier Paar Stiefel mit der Öffnung nach unten.

Mit einer Stopfnadel stach ich die Blasen an Hacken und Zehen auf und war so müde wie noch nie in meinem Leben.

»Kann man hier schlafen?« fragte ich Tassilo, der seine Füße massierte.

»Ja, schon, aber ihr nicht, weil ihr den Zug nach Hof erreichen müßt. Es geht bloß einer am Tag.«

»Was soll ich in Hof?« gähnte ich.

»Umsteigen nach München.«

Mit der Stirn auf meinen angezogenen Knien schlief ich ein. Wurde durch ein Stupsen geweckt.

»Halt dich ran, sonst futtern sie dir alles weg«, sagte Tassilo.

Erni hatte inzwischen ein Tablett mit goldgelber Butter, Kuhmilch und Erdbeermarmelade auf den Tisch gestellt und schnitt an ihrem Busen Scheiben von einem Brot.

Wir schlangen wie Hunde, die sich gegenseitig nichts gönnen. Als ich zur vierten Schnitte Brot greifen wollte, hob Erni das Tablett vom Tisch und trug es in die Speisekammer. Ziebuhlkes und ich stierten ihm nach, bis nichts mehr von ihm zu sehen war. Dann holten wir Socken und die knochenharten Stiefel vom Herd und zogen sie unter Wimmern und Fluchen an unsere wunden, geschwollenen Füße zurück.

»Du tust mir leid, Lulu«, sagte Tassilo.

»Was glaubst du, was ich mir leid tu. Du hast es gut. Du kannst dich jetzt ausschlafen.«

Und nach dem Schlafen würde er seine schwere BMW-

Maschine, die in der Scheune parkte, besteigen, sein Erbe aufladen und Richtung Tölz donnern. Mit richtigem Benzin, ärgerte sich Ziebuhlke. Es war schon ungerecht verteilt in der Welt – die einen hatten alles, und die andern mußten denen, die alles hatten, auch noch beim Tragen ihrer Schätze helfen.

Tassilo half mir, den Rucksack auf meinen wunden Rükken zurückzuschnallen. »Wenn du die richtigen Züge erwischst, bist du spätestens morgen früh in Tölz. Die Adresse von meinem Vetter hast du ja. Ich werde den Badeofen für dich anheizen.«

»O ja, das wird meinen Luxuskörper freuen.«

»Hier«, er steckte mir Fleisch- und Brotmarken in die Manteltasche, »damit du unterwegs nicht hungern mußt.« Er wischte eine Strähne aus meinem Gesicht, küßte meine Wange und zog mir die Kapuze über den Kopf. »Gute Reise, Lulu.«

Tassilo hatte leicht reden, dieser Mensch erster Klasse mit Ausschlafen und Benzinmotorrad und Wohnsitz auf einem Edelhof in Oberbayern. Gründlich waschen durfte er sich auch noch, bevor er sich aufs Ohr legte. Erni hatte gerade einen großen Kessel mit Wasser auf den Herd gestellt.

Woher kannte er Erni überhaupt? Und wo würde er wohl ruhen? In ihrem Bett?

Ich beschloß, Tassilo Bast von Köckeritz und Tölz von meinem Bayernprogramm zu streichen und direkt zu Robby nach Garmisch zu reisen.

Bei dem Gedanken an Robby ging es mir gleich besser. Robby war ein Stück Heimat in dieser großen, bayerischen Ungewißheit.

Ziebuhlke warf einen letzten Blick auf den verschlammten, in seiner Verschmutzung noch immer prächtigen Hans-Albers-Kamelhaarmantel und sagte verbittert: »So wat Schönes kriegt unsereiner bloß zum Tragen, wenn et ihm beim Bergsteigen det Leben erschwert. Wejen dem scheißlangen Mantel bin ick pausenlos uff de Neese jeknallt. Nu hätt ick ihn jerne, nu muß ick ihm abjeben!«

Erni wies uns in der Dunkelheit den Weg zum Bahnhof. Wir lahmten vondannen, ohne uns noch einmal umzusehen.

»Wieviel hat er dir fürs Tragen jejeben?« forschte Molly.

Ziebuhlke zeigte ihr ein angebrochenes Päckchen Camel.

»Des darf nich wahr sein«, heulte sie auf. »Hebt sich nen Bruch an dem blöden Silber und läßt sich mit'n paar Glimmstengel abfinden. Du bist so dämlich, Mann – wieviel sind'n noch drin?«

Ziebuhlke zählte nach. »Vierzehn Stück. Aba dafür hat er uns heil rüberjebracht. Wat gloobste, was'n Führer jekostet hätte.«

»Haste wenigstens mal kurz in det Silber jefaßt?«

»Jing nich«, bedauerte er. »War allet so verpackt, daß de nich rankamst.«

Pause.

Molly war plötzlich geradezu furchterregend stumm und starrte mit dem Blick eines Geiers, der Beute entdeckt hat, auf meinen Rücken.

»Die Bilder, Mensch, die Bilder, die Kleene hat ja noch die Bilder. Die hat se vajessen abzuladen.«

Du lieber Gott! Der Renoir und der Monet!

»Wat sind'n det für welche, und wat gloobste, wat wa dafor kriejen, wenn wir se verklitschen? Ha? Zeig doch mal her!« Sie machte sich an meinem Rucksack zu schaffen, ich hieb ihr auf die Finger.

»Kommt nicht in Frage!«

»Nu sei keen Frosch«, buffte sie mich freundschaftlich in die Seite. »Wir machen ja halbe-halbe. Schwöre. Gloobste, die sind ne Stange Amis wert? Oder etwa zwo? Nu sag schon!«

Eine oder zwei Stangen Zigaretten für einen Renoir und einen Monet? Ich kannte selbst nicht ihren augenblicklichen Handelswert. Auf alle Fälle war er so hoch, daß mich Ziebuhlkes ohne Gewissensbisse meucheln würden, wenn sie ihn wüßten, um an die Gemälde zu kommen.

»Es sind ja bloß Familienbilder. Nichts Besonderes«, sagte ich abfällig.

»Nee. Der nich«, widersprach Molly weise, »der trägt nischt aus Sentimentalität über die Grenze, wenn's sich nich teuer verscherbeln läßt. Nu komm schon, mach mit!«

Ich war bereit, Lebensmittel zu klauen, Holz, Zahnpasta, heile Socken, aber keinen Renoir und keinen Monet.

»Is doch keen Klauen, is bloß Verlieren. Sagste, du bist inne Razzia jekommen, und weg war'n se. Okay?«

»Nee.«

Kinder mit Schulmappen auf dem Rücken überholten uns eilig. »Ist das hier richtig zum Bahnhof?« rief ich ihnen hinterher. »Wir müssen den Zug nach Hof kriegen.«

Sie riefen etwas zurück, was wir nicht verstanden, aber

ihre Eile steckte uns an. Sie mußten anscheinend denselben Zug erreichen.

Und nun saßen wir uns auf hölzernen Bänken gegenüber. Tannen und Wiesen im fahlen Morgenlicht zogen am Fenster vorbei – ein Gehöft, in dem noch Lichter brannten. Molly und Ziebuhlke flüsterten miteinander. Aus dem Nebenabteil hörte ich die Kinder, die zur Schule fuhren, toben und lachen.

Auf gar keinen Fall durfte ich einschlafen.

»Na ja, bis Bamberg bleiben wir auf alle Fälle zusammen«, sprach mich Molly zuckrig an. Sie schien irgendeinen Plan ausgeheckt zu haben, die Bilder betreffend. »In Bamberg holen wir ein Kilo Feuersteine ab. Und den Köckeritz sehn wir nie wieder... wenn wir nich wollen. Oder?«

»Der erfährt nischt von uns«, versicherte Ziebuhlke treuherzig.

Ich schaute aus dem Fenster, ohne zu antworten.

»Fräulein Hartwig – hallo!« Zum erstenmal siezte mich Molly, aber auch das zog nicht mehr. Die Gemälde kriegten sie nicht. Niemals. Verflixte Bilder. Was sollte ich jetzt mit ihnen machen? Sie per Post nach Tölz schicken? Aber wie? Es gab ja nicht mal Packpapier zu kaufen, um sie einzuwickeln. Und wenn sie verloren gingen –? Das beste war, ich brachte sie selber hin, bevor ich nach Garmisch weiterfuhr. War bestimmt kein großer Umweg. War ja alles in Bayern.

Um acht Uhr zwanzig kamen wir in Hof an. Um acht Uhr neunundzwanzig ging ein D-Zug nach Frankfurt. Molly sagte, den nehmen wir. Ich sagte, was wollen wir in

Frankfurt? Molly sagte: »Doch bloß bis Bamberg. Da steigen wir um.«

Für den D-Zug brauchten wir eine Genehmigung. Die gab es im Bahnhofsgebäude im zweiten Stock. Zimmer Zehn. Die Schlange stand bis zur Treppe.

Molly hieb sich rücksichtslos eine Gasse durch die Wartenden, ich folgte ihr bis zum Ausstellungsort, einem Schreibtisch. Sie war schon fabelhaft im Organisieren, wenn auch nicht sehr beliebt, aber gegen Mordandrohungen immun.

Das freundliche Aushilfsmädchen hinter dem Schreibtisch war ihrem hart vordrängenden Willen nicht gewachsen und schrieb unsere Zuggenehmigungen vor allen anderen Wartenden aus. Ich blickte zufällig aus dem Fenster auf den Bahnsteig und sah, wie die Türen des wartenden Zuges geschlossen wurden.

Panik erfaßte mich, ich griff nach den ausgeschriebenen Genehmigungen und rannte los, stürzte auf den Bahnsteig hinunter, quer über die Gleise, der Stationsvorsteher hob gerade die grüne Kelle, sah mich kommen, winkte Richtung Lokomotive ab, winkte mir freundlich zu – Menschen gibt's, echte Menschen!! –, ich rannte am Zug entlang, ein Waggon so prallvoll wie der andere – da griffen schwielige Pranken aus einem Abteilfenster nach mir und zogen mich samt Rucksack hoch und hinein. Ich konnte nichts sagen, nur dankbar hecheln, während der Zug sich in Bewegung setzte.

Einmal noch schaute ich kurz auf den Bahnsteig von Hof, sah Molly, Otmar Ziebuhlke und einen langen Dürren auf den Gleisen stehen und hysterisch, echt hysterisch in meine Richtung schreien und drohen.

Ich winkte bedauernd zurück, zog das Fenster hoch und

bemerkte dabei die Scheine in meiner Hand. Vier D-Zug-
genehmigungen, lautend auf die Namen Hartwig Luise,
Ziebuhlke Otmar, Ziebuhlke Martha und auf Huber
Ignaz.

Das mußte wohl der lange Dürre gewesen sein.

Ach, du meine Güte.

Ich war ehrlich bekümmert, aber was sollte ich machen?
Die Notbremse ziehen, nachdem ich zuvor den Zug am
Abfahren gehindert hatte?

Man rückte auf einer Bank zusammen, damit ich mich
setzen konnte. Über mir im Gepäcknetz schnatterten
Enten in einem Pappkarton, neben mir breitete ein knor-
riger Typ ein buntgewürfeltes Tuch über seine Knie und
schnitt abwechselnd Brot und Hartwurst mit dem
Taschenmesser, schob beides quer zwischen seine lücken-
reichen, geräuschvoll malmenden Kiefer. Mir gegenüber
hielt eine Bäuerin einen Korb mit Eiern auf dem Schoß.
Alle schwatzten durcheinander. Alle kannten sich. Aus-
geruhte, ausgefutterte Landbevölkerung. Und ich, staunend, dazwischen.

Ja, hat's denn in Franken keinen Weltkrieg gegeben? Und
wieso reisen bloß Bauern in diesem Abteil? Ist das vielleicht gar nicht der D-Zug nach Frankfurt?

Aber nein, das war der Personenzug nach Fürth.

Ich lehnte mich zurück und schloß die Augen. Ich hatte
den falschen Zug angehalten. Ich hielt vier D-Zuggeneh-
migungen nach Frankfurt in meiner Hand. Nur eine
davon war meine.

Und nun hatte ich nur noch einen Wunsch: nie wieder
Ziebuhlke Otmar, Ziebuhlke Martha-Molly und Huber
Ignaz zu begegnen. Sie würden mich auf der Stelle
totprügeln.

14

Fünf Stunden saß ich nun schon auf dem Fürther Bahnhof. Neben mir auf der Bank ein Heimkehrer, der die
Nähte seines schmutzstarrenden Uniformrocks nach
Läusen absuchte, und wenn er eine fand, unendlich behutsam knackte.
Dabei sprach er mit ihr, nur mit ihr.
Kinder wuselten kreischend um ihn herum. Jedesmal,
wenn der Mann seinen Kopf hob und sie ansah, ver-
stummten sie verschreckt. Seine Augen lagen tief, waren
nur noch Augenhöhlen.
Ich fand Tassilos Lebensmittelmarken nicht wieder. Seit
dem Frühstück um vier Uhr früh hatte ich nichts gegess-
sen. Jetzt war es sieben Uhr abends. Eine halbe Stunde
stand ich am Rotkreuzschalter an, um Suppe zu fassen.
Als ich endlich dran war, hatte ich kein Gefäß, um sie
hineinzufüllen, nicht mal einen Hut.
Gegen Mitternacht fuhr endlich der für sieben Uhr ange-
sagte Zug nach München ein. Menschentrauben klammerten auf seinen Trittbrettern, niemand stieg ab aus
Angst, während des Aufenthaltes seinen guten Platz an
die schwarze Masse Mensch auf dem Bahnsteig zu verlieren. Lieber pinkelten sie auf ihren Untermann. Der Zug
fuhr weiter ohne mich.
Ich blieb zwischen Flüchtlingsfamilien und ihren müde
quengelnden Kindern, zwischen Polen in Schaftstiefeln

und tiefgezogenen Kopftüchern zurück. Ab und zu eilte Bahnpersonal wichtig, adrett uniformiert, vorüber, für keine konkrete Auskunft zuständig. Vielleicht kam in der Nacht noch ein Zug nach München durch, vielleicht auch nicht.

Ich suchte mir einen offenen Güterwaggon auf einem Abstellgleis als Nachtquartier aus. Er stank nach Ziegenbock.

Wie lange hatte ich eigentlich nicht mehr geschlafen? Seit Wannsee. Wie lange war Wannsee her? Zwei Tage und zwei Nächte . . . das war jetzt die dritte.

Aus den Bahnhofslautsprechern dröhnten amerikanische Hits in die von Scheinwerfern taghell erleuchtete neblige Nacht. Alle halbe Stunde spielten sie die »Sentimental Journey«. Paßte fabelhaft zum Bahnhofsmilieu.

> »Got my bag and got my reservation,
> Spend each dime I could afford . . .«

Meine Eisbeine in den noch immer feuchten Stiefeln baumelten aus der Waggontür in einem Ausnahmezustand.

> »Never thought my heart could be so yearning,
> Why did I decide to roam,
> Got to take that sentimental journey,
> Sentimental journey home . . .«

Ich wußte nicht, mit welchem Zug ich weiterfahren würde und wann, hatte keine Aufenthaltsgenehmigung für Bayern, war allein unterwegs, dem Zufall ausgeliefert und dennoch froh, daß Jola nicht mitgekommen war. Zu zweit war man nicht auf die Ansprache von fremden Leuten angewiesen und verpaßte dadurch eine Menge

Schicksal. Dies hier war mein eigenes Abenteuer. Meines ganz allein. Nun ja, in manchen Augenblicken war ich schon sehr allein, aber unglücklich war ich nicht.

Wenn die bedrohlichen Schritte einer Streife vorüberklappten, die die Ausweise und Genehmigungen der wartenden Reisenden kontrollierten, verkroch ich mich in die schwärzeste Ecke des Waggons, in der es am penetrantesten stank.

Ein Mann stand plötzlich unter mir auf dem Perron. Er trug einen eleganten Nadelstreifenanzug, der früher einem Dicken gehört haben mochte, und öffnete ein Lächeln, auf zwei gelbe Zahnsäulen gestützt: »Gnädiges Frollein, so allein?«

Achherrje –

»Nein«, versicherte ich eilfertig, »gleich kommt mein Mann zurück. Da ist er schon!« Und zeigte auf einen massiven Kerl im fliegergrauen, abgewetzten Ledermantel, der gerade die Waggons abging auf der Suche nach einer Unterkunft für die nächsten Stunden. Sein Gesicht war durch die Krempe eines Trachtenhutes beschattet. Der Mann mußte mich wohl gehört haben, warf einen abschätzenden Blick auf den Nadelstreifler und dann auf meine Beine in Skistiefeln und verschlammten Keilhosen, der Rest von mir war in Dunkelheit getaucht. Er kapierte sofort, rief: »Servus, Christl«, und warf seinen prallgefüllten Brotbeutel in den Waggon, ehe er sich selber nachschwang.

Nun war ich den einen los, dafür hatte ich einen anderen neben mir.

»Sie haben doch nix dagegen?«

»Ist ja nicht mein Waggon.«

»Warten Sie schon lange?«

»Seit vier Uhr nachmittags.«

Er nahm den Brotbeutel auf die Knie und öffnete ihn. Ich sah ihm dabei zu. Mit einem Plop zog er den Propfen aus einer grauen Flasche. Ehe er sie selber ansetzte, hielt er sie mir hin. »Enzian.«

»Schnaps?« Auf leeren Magen? »Nein, danke, lieber nicht.«

Ich hörte es in seiner Kehle gluckern, dann ein zufriedenes »Ach —« und das Zustöpseln der Flasche, wobei der Korken quietschte.

»Wo kommen S' denn her?«

»Aus Berlin.«

Knistern von Stullenpapier. Es roch nach Geräuchertem. Warum bot er mir jetzt nichts an?

»Berlin hat's arg erwischt, gell? Aber München auch.« Jetzt war er schon bei der zweiten Schnitte.

»Guten Appetit«, sagte ich gequält.

»Jessas — i hab gar net g'fragt, ob Sie was mögen täten?« Ich hielt schon die Hand hin.

Es gibt Mahlzeiten, die man nie in seinem Leben vergißt. Dazu gehörte diese Klappstulle aus frischem, würzigem Brot, doppelseitig mit Butter bestrichen, mit gekochtem Schinken belegt — der Schinken mit überhängender Schleppe. Wenn meine liebe Mutter wüßte, wie gut es ihrer lieben Tochter ging!

»Ich komm von einer Tante, die hat in Fürth eine Metzgerei. Früher hab ich die nie besucht, heuer jede Woche.«

»Kann ich verstehen.«

Ich war auf Geräusche angewiesen, denn es war zu dunkel um irgend etwas zu erkennen: die Scheinwerfer waren ausgegangen. Die Stimme meines Nachbarn klang zufrieden und lachbereit. Seine Bewegungen waren vom

Knirschen des Ledermantels begleitet. Als ob Jobst neben mir saß. Achtung, Luise! Alle Ledermäntel knirschen gleich, aber ihr Inhalt knirscht verschieden.

»Kommen S' direkt aus Berlin?«

»Hmhm.«

»Gute Verbindung?«

»Durchgehender Zug mit Fensterplatz und Speisewagen.«

Er grinste hörbar. »Und haben S' noch weit?«

»Zuerst nach Tölz und dann nach Garmisch.«

»Skifahren?«

»Klar, was denn sonst?«

»Aber es hat heuer noch keinen guten Schnee auf den Bergen.«

Ich erinnerte mich kurz an die zurückliegenden Strapazen und mußte lachen. So hatte ich mir nicht die Anreise zu einem Skiurlaub vorgestellt. Aber was wollte ich eigentlich wirklich in Bayern? Im Grunde nur einmal raus aus Berlin kommen. »Und Sie? Wo wollen Sie hin?«

»Heim nach München. Ich wohn in Schwabing bei einem Freund. Der ist Maler.«

München. Schwabing. Künstler. Künstlerfeste. Gaudi. Darüber hatte ich schon einiges gelesen.

»Sind Sie auch Maler?«

»Na. Nix. I hab Architektur studiert. Im Krieg war i bei den Fallschirmspringern. Jetzt möcht i München wiederaufbauen. Aber vorher müssen mir erst amal die Trümmer wegräumen.«

Kurz flammte das Feuerzeug vor seinem Profil auf, als er sich eine Zigarette anzündete. Ich sah scharfe Kerben von der Nase zum Mund laufen. Dann war es wieder dunkel. Ein sehr männliches Gesicht, eine Stimme, die mir gefiel

– ich war auf dem gefährlichen Wege, einem Wildfremden zu vertrauen.

Meine Wachsamkeit ließ bald nach, Müdigkeit breitete sich wie eine dickflüssige Masse über mein Denken und meine Glieder aus. Ich hatte schon öfter gesehen, daß man Ohnmächtigen Schnaps zwischen die Zähne goß, damit sie wieder zu sich kamen. »Sie haben mir vorhin von Ihrem Enzian angeboten.«

»Und jetzt möchten S' einen –« Er hielt mir die Flasche hin. Jobst hatte sich früher schiefgelacht, wenn ich versuchte, aus einer Flasche zu trinken. (»Du mußt dich nicht festsaugen, Lieschen, laß es in deinen Mund glukkern...«)

Ich ließ es gluckern, bei lässiger Mundhaltung. Dabei rann viel Enzian in meinen schmuddeligen Kragen, aber noch genug in mich hinein, um einen belebenden Hustenanfall auszulösen.

Immer mehr Leute kamen angetrabt auf der Suche nach einem nächtlichen Viehhotel. Sie blieben auch vor unserem stehen.

»Was glauben S', warum wir so am Rand hocken. Hinter uns springen die Flöh nur so umanand«, warnte mein Bayer sie.

»Und ich hab Krätze«, unterstützte ich ihn.

Da gingen sie lieber einen Waggon weiter.

»Sehr gscheit, des mit der Krätzn«, lobte er mich, als wir wieder allein waren. »Des muß einem erst amal einfallen.«

Das war mir gar nicht schwer eingefallen.

Immer mehr im Verlaufe unserer harmonischen Unterhaltung interessierte es ihn, wie ich aussah. Darum ließ er sein Feuerzeug vor meinem Gesicht aufflammen.

Ich hob schützend den Arm dazwischen.

»Ah, gehn S' – warum? Schaun S' denn garstig aus? I mag häßliche Menschen. Sie haben wenigstens a G'sicht.«

»Ich bin nicht häßlich, bloß schon zwei Tage und drei Nächte unterwegs.«

»Versteh. I leucht Sie nimmer an.«

Und dann mußte ich, ohne es zu merken, eingeschlafen sein, denn irgendwann rüttelte jemand an mir, eine entnervte Stimme flehte: »Geh, Madl, wach auf!«

»Was ist denn los?« Wo war ich überhaupt? Wieso war ich nicht in meinem Bett?

»Es geht ein Zug nach Regensburg.«

»Na und?« Mühsam kam ich zu mir. »Ich will nach München.«

»Aber dahin geht keiner mehr, und der nach Regensburg ist geheizt«, wußte er, schließlich fuhr er jede Woche von München zur Metzgertante und wieder retour.

Er schulterte meinen Rucksack, sprang hinunter, griff mich wie ein Kleinkind, stellte mich auf den Perron. Ich wollte an seiner Schulter weiterschlafen.

»O mei – is des a Kreuz mit dir!« stöhnte er. »Wach auf! Der Zug wartet nicht.« Und weil ich nicht kam, sondern im Stehen weiterschlafen wollte, ging er einfach los. Mit meinem Rucksack. Ich erschrak mich im Nu wach.

»He – Sie – warten Sie!«

Viel Perron, Treppen herunter, Tunnel, Treppen wieder herauf, anderer Bahnsteig, an dem ein Zug hielt ohne Andrang. Die Türen waren bereits geschlossen, der Mann riß eine auf, warf meinen Rucksack hinein, sah sich nach mir um – ich kam ja schon. Wie einen sperrigen Koffer zog er mich die Stufen herauf, da fuhr der Zug bereits. Und nun erlebte ich ein Wunder. In den mollig warmen Waggons saßen in jedem Abteil höchstens vier Personen. Wir fanden sogar ein Abteil mit nur einem Mann am Gangfenster.

Unseren Gruß erwiderte er nicht, schaute uns vielmehr grimmig an, als ob wir in sein eigenes Schlafzimmer einzudringen versuchten, nahm erst die Füße vom gegenüberliegenden Sitz, als mein Bayer beim Übersteigen kräftig gegen sein Knie trat.

Fensterplatz. Kein Gegenüber. Wärme. Heile Scheiben. Endlich konnte ich den feuchten, schweren Hüttenmantel ausziehen und die zwei Jacken, die ich darunter trug. Nur in der kurzen Stunde in Ernis Küche gestern früh hatte ich mich so weit entblößen dürfen. Seither hatte ich in ungeheizten Zügen gesessen oder im Freien gehockt, und wir hatten November.

Als ich das Kopftuch abnahm und meinen Kamm auspackte, um den Filz aus meinem Haar zu reißen, knödelte mich unser Mitreisender böse an: »Schaun S', daß Sie auf'n Abort kommen mit Eahna Läusharkn.«

»Was hat er gesagt?«

»Sie sollen sich auf dem Klo kämmen«, übersetzte mein Bayer.

»Ja, gern. Aber wie komm ich da rein?«

Auf die Idee, daß es noch Zugtoiletten gab, die nicht mit mehreren Personen besetzt waren, sondern ausschließlich als Toilette dienten, kam ich gar nicht mehr.

Wasser zum Waschen gab's leider nicht. Ich rieb mir mit Parfum die graue, ölige Rußschicht vom Gesicht. Mein Bayer konnte sich gar nicht sattriechen an mir, als ich ins Abteil zurückkehrte.

Und dann erzählte ich ihm meine Reiseerlebnisse. Er

amüsierte sich, anstatt mich zu bedauern. Ich hätte ihn mal erleben mögen auf der Ochsentour über die grüne Grenze. Da wäre ihm das Lachen bestimmt vergangen.

Unser lebhaftes Reden störte den Grantler. Er brabbelte unwirsch vor sich hin.

Mit der nötigen Enziandosis trieben wir es nun gerade laut, um ihn zu ärgern.

»Schkandal dös!« Und dann schoß er eine Schimpftirade auf uns ab. Ich verstand davon, daß es beim Adolf so was wie uns nie nicht gegeben hätte. Solchene wie uns hätte man ins Lager geschickt, damit wir Zucht und Anstand lernten.

Mein Bayer gab dem Menschen sanft lächelnd recht. »Zucht und Anstand, das hat mei Bappa auch immer gewollt, als er noch Papst Alexander war.«

»Wos?« erkundigte sich der Grantler irritiert, und auch ich starrte ihn verständnislos an. Vielleicht hatten wir uns verhört?

Der Bayer lupfte seinen Hintern vom Sitz. »Gestatten, daß ich mich vorstelle. Cesare Borgia ist mein Name, Herzog von Valence.«

Cesare Borgia? Den hatten wir doch irgendwann in Geschichte. Frühe Renaissance in Italien. Oder später?

Der Grantler hatte bloß »Herzog« verstanden und wechselte total aus und um. »Angenehm, Durchlaucht.« Er stand stramm. »Obermayer, Aloysius, Kassenrendant im Ruhestand.« Wandte sich buckelnd an mich: »Und das gnädige Fräulein?«

»Nun sag schon, wer du bist!« erinnerte mich der Borgia.

»Luise von Preußen«, gnitterte ich.

Obermayer nahm sichtbar Abstand: »Ah, gehn S', a Preißin!«

»Aber ihre Mutter ist eine geborene Wittelsbacherin«, versicherte der Borgia.

»Nein«, sagte ich, »das ist nicht wahr, meine Mutter ist aus Prenzlau in der Uckermark. Und damit Sie sich nicht veräppelt fühlen, Herr Obermayer, sage ich Ihnen die Wahrheit. Der Vater von Herrn Borgia war kein Papst, sondern Ludwig Ganghofer, aber ein Sohn aus der ledigen Linie.«

Jetzt brach der Borgia zusammen.

Herr Obermayer ergriff den Sepplhut, der neben ihm auf dem Sitz lag, riß die Abteiltür auf und bedachte uns mit den übelsten Sottisen, ehe er auf den Gang stolperte.

»Eigentlich gemein, einen braven Kassenrendanten im Ruhestand mit unserer höheren Schulbildung zu verärgern«, stellte ich reuevoll fest.

»So gschert, wie der uns behandelt hat, hat er's net besser verdient«, meinte der Borgia.

Ich brauchte dringend ein neues Taschentuch und bat ihn, meinen Rucksack aus dem Gepäcknetz zu holen. Er sah mir zu, während ich ihn aufschnürte, und fragte, was das für Leinwandröhren wären, die da rechts und links aus ihm herausragten. »Sind das Bilder?«

»Ja.«

»Gute?«

»Ein Renoir und ein Monet.«

»Selbstverständlich Originale«, grinste er.

»Klar, was denn sonst!?«

»Du spinnst!«

»Die sind so echt, wie dein Papa Papst Alexander war oder Ludwig Ganghofer.«

Der Zug hielt. Leute stiegen ein, die zur Arbeit nach Regensburg fuhren. Grüßten kurz, hängten ihre Mäntel auf, nahmen Platz. Waren alles Leute von heute früh und betrachteten uns wie das, was wir wirklich waren: vergammelte, angetrunkene Überbleibsel der vergangenen Nacht.

Als wir in Regensburg im feuchtkalten Wind auf dem Perron von einem Fuß auf den andern traten und der Enzian auch nicht mehr wirkte, hatte ich selbst meinen Freund Borgia satt und nur noch einen Wunsch: der Zug nach München möge einfahren, damit ich endlich schlafen konnte.

»San des deine Buidln, Preißerl?«

»Nein, die gehören dem Tassilo, von dem ich dir erzählt habe.«

»Darf ich –?« Und ehe ich es verhindern konnte, hatte er eine Leinwand herausgezogen und auseinandergerollt.

»Geben Sie sofort her – wie kommen Sie dazu!!«

Er wich meinen Händen aus, ließ die Flamme seines Feuerzeugs über das Bild leuchten, sah einen zauberischen Mädchenkopf mit rötlich umkräuselter Stirn über heiteren Kirschenaugen. Ein kleiner, vollippig lächelnder Mund...

»Herrschaftszeiten, das ist ja wirklich ein Renoir!« Und schaute wütend in meine Richtung: »Welcher Idiot rollt einen Renoir und dazu noch ein Pastell??«

Jetzt wurde mir angst vor dem Borgia. »Es ist eine Kopie, was sonst – geben Sie her.«

»Na – nix.« Er rollte das Bild lieber selber behutsam auf und schob es dann wie eine zerbrechliche Geliebte in meinen Rucksack zurück.

»Oh, wenn ich meinem Spezl erzähl, was für einem Traummädel ich auf dem Bahnsteig in Regensburg um sechs Uhr früh begegnet bin!« Und damit meinte er nicht mich, sondern die kleine Renoir. »Sein Besitzer versteht net viel von Malerei.«

»Nein«, sagte ich, »mehr von Autos. Für ihn ist das Bild ein Wertpapier, nichts weiter . . .«

»Also doch keine Kopie!«

»Was weiß ich, ich nehme an, er weiß es selber nicht.«

»Hat er Expertisen dazu?« forschte der Borgia und wurde mir nun wirklich lästig.

»Hören Sie, es war eine lustige Nacht mit Ihnen, aber wenn Sie nicht endlich von dem Bild aufhören –!«

Das Einfahren des Eilzuges brachte uns vom Thema ab. Der Borgia ergatterte zwei Sitzplätze in einem Abteil mit intakter Fensterscheibe. Es stank nach kaltem Rauch.

»Sag, Preißerl, der Tassilo – ist das dein Liebhaber?«

»Nee –«

»Aber er g'fallt dir?«

»Ich weiß nicht. Vor der Reise ja –«

»Was ist das für ein Typ?« wollte er wissen.

Tja, was war der Tassilo für einer? »Clever ist er. Ohne Sentiments. Ein Meister im Organisieren und Kompensieren. Hat wenig Skrupel . . . auch was die Grenzen der Legalität anbetrifft –«

»Kurzum ein Mann der Stunde«, begriff der Borgia.

»Der schwimmt oben, egal, wo man ihn hineinschmeißt.«

»Sag amal –«

»Nei-en, ich will nichts mehr gefragt werden. Ich will jetzt schlafen.«

»Magst net wenigstens deinen Ranzen –?« Er zeigte zum Gepäcknetz.

»Nein, der bleibt unten.«

Borgia war gewiß der erfreulichste Mensch, dem ich seit

langem begegnet war, aber konnte ich ihm noch trauen, nachdem er die kleine Renoir gesehen hatte? Niemandem konnte man trauen in diesen Zeiten. Deshalb klemmte ich meinen Rucksack zwischen meinen Knien ein, breitete meinen Mantelsaum darüber und kniff mir so lange in die Wangen, um wach zu bleiben, bis ich den Borgia in regelmäßigen Zügen neben mir atmen hörte.

Als ich aufwachte, war vor den schmutzigen Scheiben grauer Tag. Der Zug hielt. Das Abteil war leer. Ich griff in Panik zwischen meine Beine, der Rucksack war nicht mehr da. Wo war mein Rucksack?
»Der Borgia!«
»Hier!« sagte er von der Abteiltür her. »Jetzt haben S' gedacht, ich wär mit Ihren Bildern stiften 'gangen.«
Ich widersprach nicht. »Wo sind wir?«
»München, Hauptbahnhof. Schon seit ein paar Minuten.«
»Und warum haben Sie mich nicht geweckt?«
»Sie schliefen so schön —«
Ich zog einen Spiegel aus der Manteltasche und guckte besorgt hinein.
»Schaust gut aus, Preißerl, a bissel unrasiert, aber mir gfallst.«
Ein Bahnbeamter, der die Waggons von suspekten Elementen freikehrte, die kein Zuhause hatten und im Zug kampieren wollten, scheuchte uns aus dem Abteil. Nun standen wir auf dem Perron. Er war leer bis auf uns beide. Ich wollte dem Borgia verabschiedend die Hand geben.
»Weißt was — kommst mit zu uns«, sagte er herzlich. »Mein Spezl wird dir g'falln. Kannst dich bei uns ausschlafen. Mir tun dir nix an.«

Er hatte den Hut in den Nacken geschoben. Zum erstenmal sah ich sein Gesicht im Tageslicht. Mein forschender Blick machte ihn unsicher. Unsicher hatte ich ihn bisher keinen Augenblick erlebt. »Weißt, Preißerl, die Fallschirmspringerei hat mich a bisserl ramponiert. I schau älter aus als wie i bin. Es braucht sei' Zeit, bis i mi wieder derfangen hab. Aber dann –«, er hatte so eine liebenswerte Art, über sich selbst zu lachen, »bald hoab i wieda a Gschau wi a Milibuab!«

Am liebsten hätte ich die Arme um seinen Nacken gelegt. »Bleib hier. Kannst wirklich bei uns wohnen. Kannst sogar ein Bad bei uns nehmen. Und wann du dich ausgschlafen hast, zeig ich dir München. Unsre historischen Trümmer und die weniger historischen. I versprech dir, du wirst dei Gaudi ham und nimmer fortmögen.«

München-Schwabing. Der Borgia. Ich mochte ja so gern! Aber meinte er wirklich mich? Wollte er mich nicht nur mitlotsen, um an die Bilder in meinem Rucksack heranzukommen? Mein Mißtrauen war stärker als meine noch grüne Sympathie für ihn. Ich streckte ihm die Hand hin.

»Tschüs, Borgia, es war unheimlich nett, dich kennenzulernen. Vielen Dank für alles. Aber jetzt muß ich nach Tölz.«

»Zu dem gscherten Tassilo.«

»Ja. Und anschließend fahr ich zu meinem Freund nach Garmisch.«

»Ja, von dem hast noch gar nix erzählt.« Enttäuschung baute sein Engagement für meinen Münchenaufenthalt deutlich ab. Er schaltete auf herzlichen Abschied um.

»Alsdann – Preißerl, es war a Riesenfreud, dich kennenzulernen. Servas –.« Er nahm meine Hand, schob den

Handschuh vom Gelenk und den Mantelärmel zurück und küßte mich auf das bißchen Haut über der Pulsader. Ein sanfter Biß, mit der Zungenspitze dazwischen – nur sekundenlang, dann richtete er sich auf. »Pfüat di –.« Im Fortgehen winkte er zurück, ohne sich noch einmal umzusehen.

Sein breiter Rücken im Ledermantel entfernte sich auf dem langen, leeren Bahnsteig, das Hallen seiner Schritte wurde leiser, und ehe er aus meinem Blick ging, zog er den Hut und schwenkte ihn einmal rund.

Ich stand da mit meiner ziehenden Müdigkeit, meinem Enziankater, mit den Schmerzen in den Schultern von den Rucksackriemen, spürte die rohen Hacken in meinen Schuhen und die Krätze.

Wieder war ich allein, aber zum erstenmal mit einem Gefühl von Verlassenheit.

Ich suchte mir den Bahnsteig, von dem die Züge nach Tölz abfuhren. Auf dem lustlos lahmenden Weg dorthin, den Rucksack hinter mir herziehend, wurde mir schockartig bewußt, daß ich den Borgia fortgeschickt hatte.

Er hatte mich in dieser Nacht beschützt, er hatte mir zu essen gegeben, er hatte mich ein bißchen betrunken gemacht und sicher nach München gebracht. Er hatte mir nicht die Bilder geklaut. Er war ein Mann, der mir gefiel wie keiner seit Jobst: Und ich habe ihn fortgeschickt. Ja, ist mir denn noch zu helfen?

Ich sah mich um nach der wuselnden Masse Mensch – einer von ihnen – nein, er hatte sicher längst das Bahnhofsgebäude verlassen.

Warum wußte ich immer erst hinterher, wenn es zu spät war, was ich wirklich wollte?

Noch immer beunruhigte sein Abschiedskuß mein

Handgelenk – wenn ich wenigstens seinen Namen wüßte
– ich wußte nur Borgia, Schwabing, und das war zu
wenig, um einen Mann in einer fremden Stadt wiederzu-
finden.

15

Mittags kam ich in Tölz an und stand da.

Der Reichbacherhof, auf dem Tassilo bei seinem Vetter
wohnte, lag etwa zwölf Kilometer vom Ort entfernt, es
war kein Taxi aufzutreiben, es fuhr auch kein Bus in
diese Richtung, und mit dem Vorschlag, hinzustiefeln,
durfte ich meinen kaputten Füßen nicht mehr kommen.

Also stellte ich mich vor den Bahnhof und sprach jeden
Besitzer eines Pferdewagens oder Holzgasautos an, ob
er nicht zufällig in besagte Richtung fahren würde. Auf
diese Weise stieg ich dreimal um, zuletzt nahm mich
eine Bäuerin mit, deren Felder an den Reichbacher Besitz grenzten. Auf ihrem Traktor, der einen Odelwagen
zog, fuhr sie mich nah an das Anwesen heran. Ich
bedauerte sehr, daß ich dem Borgia nicht mehr von
meiner stinkenden Ankunft erzählen konnte. (Ach, der
Borgia, ohne ihn war alles nur noch halb so lustig.)

Der Reichbacherhof, mit Glockentürmchen und barok-
ker Lüftlmalerei, mit Holzbalkonen rundum und der
Kapelle und den anschließenden Wirtschaftsgebäuden –
diese Bilderbuchidylle lag zwischen vollbusigen Wiesen
und Tannenparaden in milchiger Mittagssonne. Wol-
kenschleier hatten ihr Licht kurzsichtig gemacht.

Es fiel so leicht, diese Gegend auf Anhieb zu lieben.

Von Bäumen und Dächern tropfte, was morgens als

Schnee gefallen war, hatte einen fröhlichen Rhythmus beim Tauen.

Schön, schön, wunderschön, ach, einfach herrlich –

Ich hinkte über den Hof auf das hölzerne Haustor voll geschnitzter Empireschleifen zu. Zwischen diesen Schleifen auf der linken Türseite der Heilige Georg mit dem Drachen kämpfend und auf der rechten Christophorus mit dem Jesulein auf der Schulter.

Ein lautlos anschleichender Schäferhund hinderte mich daran, Vergleiche zwischen dem Weg vom Potsdamer zum Anhalter Bahnhof in Berlin und dieser heiteren Vollkommenheit anzustellen. Er biß mich ohne Vorwarnung in die Hand, die am Glockenstrang neben der Tür ziehen wollte.

Liebe Jola!

Da ich mit Dir zusammen längst nicht soviel Abenteuerliches erlebt hätte, bin ich Dir nicht mehr böse, daß Du im letzten Moment gekniffen hast. Drei Nächte und zweieinhalb Tage war ich bis Tölz unterwegs. Nun liege ich in einem Bauernbett von 1847. Es ist ziemlich kurz, und wenn ich mich umdrehe, bin ich schon an der Kante. Tassilo hat gerade nach mir geschaut, ob ich schon belle. Kann ja sein, daß der Hund, der mich gebissen hat, tollwütig ist. Gottseidank nur in die linke Hand. Sonst könnte ich nicht schreiben. Aber es hat irre weh getan. Weißt Du, wie das ist, wenn Du vom Haushund gebissen wirst? Seine Besitzer kümmern sich zwar rührend um Dich und bestellen auch den Hausarzt, aber im Grunde nehmen sie Dir übel, daß Dich ihr Hund gebissen hat. Das Haus ist 250 Jahre alt. Flure, Treppenhäuser und die

Wohnhalle sind an den Wänden gehörnt. Der Hausherr, Tassilos Vetter, ist passionierter Jäger. Überall im Haus, wo Du sie nicht erwartest, stehen geschnitzte, fast lebensgroße Heilige herum. Anfangs habe ich sie gegrüßt, weil ich sie im Dämmerlicht für Familienangehörige hielt.

Die Besitzer dieses bezaubernden Anwesens treten nur im Trachtenlook auf. Sie behandeln mich mit abstandnehmender Höflichkeit. Ich bin ja auch keine Geborene, bloß eine zur Welt Gekommene mit Namen Hartwig. Und auch noch aus Berlin. (Was hat sich denn der Tassilo da wieder aufgegabelt???) Er freute sich übrigens sehr, daß ich ihm Onkels Gemälde nach Tölz gebracht habe. Er hatte sie noch gar nicht vermißt. Nun liegen sie in einer Ecke herum, und ich muß immerzu an einen Mann denken, den ich im Viehwaggon kennenlernte. So ein Mann –! Warum bin ich bloß hier bei Tassilo und nicht bei ihm in Schwabing? Alles wegen der blöden Bilder.

Ich glaube, ich habe mal wieder einen Riesenfehler gemacht. Oder nicht?

Aber das erzähle ich dir alles, wenn wir uns wiedersehen. Jetzt muß ich aufstehen und zum Abendessen antreten. Später schreibe ich weiter.

Liebe Jola!

An der Graupensuppe mit Schweinsfüßen hat ein Privatgelehrter aus Miesbach teilgenommen. Er sagte, daß laut Treitschke alle Hochkulturen arischen Ursprungs sind. Das arische Herrschaftssystem sei der Feudalismus, und den Führungsanspruch hat der Adel.

Und so was im Jahre 45. Keiner hat ihm widersprochen, selbst ich nicht, weil ich mir sagte: Wenn ich jetzt meinen

Mund aufreiße, muß ich schon wieder eine Nacht schlaflos im Freien verbringen. Ich wollte mir den Schwachsinn nicht länger mit anhören und ins Bett gehen, aber in diesem Augenblick erschien der katholische Pfarrer, und als er hörte, daß ich geradewegs aus Berlin gekommen war, wollte er von mir wissen, wie es dort ausschaut und wie ich das Kriegsende erlebt habe, und da sagte meine Gastgeberin mit leidender Miene: »Hochwürden, wir haben elf schlesische Verwandte meines Mannes im Haus, die reden den ganzen Tag von nichts anderem als von dem, was sie durchgemacht haben. Sie werden verstehen, daß irgendwann der Punkt kommt, wo man das nicht mehr hören kann.« Darauf Hochwürden: »Verehrte Frau Baronin, sollte man dieses Opfer des Zuhörens und Trostsprechens nicht als Dank für die Gnade, selbst vom Krieg verschont worden zu sein, aufbringen?« Und darauf sie: »Mag sein, aber ich bin kein Seelsorger, und elf ständige Verwandte im Haus werden eben irgendwann elf ständige Verwandte zuviel. Und was mein Kriegsopfer anbelangt, so dürfte Ihnen bekannt sein, daß zwei meiner Brüder in Rußland gefallen und mein Vetter wegen seiner Beteiligung am 20. Juli hingerichtet worden ist.« Na, das war vielleicht ein harmonischer Abend am Kamin.

In der Nacht stand Tassilo plötzlich an meinem Bett, er hatte eine Flasche Wein und zwei Gläser mitgebracht und fragte, ob ich sehr müde wäre. Er wollte ein bißchen mit mir plaudern. Ich ahnte schon worüber und lehnte dankend ab. Er fragte: Warum zierst du dich wie Zicke am Strick, und ich sagte, verstehst du denn nicht, daß ich mich nach der tagelangen komfortablen Reise erst einmal ausschlafen muß? Ich habe ihn bis nach dem großen Fest vertröstet. Danach verschwinde ich hier sowieso.

Aber das Fest zum 40. Geburtstag des Hausherrn möchte ich unbedingt mitmachen, ich habe doch noch nie so ein richtig großes Fest erlebt. Im ganzen Haus riecht es jetzt schon nach frischgebackenem Hefekuchen und nach gekochtem Fleisch. Eine Kapelle ist bestellt, in der großen Halle soll getanzt werden, ich im geborgten langen Dirndl der Gastgeberin. Endlich komme ich zum Walzertanzen. Grüße Oma und Frau Schult!

Deine Luise

München, Hauptbahnhof

Liebe Jola!

Nun sitze ich mal wieder auf einem Bahnsteig und warte darauf, daß der Zug nach Garmisch einläuft. Man soll sich eben nie zu früh freuen.

Kaum hatte ich den letzten Brief an Dich dem Briefträger mitgegeben, kam die Baronin zu mir und sagte, es täte ihr furchtbar leid, aber ich müßte das Zimmer räumen, es hätten sich noch zwei Gäste telegrafisch zum Fest angesagt. Und dann fragte sie mich geradeheraus, ob ich Tassilos Freundin wäre, und ich sagte nein. Auch nicht verliebt in ihn? Nein, bestimmt nicht, versicherte ich ihr. Da war sie sehr erleichtert, der Tassilo muß ihr nämlich was anderes über uns erzählt haben. Und dann sagte sie, die Gäste aus Augsburg, für die sie das Zimmer bräuchte, wäre seine Braut mit ihrer Mutter. »Der Saubub hat Ihnen wahrscheinlich nicht erzählt, daß er im März heiratet?« Nein, hatte er nicht. Das habe sie sich beinahe gedacht. Sie sagte, sie würde mich gern als ihren Gast dabehalten, aber alle Zimmer und die Nebengebäude seien bis unters Dach mit Verwandten belegt, anreisende Verwandte habe sie schon bei den umliegenden Bauern unterbringen müssen.

Also packte ich meinen Rucksack. Oh, hatte ich eine Wut im Bauch. Stell Dir vor, ich wäre wirklich in Tassilo verliebt gewesen und hätte keine Krätze gehabt! Er war übrigens recht zerknirscht. Ich ahnte gar nicht, daß er solcher Regung fähig ist. Nun ja, er hatte mich schon fest in sein Programm der nächsten Wochen eingeplant gehabt. Nun kam ihm die Braut dazwischen. Aber man kann ja nicht alles haben. Am meisten ärgert mich, daß der Geburtstagsball ohne mich stattfindet. Wieder nichts mit Walzertanzen.

Tassilo wollte mich mit dem Motorrad nach Garmisch bringen, ich klammerte wie ein Affe, um seinen Magen gekrallt, hintendrauf, in den Kurven legten wir seitlich ab, die Landstraße kam mir sehr dicht vor die Nase, immer war der Wunsch da, loszulassen: je fester ich mich anklammerte, um so stärker zog es mich zu den Chausseebäumen. Nach drei Kilometern hatte ich genug. Fahr mich zum Bahnhof, schrie ich ihm ins Genick. Er wartete, bis der Zug nach München abfuhr, und fragte, ob ich nicht auf der Rückreise noch mal in Tölz hereinschauen könnte, der Mensch hat Nerven! Mir tut schon jetzt seine Braut leid. Während er unter meinem Abteilfenster stand, zog er plötzlich den Handschuh aus, um sich zwischen den Fingern zu kratzen. Wie ich das sah, mußte ich sehr lachen. Er fragte mich gekränkt, warum ich so lache, aber ich habe es ihm nicht gesagt. Das ist meine süße kleine Rache.

Tschüs, bis zum nächsten Brief!

Deine Luise

16

Cand. med. Kühnhagen war ein Bild von einem Mann, bevor seine linke Gesichtshälfte durch eine zu nah explodierende Granate zerfetzt wurde. Unsere große Freundschaft zu dritt datierte aus dem Jahre 44. Jola und ich studierten ein Semester Sprachen an der Friedrich-Wilhelm-Universität Unter den Linden, hockten aber meistens im Luftschutzkeller der Uni, während Robby auf dem Dach der nahen Charité Brandbomben löschte.

Täglich nach Vorlesungsschluß hatten wir aufeinander gewartet und waren durch Straßen, in denen der Feuersturm heulte, zum nächsten Bahnhof gerannt, von dem noch ein Zug fuhr. Zu dritt erlebten wir diese langsam in die Herzgegend kriechende Weltuntergangsstimmung, einerseits froh, daß der gottverfluchte Krieg nicht mehr lange dauern würde, aber auch in Angst vor seinem Ende, vorm Vergeltungsschlag der Sieger.

Als Robby im März 1945 mit dem Potsdamer Lazarett, in dem er arbeitete, nach Bayern verlegt wurde, wußten wir nicht, ob es ein Abschied für immer sein würde.

Im Zug nach Garmisch saß ich einer gesprächigen Dame im Lodenkostüm gegenüber. Als der Zug in Starnberg hielt, kannte ich ihre Lebensgeschichte, bis Garmisch hatte ich meine eigene ausgepackt.

Ein Einspänner erwartete sie am Bahnhof. Sie forderte

mich auf, mit einzusteigen, und brachte mich bis vor die Tür des Lazaretts, in dem Robby arbeitete und wohnte. Was für ein eleganter Einzug im Vergleich zu meiner Ankunft in Reichbach.

Ich fragte in der Anmeldung nach Herrn Kühnhagen, ohne meinen Namen zu nennen.

Noch immer sein verwundetes Bein leicht nachziehend, kam Robby den langen, gebohnerten Flur herauf, blieb plötzlich stehen. »Luise –!«

Ich rannte auf ihn zu. Er fing mich auf. Bei der stürmischen Umarmung stießen unsere Nasen aneinander.

»Mensch, Mädchen, das ist wie Weihnachten!«

Das war mehr als Weihnachten, Robby Kühnhagen wiederzusehen. Er nahm meine Hände, entdeckte den angeschmuddelten Verband, sah mich fragend an.

»Was ist das?«

»'n Hundebiß. Aber nicht schlimm.«

Er schob den Mantelärmel zurück und den Rand des Pullovers. Und staunte, meinen Arm betrachtend.

»Krätze hast du auch. Komm gleich mal mit.«

Ich landete in einem Behandlungszimmer. Robby nahm mir den Mantel ab, ich mußte meine Pullover ausziehen und den Blusenärmel hochkrempeln.

Er saß vor mir, Knie an Knie. Ich schaute auf sein dichtes, blondes Haar mit der weißen Strähne über der zernarbten Stirn, während er den Verband abwickelte. Nach der dritten Mullschicht kam er nicht mehr weiter.

»Das buttert ja prächtig«, stellte er fest. »Am besten, wir behalten dich gleich hier. Du kriegst mein Zimmer. Ich werde mit Burgl reden.« Er ging zum Telefon und rief sie an.

Wenig später stand sie im Raum, das Urbild einer

reschen, erfrischend herzlichen, »gestandenen« Ober-
bayerin. Robbys Freundin. Was hatte er nur für ein
Glück gehabt, so eine zu finden! Erst beim zweiten Hin-
sehen fiel mir auf, daß sie ein paar Jahre älter sein mußte
als er. Na und?

»Herzlich willkommen!« Sie schüttelte meine Hand.
»Der Robert hat sich schon narrisch auf Sie g'freut, aber
wir haben Sie noch gar net so bald erwartet.« Sie sah sich
um. »Und die Jolande? Ist sie nicht mitgekommen?«

»Sie hat im letzten Augenblick gekniffen«, erzählte
Robby, mit dem ich schon zehn Minuten allein gesprochen hatte. Und dann teilte er Burgl meine Blessuren
mit.

»Des pack mer leicht«, versprach sie heiter.

Burgl schmierte meinen blutverkrusteten Körper mit
einer Salbe namens Wilkinson ein. Sie stank sehr uner-
freulich und färbte die Laken braun.

Am siebenten Tag durfte ich endlich ein Bad nehmen.
Gegen die eitrige Entzündung der Bißwunde erhielt ich
das Wundermittel Penicillin, von dem ich schon gehört
hatte.

Danach war ich gesund und zog in den Gasthof, der
Burgls Eltern gehörte: Holzbalkone, Zugspitzblick, har-
ziger Holzfeuerduft. Kikeriki auf dem Misthaufen.
Friedlich malmende, goldbraune Kühe im Stall. Neuschnee.

»Ich möchte hierbleiben«, sagte ich zu Robby auf einem
unserer ausgedehnten Spaziergänge. »Weißt du nicht
einen Job für mich?«

»Was kannst du?«

»Bißchen schreiben, bißchen tippen, ganz gut englisch,

bißchen zeichnen. Am liebsten würde ich bei einer Zeitung volontieren.«

»Dazu müßtest du aber nach München umziehen. Weißt du was? Erhol dich erst einmal hier, und dann werden wir weitersehen.«

»Aber ich bin so pleite, daß mich gleich die Hunde anpiseln.«

»Mach dir deswegen keine Sorgen. Ich borg dir was.« Robby wollte mich noch um sich behalten.

Einmal blieb er beim langsamen Steigen stehen, blickte rundum in die Bilderbuchlandschaft voll Sonne und blauer Schatten und seufzte: »Was glaubst du, was ich für Heimweh habe, Luise.«

»Heimweh? In *der* Umgebung? Du spinnst! Du hast Burgl, du hast Kuhmilch und Honig und nen warmen Kachelofen – und vor allem hast du gar kein Zuhause mehr. Was willst du in Berlin? Alles kaputt und triste grau und kalt und Hungerrationen und – nee, Robby, Heimweh aus der Ferne mit vollem Bauch ist sicher was Schönes – aber wehe, du gibst ihm nach!«

»Hast ja recht, Mädchen«, sagte er beim Weitergehen, »und außerdem habe ich jetzt ein Stück Heimat bei mir. Schön, daß du da bist.«

An dienstfreien Abenden saßen wir meistens mit Burgl in der rauchigen Gaststube ihres Elternhauses. Am Stammtisch spielten Einheimische Schafkopfen, daß die Tischplatten nur so krachten.

Robby und ich sprachen von früher. Wir waren alte, eingespielte Freunde, die nur Stichworte brauchten, um in brüllendes Gelächter auszubrechen. Burgl kannte unsere Welt nicht und hatte es manchmal schwer, unsere lockere, lästerliche, großstädtische Denkweise zu verstehen.

Und wir taten nichts, um sie in unser Gespräch einzubeziehen. Meist stand sie nach einer Weile des Alleingelassenseins unter dem Vorwand auf, ihrer Mutter in der Küche helfen zu wollen. Wir sagten schade, aber du kommst ja bald wieder – und hatten sie bereits vergessen, wenn sie die Gaststube verließ.

Burgl spürte, daß Robby ihr mehr und mehr entglitt, je länger ich da war. Sie hatte ihn nie so aufgekratzt erlebt wie in diesen Tagen. Die beiden lebten seit einem halben Jahr zusammen, und sie hatten gemeinsame Zukunftspläne. Robby sollte in München das Medizinstudium beenden und dann seinen Facharzt für plastische Chirurgie machen, um denen zu helfen, deren Gesichter im Krieg so zerfetzt worden waren, daß man sie noch von der Öffentlichkeit isoliert hielt. Burgl wollte sich als Operationsschwester ausbilden lassen, um ihm zu assistieren.

Burgl war die einzige Frau gewesen, die sich in ihn verliebte, ohne sich erst an seine starre, zerstörte Gesichtshälfte gewöhnen zu müssen. Die einzige seit seiner Verwundung, die ihn so anschaute, als ob er noch der strahlend hübsche Robby Kühnhagen aus dem Potsdamer Yachtclub war, den die Mädchen anhimmelten.

Robby reagierte sensibel auf das Erschrecken derer, die ihm auf der Straße begegneten. Ebenso haßte er die mitleidigen Töne. Bei Burgl gab es keinen falschen Blick und keinen falschen Ton und keinen falschen Gedanken. Sie war rundum echt und hatte im Laufe der gemeinsamen Monate sein Selbstgefühl wieder aufgebaut.

Ihr war aber auch bewußt, daß Robby ohne seine Verwundung nie Zukunftspläne mit der um zehn Jahre älteren Oberschwester geschmiedet, sondern fröhlich weiter geflirtet hätte mit allem, was jung und attraktiv ihm über den Weg lief. Und zum Heiraten hätte er sich eines Tages ein Mädchen aus seinen Kreisen gesucht.

Nichts machte ihr das deutlicher als mein Besuch. Jeden Tag nahm ich ihr ein bißchen mehr von ihm fort. Ich war glücklich, einem der wenigen, noch lebenden Freunde von früher begegnet zu sein. Und Robby fand es herrlich, ein Mädchen aus dem heimatlichen Milieu um sich zu haben. Und darüber vergaßen wir, uns Gedanken über Burgls Gedanken zu machen. War es Egoismus? Unüberlegtheit?

Eines Nachts, als ich nicht schlafen konnte, wurde mir endlich voll Entsetzen bewußt, daß ich ein Eindringling war. Wir hatten Burgl ins Abseits geschoben. Gemeinsame Zukunftspläne erwähnte Robby nicht mehr, alles so scheinbar Festgefügte zwischen ihnen begann zu bröckeln, und Burgl mußte erkennen: seine Liebe zu ihr war vor allem Dankbarkeit.

Noch in derselben Nacht habe ich meinen Rucksack gepackt. Burgl kam zufällig bei ihren Eltern vorbei, als ich in der Gaststube frühstückte, mein Gepäck neben mir. Es war gerade sieben Uhr vorbei.

»Ja, Liesl, was machst denn du so früh am Tag?«

»Ich reise heute ab.«

»So rasch? Davon hast doch gestern noch nix g'sagt.« Sie setzte sich ebenso verwundert wie unendlich erleichtert neben mich. »Is was g'schehn? Magst uns nimmer?«

Gerade weil ich euch so mag, hätte ich am liebsten gesagt. »Ich hab heute nacht so furchtbar von meiner Mutter geträumt«, fiel mir als Begründung ein.

»Und nun willst heim, gell?« verstand sie, meine Hand nehmend.

Ich wollte überhaupt nicht, im Gegenteil, der Gedanke an Berlin hatte etwas bedrohlich Dunkelgraues, Gänsehäutiges. Ich wußte nur eines – hier konnte ich keinen Tag länger bleiben. Und im zerstörten München eine von vielen zu werden, die ohne Geld, ohne Bekannte, ohne Bleibe und ohne eine berufliche Ausbildung herumirrten auf der Suche nach einer Gelegenheitsarbeit? In Berlin hatte ich wenigstens meine Mutter, meine Freunde und ein Zuhause.

Burgl brachte einen prallgefüllten Brotbeutel an, mit Reiseproviant für mich und Honig, Wammerl und Dauerwurst, auch für Robbys Mutter.

Zum Abschied nahm sie mein Gesicht in ihre Hände und küßte mich auf den Mund: »Liesl, i dank dir, weißt gar net, wie vui.«

Und somit stand ich wieder einmal auf einem Bahnsteig und wartete auf einen Zug.

Robby war bei mir, wirkte verletzt, begriff nichts. »Warum, Luise – warum?« fragte er immer wieder. »Ich dachte bis gestern abend, du wärst gerne hier.«

»War ich auch. Es war wunderschön.«

»Dann bleib«, er beugte sich zu mir und legte sein Gesicht in mein Haar, »laß mich nicht allein.«

Ich schob ihn ärgerlich fort. »Red keinen Stuß! Du bist doch nicht allein. Du hast die beste Frau der Welt und mit ihr zusammen ne prima Zukunft vor dir.«

»Und mit dir, Luise? So wie wir uns verstehn...«

Ich erschrak. »Mit mir? Ach, du lieber Gott, Robby – ich weiß ja selber noch nicht, was aus mir werden soll.«

Er brachte meinen Rucksack ins Abteil. Ich gab ihm die Hand mit einer Bremse im Ellbogen, damit er begriff, daß er mich nicht mehr umarmen durfte. »Ich danke euch für die herrliche Zeit.«

»Grüß Berlin —« war das letzte, was er unterm Abteilfenster sagte, er ging noch ein Stück neben dem anfahrenden Zug her, wirkte ebenso verloren wie ich.

Bis zur nächsten Station — ich glaube, das war Weilheim — heulte ich in meinen Mantelkragen und fand mein Selbstmitleid berechtigt.

Never thought my heart could be so yearning,
Why did I decide to roam,
Got to take that sentimental journey,
Sentimental journey home . . .

Warten, warten, warten, frieren und warten, bis endlich die Sperren geöffnet wurden. Drängen, angstvolles Kreischen, Kinderheulen, Fluchen —

Die Stufen zum Waggon hinauf waren so hoch — der Rucksack und der schwere Brotbeutel zogen zurück. Aber dann buffte mich ein Nachdränger ins Kreuz. Ich war im Zug.

Vierzehn Personen in einem Abteil. Schneesturm durch Fensterlosigkeit fauchend. Jeden Tag erreichte ich eine neue Stadt. Jede bestand aus einer zerstörten Silhouette, einem schmutziggrauen Bahnsteig, tiefen eisigen Tunneln und einer Wartehalle. Alle rochen gleich nach Kohlsuppe, fadem Dünnbier und Menschen, die sich seit Tagen oder Wochen nicht waschen konnten.

Ich saß auf einer Tischkante. Um mich herum lagen oder hockten, in Decken geschlagen auf dem schmutzigen Boden, auf Rucksäcken oder Koffern Hunderte von Reisenden. Die meisten dösten, manche lasen oder unterhielten sich, stritten, kauten, lachten bitter, machten

Geschäfte, eine Frau schluchzte im Schlaf. Ein Taschenmesser schnitt in einen harten Kanten Kommißbrot. Eine Kinderfaust glitt vom Nacken der Mutter, fiel über ihren Arm und löste sich beim Einschlafen. Eine Großmutter mit zwei kleinen Enkeln aus Plauen, seit Wochen unterwegs auf der Suche nach den Eltern der Kinder, irgendwo mußten sie doch sein, newa? Und die vielen, vielen Einsamen, den Kopf in die Hände gestützt, ins Leere stierend, die Heimatlosen ohne Ziel.

»Gott hat die Nüsse gemacht, wir müssen sie knacken«, sagte eine dicke Frau, die unentwegt strickte.

Eine Fensterscheibe des Wartesaals war zerbrochen. Durch das gezackte Loch flimmerten Sterne. Ich schaute immer wieder auf diese paar Sterne – sie zogen mich an und fort aus meiner Verlassenheit zwischen all diesen Verlassenen.

Bewegung lief durch das Mantel- und Gepäckknäuel am Boden. Überall richteten sich steifgewordene Menschen auf, griffen nach Koffern und Pappschachteln, stolperten über Schlafende zum Ausgang, zu den Bahnsteigen. Die Tür klappte in einem fort. Es war elf Uhr. Diejenigen, die nach Weimar weiter wollten, mußten sich jetzt vor der Sperre aufstellen, wenn sie eine Chance haben wollten, im Zug um 12 Uhr 35 mitzufahren. Schreien, Rufen, Schimpfen, dann klappten die Saaltüren immer seltener. Hunderte von Stimmen verwuschen in einem einzigen schläfrigen Geraune.

Meine Zähne klapperten aufeinander. Schüttelfrost. Mein Kopf glühte. Jetzt auch noch krank werden, das hatte mir gerade gefehlt.

Und dann waren wieder die Jungen da wie auf jedem Bahnhof, Zwölf- bis Sechzehnjährige, die sich zu kleinen

Banden zusammengeschlossen hatten, ständig auf der Hut vor Polizeistreifen und karitativen Häschern, die sie aufgreifen und in Heime stecken wollten. Ständig auf der Flucht vor Bevormundung, Schule und ordentlichen Verhältnissen.

Waren wohl noch vor einem Jahr folgsame, behütete Söhne ihrer Mama gewesen. Dann mußten sie das Zuhause aufgeben. Wochenlanger Treck gen Westen. Unterwegs Krankheit und Tod, Erschießungen, Vergewaltigungen, Kälte, Leid und Grauen, die Habe verloren, das Pferd, kleine Geschwister erfroren, Waise geworden, um jeden getrauert, geschrien, mit Gewalt von Fremden fortgezogen, mitgenommen, abgestumpft. Irgendwann war der Überlebenswille erwacht, unbelastet von Gefühlen und Skrupeln, was konnte denn noch passieren, was sie nicht schon erlebt hatten, was bedeutete ein Menschenleben, was Eigentum?

Wie von ungefähr fanden sie sich in meiner Nähe ein. Zigarette im Mundwinkel, boten sie mir mit rauhen, verwaschenen Stimmen »Amis« an und Butter zu Wahnsinnspreisen oder auch ihren Schutz. Ich wußte nicht, warum ich sie anzog – vielleicht weil ich jung und allein unterwegs war, weil ich nicht so aussah, als ob ich sie verpfeifen würde –, sie erzählten mir ihre Tricks, waren stolz auf ihre Ausgebufftheit, aber wehe, ich wäre ihnen mit Moralpredigten gekommen. Auch nach ihrer Vergangenheit durfte ich sie nicht fragen.

Sie hatten dieselben harten Züge wie Hurengesichter. Wenn sie ihr rohes Lachen ausstießen, blieben ihre Augen starr.

Und dann ihre plötzliche Großzügigkeit: was sie erst teuer verscheuern wollten, schenkten sie mir nun, ich suchte in meinen Taschen, um ihnen auch etwas zu geben. Und im Grunde schrien sie nach dem, wovor sie sich am meisten fürchteten – nach menschlicher Wärme und Liebe.

Es gab auch die munteren Typen unter den Reisenden, die Geselligen, die Skatspieler, die Witzereißer und die Säufer.

Sobald ein Zug gemeldet wurde, änderte sich das schlagartig. Aus Gesprächspartnern, die eben noch gemeinsam ihre Läuse knackten, wurden im Nu Rivalen um den allerletzten Platz im Zug. Ohne Rücksicht überrollten sie brutal die Schwächeren, erstürmten mit Fußtritten, Ellbogen und Kofferkanten die Türen der meist uralten Waggons, besetzten ihre Dächer, Puffer und Trittbretter. Ich konnte bei diesem Nahkampf auf der letzten Etappe meiner Heimreise nicht mehr mithalten. Das Fieber hatte mich geschwächt. Ich war fertig. Aber zurückbleiben mochte ich auch nicht. Der nächste Zug würde genauso voll sein. Ich wollte nach Hause. Und so stieg ich in den für Angehörige der Roten Armee reservierten Wagen. Das war verboten. Mir so egal!

Als andere Frauen nachdrängen wollten, wurden sie von einem Russen zurückgescheucht. Der Zug setzte sich auch schon in Bewegung, und ich fand mich in einem Abteil mit Scheiben in den Fenstern und mit drei Offizieren.

»Du krank?«

Ich nickte. Da räumten sie eine Bank für mich, damit ich mich langlegen konnte. »Krank nix gutt. Du Berlin?«

»Dada«, sagte ich und: »spassibo.«

Einmal flog ein Schatten schreiend am Abteilfenster vorbei: eine Frau, der wohl die Hände beim Festhalten auf dem Dach erfroren waren. Deshalb hielt der Zug nicht an.

Ich hatte Fieberphantasien. Jobst in Fliegerkombination kam mir auf einer bunten, blühenden Wiese entgegen. Du bist tot, Lieschen, freute er sich. Nun können wir gemeinsam spuken. Ich wollte auf ihn zulaufen, aber ich kam nicht von der Stelle. Plötzlich konnte ich fliegen. Es war wunderschön, langsam über die Baumwipfel zu schweben. Jobst war nicht mehr da. Dafür kamen feindliche Bomber, mir fiel ein, daß wir heute Abitur schrieben, und ich hatte es vergessen, wie ärgerlich. Die Flugzeuge warfen rote Bomben, die wie riesige Blutstropfen herniederschwebten. Ich stürzte ab und wachte von dem Ruck auf, der dabei durch meinen Körper fuhr.

Zwei der sowjetischen Offiziere schliefen, der dritte grinste mich an und zeigte aus dem Fenster: »Berlin.«

»Danke –«

Ich sah Vororthäuser vorüberziehen. Der Zug hielt in Lichterfelde. Rucksack und Brotbeutel ergreifend, stolperte ich aus dem Waggon und über die Gleise auf das kleine Bahnhofsgebäude zu. Eine Frau schrie »Russenhure« hinter mir her, ich begriff erst gar nicht, daß ich damit gemeint war, aber dann!

»Blöde Kuh«, brüllte ich wütend zurück. »Die haben mich nicht angerührt!«

Das nahmen mir die zuhörenden Frauen besonders übel. Ein Glück, daß sich der Zug in Bewegung setzte, sonst hätten sie mich wohl eingeholt und verprügelt, und genau das hätte ich nicht mehr überstanden.

Bis nach Wannsee brauchte ich noch zwei Stunden. Vor unserer Haustür brach ich zusammen. Meine Mutter schleifte mich in die Küche. Sie hatte, in Decken gehüllt, am Herd gesessen, in dem ein Feuer bullerte, und bei Kerzenschein in einem Buch gelesen, das jetzt aufgeschlagen in ihrem Stuhl lag.

»Heute ist ein Brief von dir aus Garmisch gekommen. Der klang so glücklich«, sagte sie, mich aus dem Mantel knöpfend. »Ich dachte, du wolltest drüben bleiben!«

»Im Rucksack ist Wurst und Honig.«

Und danach fiel ich in Ohnmacht.

Gürtelrose, 39,8 Fieber, eiternde Frostbeulen an den Zehen und Händen sowie abgeheilte Krätzespuren stellte der herbeigerufene Arzt an mir fest.

Jola kam vorbei, um mich zu besuchen und die Mitbringsel für ihre zukünftige Schwiegermutter abzuholen.

»Ich weiß schon, warum ich nicht mitgefahren bin«, sagte sie, ihre total ramponierte Freundin betrachtend. »Ich habe dich gewarnt –«

»Jaja«, unterbrach ich sie ärgerlich, »es ist alles schiefgelaufen auf meiner Bayerntournee. Aber es war auch manchmal wunderschön – und ich möchte keine Erfahrung missen.«

Danach sprachen wir über unsere berufliche Zukunft. Im Special Service hatten wir leider gekündigt, dorthin konnten wir nicht zurück. Jola hatte sich an der Universität fürs Medizinstudium angemeldet, eine von 9000 Anwärtern für nur 2100 Studienplätze im nächsten Jahr.

»Hoffentlich habe ich Glück. Wir müssen eine Begabungsprüfung ablegen.«

»Ich möchte Journalistin werden und nebenbei anständig zeichnen lernen. Vielleicht melde ich mich auf der Kunstakademie an. Weißt du, in den langen Wartenächten auf der Rückfahrt habe ich mir überlegt, daß ich gern Reisebücher schreiben und die selber illustrieren würde.«

»Na, dann mach mal«, sagte Jola und schaute auf die Uhr. »Ich muß los. Frau Schult will mich mit ihrer Leberwurst aus Thymian, Salz und Hefe verwöhnen. ›Einfach delikat‹, sagt Oma.«

Jeder, dem ich in der nächsten Zeit begegnete, hielt mich für einen Idioten, weil ich aus Oberbayern nach Berlin zurückgekehrt war. Wie konntest du bloß?

Ja, wie konnte ich?

Vielleicht, weil ich unterwegs zu viele Heimatlose auf ihrer ziellosen Wanderschaft erlebt hatte, Treibgut, das keiner an seinem Strand haben wollte.

Wannsee war mein Zuhause – ich wußte, was ich daran hatte.

17

Ich besuchte Hanna und Barris in ihrem Chauffeurshäuschen. Das war an einem Nachmittag im März 1946. Eine steile Stiege führte zu den zwei Zimmern über den Garagen hinauf. Zigarettenqualm und viele Stimmen kamen mir entgegen, noch bevor ich den winzigen Flur betreten hatte. Zwischen den mit Barris' Büchern zugemauerten niedrigen Wänden drängten sich Deutsche und Alliierte. Der beißende Gestank von Marke Eigenbau, in Durchschlagpapier gerollt, schlug den edlen Feigenduft aus Pfeifen und amerikanischen Zigaretten total k. o.

Hanna Barris schob sich mit einer Teekanne von Gruppe zu Gruppe. Wer keine Tasse von zuhause mitgebracht hatte, mußte warten, denn sie besaßen nur ein begrenztes Sortiment an angeschlagenen Trinkgefäßen.

Ich versuchte zu Barris vorzudringen, dem Mittelpunkt einer Diskussion über einen Maler namens Hofer, der seine im Krieg verbrannten Bilder im Eilverfahren aus dem Gedächtnis oder nach noch vorhandenen Reproduktionen nachmalte.

Einige der herumstehenden Leute trugen Baskenmützen und Bärte, um sich als Künstler auszuweisen. Das Nachholbefürfnis auch an Selbstdarstellung war groß nach dem jahrelangen Schattendasein im Untergrund oder dem jeglichen Individualismus auslöschenden Funktionieren als Soldat.

Mitten in gestenreicher Diskussion entdeckte mich Barris und rief: »Luischen! Mein Herz! Steht einfach da und sagt kein' Ton!«

Die Umstehenden bedachten unsere Begrüßung mit spürbarer Ungeduld, sie wollten diskutieren.

So wanderte ich weiter und sah plötzlich einen Mann, den ich genau kannte, aber ich wußte auf Anhieb nicht, woher, nur, daß er mir einmal sehr gut gefallen hatte. Bei meinem Hang für Äußerlichkeiten war das kein Wunder, denn er sah blendend aus. Ein Gary Cooper von weitem, so lang und lässig – sonst nicht viel Ähnlichkeit. Vor dem Schicksal, als Beau eingestuft zu werden, bewahrte ihn sein offensichtlicher Mangel an Selbstherrlichkeit. Er mochte so um die Vierzig sein. Früher war sein dunkles Haar dichter gewesen...

Plötzlich wußte ich, wer er war, und wußte auch, weshalb ich ihn nicht auf Anhieb erkannt hatte. Es fehlte ihm seine Uniform: der Arztkittel. Als ich ihn das letzte Mal in Zivil gesehen hatte, war ich zwölf.

Dr. Kaspar Christ, Facharzt für Neurologie und Psychiatrie. Der Ommafamm. Mitten im Gespräch schaute er einmal in meine Richtung, dann wieder fort, dann wieder zu mir. Ich lächelte. Also hatte er sich nicht geirrt. Wir kannten uns wirklich.

Sobald er sich aus seiner Unterhaltung mit einem alten Herrn mit Einsteinmähne lösen konnte, kam er auf mich zu. Man sah ihm an, wie er überlegte, wie er versuchte, mich in seiner reichhaltigen Erinnerung an Frauen unterzubringen.

»Ich kenne Sie«, sagte er, nun vor mir stehend. »Ich kenne Sie ganz genau. Woher kenne ich Sie nur?«

»Sanssouci mit kleinen Schulmädchen, die sich Ihnen

aufgedrängt hatten«, half ich seinem Gedächtnis aus. »Und dann das Irrenlazarett in Nikolassee. 1942. Ich machte da meinen Ferieneinsatz.«

Er klatschte sich mit der flachen Hand gegen die Stirn, hinter der endlich das richtige Türchen aufgesprungen war. »Ja, natürlich.« Jetzt fehlte ihm nur noch mein Name.

»Luise Hartwig.«

»Luise –«, er schüttelte meine Hand. »Entschuldigen Sie, ich habe ein miserables Gedächtnis.«

»Ommafamm«, sagte ich.

Er lachte. »Stimmt, so habt ihr mich damals genannt.«

»Nicht nur damals, immer, wenn wir von Ihnen sprachen.«

»Ist Hannas Tochter auch hier?«

»Sie konnte nicht mitkommen«, um nicht zu sagen, sie mochte nicht.

Jola hatte mich einmal zu einem Jour fixe bei Barris begleitet, aber es war kein Erfolg gewesen. Lehnte sie als Kind, als sie noch bei ihm wohnte, seine Freunde ab, weil sie »verbotene« Freunde waren, die er unterstützte, versteckte und dabei Kopf und Kragen riskierte, so nahm sie ihm heute seine Ausnahmestellung übel. Alliierte behandelten ihn wie ihresgleichen. Ständig meldeten sich durchreisende Korrespondenten bei ihm, zogen ihn als Kunstexperten zu Rate, versorgten ihn, wie der inzwischen in die Staaten zurückgekehrte Mr. Steinberg, mit Carepaketen und Whisky. Barris genoß seine ausländischen Besucher und die Informationen, die sie mitbrachten. Schließlich waren wir seit Jahren isoliert von den Kunstentwicklungen der übrigen Welt gewesen. Nun hatten sich endlich die Tore geöffnet, es gab auch kulturell viel nachzuholen. »... vor allem an Saufen und Diskutieren«, hatte Jola mißbilligend festgestellt. »Barris macht wieder die Nacht zum Tag und schläft am Vormittag – wie in alten Zeiten. Mami muß tagsüber arbeiten und abends seine Gäste bedienen. Und immer palavern sie so geschwollen über dieses abstrakte Zeug, als ob es nichts Wichtigeres gäbe. Machen die sich eigentlich auch mal Gedanken darüber, was aus Deutschland werden soll? Wie sollen wir je wieder wirtschaftlich auf die Beine kommen, wenn sie unsere Fabriken demontieren, die noch heil sind.«

So weit Jola.

»Nein«, sagte ich zu Kaspar Christ, »Frau Barris' Tochter kommt selten her.«

»Seit ihr kleine, verkicherte, aufdringliche Kletten wart, habe ich sie nicht mehr gesehen.«

»Wir waren nicht verkichert, wir waren damals rasend verliebt in Sie«, korrigierte ich ihn.

»Ah, wirklich?« Sein Blick lag voll Interesse auf mir, er nahm ihn keinen Augenblick fort, schien unsere Umgebung vergessen zu haben. Ich auch.

»Seit wann sind Sie wieder in Berlin?« fragte ich.

»Noch nicht lange. Ich war zuerst in Hamburg. An sich sollte ich da bleiben, aber es trieb mich an meinen ersten Tatort zurück. Und Sie, Luise?«

»Ich hab ihn erst gar nicht verlassen – außer einer Reise im letzten November.«

»Zuletzt haben wir Weihnachten 44 telefoniert«, erinnerte er sich. »Ich war bei Hanna Barris, als Sie anriefen. Warum haben wir uns damals nicht getroffen?«

»Weil Sie am nächsten Tag nach Breslau zurück mußten.«

»Richtig, ja, ich mußte zurück.« Er betrachtete mich.

»Sie haben sich inzwischen sehr verändert.«

»Der Babyspeck ist weg.«

»Muß ich jetzt Fräulein Luise sagen?«

»Nein, bitte nicht. Seit die Amis da sind, hat das Wort ›Fräulein‹ so was Abwertendes.«

»Also Luise.«

»Und ich sage Ommafamm zu Ihnen.«

»Wie haben Sie meinen Mann genannt?« wunderte sich eine junge Frau, die unbemerkt zu uns getreten war. *»Homme à femmes?«* Sie hängte sich bei ihm ein, während wir unsere elektrischen Fühlerchen einzogen, die Wiedersehensfreude in unseren Blicken erlosch und große Lustlosigkeit und Enttäuschung sich breitmachte. Warum hatte er mir nicht gleich gesagt, daß er verheiratet war?

»Bist du wirklich so ein Frauenheld, Kaspar?« erkundigte sich seine Frau, wachsam zwischen uns forschend.

Er grinste. »Es hält sich in Grenzen, außerdem ist dieser Spitzname schon lange her.« Und stellte uns einander vor. Sie hieß Marianne und war einen halben Kopf größer als ich. Schmales Gesicht, schräge, bernsteinfarbene Sphinxaugen, dunkel umrandet, langer Hals, helle Mähne. Sie erinnerte mich an eine Afghanenhündin. Neben ihr kam ich mir wie ein Dackel vor, na, sagen wir, wie ein Cockerspaniel.

»Und wieso nennen Sie Kaspar einen *homme à femmes?«*

»Herr Barris hat ihn mal so genannt. Und daraus haben wir Mädchen den Ommafamm gemacht.«

»Und wer war das andere kleine Mädchen?«

Ich kam mir wie in einem Verhör vor. »Jolande, genannt Jola. Die Tochter von Frau Barris aus erster Ehe.«

»Ein paar Jahre später habe ich Luise wiedergesehen«, berichtete Christ, ohne den Blick von mir zu lassen. »Damals hatte ich täglich vier Lazarette in Berlin zu betreuen. Eines Morgens stand sie in der Tür und meldete sich zum Ferieneinsatz bei uns.«

»Als ich damals reinkam, übten Sie sich mit Dr. Ross im Weitspucken mit Kirschkernen in einen Papierkorb.«

»Typisch Kaspar«, lachte seine Frau gereizt, weil eifersüchtig auf unsere gemeinsamen Erinnerungen. »So was kriegt er heute noch fertig. Ich sage immer, der Umgang mit Irren färbt ab.« Und zu mir: »Wieso hat man Sie damals zum Ferieneinsatz in eine Klapsmühle geschickt? Was haben Sie da gemacht?«

»Krankengeschichten geschrieben und uns Männern die Köpfe verdreht«, sagte der Ommafamm.

»Ist gar nicht wahr«, protestierte ich. »Ich hatte damals Jobst, meinen Verlobten –«, der nicht verhindern konnte, daß über zwei Schreibtische hinweg zwischen dem Stabsarzt Christ und mir die Funken flogen.

»Stimmt, Sie hatten damals einen Jagdflieger.«

»Und heute hast du mich, Schätzchen«, erinnerte sie ihn.

»Ja«, sagte Christ und sah mich grinsend an: »Wir sind wie die zwei Königskinder, die nicht zueinander kommen konnten. Beim ersten Treffen war die Luise zu jung für mich, beim zweitenmal hatte sie einen Verlobten, und jetzt bin ich verheiratet.«

»Pech für dich, Kaspar.« Und zu mir: »Ist Ihr Verlobter schon zurück aus Gefangenschaft?«

»Er ist gefallen.«

»Ach Gott, mein erster Mann auch. Immer die Besten! Die ganze Elite unseres Vaterlandes hat der Krieg ausgelöscht!« Das sollte wohl eine Spitze gegen Christ sein, der sich nun als Murks fühlen durfte, weil er überlebt hatte. Wie konnte eine Augenweide wie Marianne Christ nur so penetrant sein, so giftig.

»Ich muß jetzt gehen«, sagte ich und verabschiedete mich von ihnen.

Auf dem Weg zur Treppe schaute ich in die Küche. Da stand Hanna vor ihrem Herd und beschimpfte ihn: »Kurz vorm Kochen kommt Stromsperre. Es ist zum Verrücktwerden. Du willst schon gehen Luise? Bist doch gerade erst gekommen.«

»Ich hab noch was vor.«

»Schade. Wir haben uns gar nicht unterhalten.«

»Seit wann ist der Ommafamm eigentlich verheiratet?« fragte ich sie.

»Seit März 45, glaube ich. Eine völlig überstürzte Kriegsehe. Silvester haben sie sich in Breslau kennengelernt und sich rasend ineinander verliebt – das fiel nicht schwer. Sie sehen ja beide phantastisch aus. Marianne wurde prompt schwanger. Dann kamen die Russen. Kaspar wurde mit seinem Lazarett zurückverlegt. Marianne floh zu ihren Eltern nach Hamburg. Vorher haben sie geheiratet. Tja, paar Monate später schlug er sich auch nach Hamburg durch. Da begann der Alltag zu acht Personen auf vierzig noch heilen Quadratmetern. So wie er es mir geschildert hat, muß es nicht sehr harmonisch zugegangen sein. Dann wurde ihre Tochter Christiane geboren. Irgendwann hat sich Kaspar nach Berlin abgesetzt, im kaputten Haus einer Tante zwei Zimmer bewohnbar gemacht und Marianne und das Kind herübergeholt. Es gefällt ihr hier nicht. Und sie haben sich nichts zu sagen. Aber sie werden sich schon zusammenraufen.«

»Ich gehe dann jetzt. Tschüs, Frau Barris.«

»Komm bald wieder, Luise«, sagte sie hinter mir her.

Ich hatte noch nicht das Häuschen verlassen, als ich die Stimme des Ommafamm oberhalb der Treppe hörte.

»Hanna«, sagte er in die Küche, »ich habe eine Frage . . .«

Und sie: »Dich habe ich schon erwartet. Du willst von mir was über Luise wissen.«

»Was bist du für eine erfahrene Frau«, lachte er.

»Ich habe euch beobachtet. Außerdem habt ihr euch ja schon früher gemocht. Und jetzt sage ich dir eines, Kaspar. Laß das Mädchen in Ruhe. Versuch lieber, deine Ehe zu retten. Denk daran, du hast eine reizende kleine Tochter.«

Ich ging zum Bahnhof Grunewald, durch seinen langen, düsteren, modrig kalten Tunnel, die letzte Treppe zum letzten Bahnsteig hinauf und setzte mich auf eine Bank. Es war dunkel, nirgendwo leuchtete ein Licht wegen der Stromsperre. Der Wind pfiff durch meine Mantelärmel. Lieber Gott, soll das nun mein Schicksal werden? Soll ich nur noch Männern begegnen, die bereits vergeben sind? Gibt es denn keinen für mich allein?

In einer Zeitung hatte ich gelesen, daß in einem Stadtteil von Berlin eine statistische Erhebung stattfand. Danach kamen auf 234 weibliche Jugendliche im Alter von zwanzig Jahren nur noch vierzig männliche.

Das war ein bißchen wenig.

18

Über sechsundzwanzig Jahre war Frau Schult Wirtschafterin in der Genthinschen Villa am Großen Wannsee gewesen, war Großmutters ständiger Streitpartner, hatte ihr in jedem halben Jahr einmal gekündigt, zog auch wirklich zweimal aus, ließ sich aber nach langem Bitten und mit Gehaltserhöhung gerne wiederholen.

Das letzte Jahr in ihrem beengten Exil in Nikolassee war für beide Frauen eine Qual gewesen. Früher hatten sie und Großmutter Genthin ihre Aggressionen in einem großen Haus und einem parkähnlichen Garten austragen können, nun prallten sie ohne Ausweichmöglichkeit aufeinander.

Eines Morgens war Frau Schult nicht aufgestanden, beim näheren Nachsehen lag sie im weißen Barchenthemd in ihrem Bett, hatte sogar die Zähne drin und den dünnen Zopf neben sich auf dem Kopfkissen und war über Nacht gestorben. War genauso plötzlich an Herzschlag gestorben wie Großvater Genthin damals in seinem Lehnstuhl, was Großmutter ihm sehr übel genommen hatte. Und nun auch Frau Schult – einfach so wegzugehen, ohne sich vorher zu verabschieden.

Sie wurde auf dem Neuen Wannseer Friedhof im Genthinschen Erbbegräbnis beigesetzt – erst mal vorläufig, bis sie eine andere Bleibe gefunden hat, sagte Großmutter –, denn auch Grabstellen waren knapp geworden. Außer uns folgten ein paar Bekannte aus der alten und der neuen Umgebung dem Sarg.

Aus Nauen in der Ostzone war Frau Schults jüngere Schwester angereist, ein Bild ordentlichen Jammers. Alter taubenblauer Mantel, braune Schuhe, lila Hut, der ihren Dutt nicht ganz unterbrachte und deshalb meistens schief saß. Große Tasche aus brüchigem Leder. Weil sie nichts Schwarzes besaß, aber dennoch ihre Trauer farblich dokumentieren wollte, hatte sie sich einen schwarzen Strickstrumpf statt eines Schals um den Hals geschlungen. Als wir am Grab standen, verrutschte der Strumpf, und nun sahen wir die hellbraune Stopfstelle an seinem Hacken und hatten bei aller Ergriffenheit Mühe, ernst zu bleiben.

Nach der Beerdigung äußerte Großmutter zum erstenmal seit ihrer Vertreibung den Wunsch, das Haus am Großen Wannsee wiederzusehen.

Vor dem Tor langweilte sich ein Wachmann. In der Auffahrt parkten amerikanische Straßenkreuzer, armeefarben lackiert.

Frau Genthin hatte die Zaunstäbe umklammert und starrte auf die gepflegten Rasenflächen zwischen hohen Bäumen, auf Rosenrabatten und das Turmhaus mit seinen blinkenden, neuen Scheiben.

»Sieht doch ganz ordentlich aus«, stellte Jola fest. »Und es ist ja immer noch dein Haus, Oma.«

»Und Achims«, sagte Frau Genthin. »Aber er wird ja sicher wieder in der Stadt wohnen wollen, schon um näher bei seiner Anwaltspraxis zu sein.«

Ihr Sohn war zwar als vermißt gemeldet, aber sie war ganz sicher, daß er lebte, so was fühlt doch eine Mutter. Außerdem war sie bei einer Kartenlegerin gewesen, die hatte gesagt, daß er ihr über einen langen Weg ins Haus stände, und die Wahrsagerin hatte auch aus dem Kaffeesatz gelesen, daß er noch lebte. Nur der Mann, der sein Pendel über eine Fotografie von Achim Genthin in Majorsuniform hielt, hatte bedenklich den Kopf geschüttelt, weil es bewegungslos herunterhing. »Liebe Frau, Ihr Sohn –«

Großmutter hatte ihm strikt verboten weiterzureden. »Mein Sohn lebt, egal, was Ihr albernes Pendel macht. Das funktioniert eben nicht.«

Da war der Mann sehr beleidigt und sagte: »Verehrte Dame, wenn Sie es besser wissen als mein Pendel, warum sind Sie dann zu mir gekommen?« Und Großmutter Genthin sagte, ja, das frage sie sich auch.

Nach dem Kaffeetrinken und einem Stück Klietschkuchen, das wie ein Stein im Magen lag, packte die Nauener Schwester Garderobe, Schmuck, Wäsche und Sparbuch der Verstorbenen in zwei Koffer, zog deren guten Mantel mit dem Fuchskragen an und sah nun von hinten wie Frau Schult aus, bewegte sich auch wie diese. Ich hatte plötzlich das Gefühl, jetzt geht Frau Schult erst wirklich von uns fort.

Jola sagte nachdenklich: »Sie hat eigentlich immer zu uns Mädchen gehalten. Vielleicht haben wir sie in all den Jahren viel zu selbstverständlich genommen. Sie war ja auch immer da ...«

19

Der Winter 1946 auf 47 war der härteste, an den wir uns
erinnern konnten. Flüsse und Binnenhäfen vereisten,
Kohleschiffe froren ein. Nur noch ein Teil der Transport-
züge war einsatzfähig. Jeden Tag erfroren ein paar Menschen. Der Tiergarten wurde abgeholzt und verheizt,
Waggons mit Kohlengrus auf kurzen Streckenhalten
überfallen und leergestohlen.

Jeden Morgen mußte ich bei achtzehn Grad minus gegen
heftigen Ostwind zum Bahnhof Wannsee laufen, ein
Stück davon über den tiefgefrorenen See, weil das kürzer
war. Dabei trug ich dicke Socken in offenen Korkpantof-
feln, in andere Schuhe kam ich wegen meiner furunkelar-
tigen Frostbeulen nicht hinein, außerdem besaß ich auch
keine anderen mehr.

Ich kam aus einem Haus mit fünf Grad unter Null. Der
Morgentee fror im Nu in der Tasse, an den Wänden des
einzigen Zimmers, in dem wir hausten, wuchsen Eiskri-
stalle an den Tapeten. Offiziell standen uns 1300 Kalo-
rien zu, wir kriegten aber oft nur achthundert pro Tag.
Meine Mutter verkaufte so nach und nach ihr museums-
reifes Porzellan gegen Eßwaren an die Amerikaner:
Wegely- und Kendlerfiguren, die Augustus-Rex-Vase.
Mit einer Bisquitfigur von Grassi (Ende 18. Jahrhundert)
und einer blauen Deckelvase von Sèvres aus dem Privat-
besitz der Marie Antoinette rutschte ich auf dem Eis aus.

Die Scherben im Arm, gefrorene Tränenrinnsale im Gesicht, verrotzte Schlidderbahnen auf dem Mantelärmel, beschloß ich: Sollte ich jemals in diesem Leben zu Wohlstand kommen, so wollte ich denselben niemals in Zerbrechlichkeiten anlegen.

Die Schulen wurden wegen Kohlenmangel geschlossen. Es fehlte an Lehrern – der Nachwuchs war gefallen – und auch an Klassenräumen. Wenn das einzige Paar Schuhe besohlt werden mußte, blieben die Kinder zuhause. Wer keine Schuhe besaß, ging nur im Sommer zur Schule.

Kunstakademie und Universität hatten zugemacht. Jola arbeitete in einem Krankenhaus, in dem Notstromaggregate fehlten. Reagenzgläser platzten vor Kälte, Medikamente kristallisierten in ihren Flaschen.

Ich hatte mir einen Job bei einem amerikanischen Journalisten besorgt und somit wenigstens tagsüber ein warmes Büro. Als er herausfand, daß ich heimlich seine Dusche benutzte und Zucker von seinen Schwarzmarktvorräten abfüllte, wurde ich gefeuert. Er ahnte nicht, daß ich auch die Tüten mit Eipulver und Kakao angezapft hatte – ich nahm von allem mit nach Hause, denn wir hatten nichts.

Wir – das waren meine Mutter und eine Kriegerwitwe aus Pommern mit ihrem dreijährigen Mädchen, die wir nach Hanna Barris' Auszug bei uns aufgenommen hatten.

Die Witwe freundete sich mit einem Holzhändler an, der uns mit feuchten Tannenscheiten belieferte und sich dafür zweimal pro Woche bei ihr den Dank abholte. An diesen Abenden schlief ihre kleine Elke bei mir im Bett. Dann kam die Frau des Holzhändlers dahinter und drohte, uns »die ganze Bude« anzuzünden, aber so extrem warm wollten wir es nun auch nicht haben. Deshalb saßen wir bald wieder auf Zimmereis.

Es gab kaum noch ein heiles Wasserrohr, die Kloschüsseln waren längst geplatzt, und elektrischer Strom wurde nur stundenweise zugeteilt. Die Tür zu unserem einzig bewohnbaren Zimmer war mit Teppichen verhängt, in seinem Vorraum, dem ehemaligen Herrenzimmer, stand eine chinesische Deckelvase. Ein Besucher, der sich auf Chinoiserien verstand und wissen wollte, ob es sich um ein echtes Stück oder um eine Kopie handelte, hob den Deckel. Meine Mutter und ich fielen ihm gleichzeitig in den Arm, denn das Prachtstück war unser Pinkelklo, das nur einmal am Tag in den Garten geleert wurde.

Größere Geschäfte wurden in den Eimer mit Kohlerückständen gesenkt. Eine Nachbarin klagte: »Habe ich Theresienstadt wie durch ein Wunder überlebt, muß ich mir jetzt den Hintern an glühender Schlacke verbrennen.«

Tagsüber hockten meine Mutter und die Pommerin mit ihrer Tochter am Küchenherd. Gegen Abend wurde der Kachelofen im Wohnraum angeheizt. Seine Wärme reichte nicht über einen Meter im Umkreis hinaus. In diesem engen Radius klemmten wir Abend für Abend mit Freunden, die Füße in fadenscheinigen Socken gegen die Kacheln gestemmt, die Hände in einen Kaffeewärmer, der reihum ging. Gedichte wurden vorgelesen und Tagebücher, Zukunftspläne geschmiedet – die Gespräche waren noch nicht veroberflächlicht – und Tee getrunken. Aber nur schlückchenweise, aus Sorge, ihn später im eisigen Ostwind, der durch den Garten heulte, wieder loswerden zu müssen. Denn Gäste ließen wir nicht auf unsere Chinoiserie, nur Jola, die inzwischen wieder bei uns wohnte. In ihrer ungeheizten Kammer im Köckeritzschen Haus wäre sie erfroren.

In dieser Zeit bauten wir unsere Prüderie ein für allemal ab. Wir gewöhnten uns auch an, die Dinge beim Namen zu nennen. »Scheiße!« wurde zum befreienden Fluch. Selbst meine Mutter benutzte das Wort, wenn ihr die Mehltüte riß.

Zu den rauschenden Klängen eines Koffergrammophons mit stumpfer Nadel tanzten wir unsere klammen Knochen warm. Und selten haben wir soviel gelacht wie in dieser Runde um den Kachelofen, denn Situationskomik gab es genug. Es genügte, wenn einer aufzählte, was er alles übereinandergezogen hatte, um sich vor der Kälte zu schützen.

Ich war übrigens die bestangezogene Person im weiten Umkreis: paßgerecht umgearbeitete amerikanische Militärhosen, braun eingefärbt, dazu eine US-Fliegerjacke mit Pelzkragen, Kostenpunkt eine silberne Zuckerdose. Unter dieser schicken Oberschale trug ich mehrere Pullover, Hemden und zwei Unterhosen meines Vaters.

Die Oberschichten bis zur letzten Unterhose und dem letzten Hemd legte ich vorm Schlafengehen ab, darüber zog ich Nachthemd, Wollschal, Mütze, Skisocken, Handschuhe und rollte mich eng an Jola, die bereits im Bett auf mich wartete. Meine Mutter hatte indessen zwischen erkaltendem Ofen und ihrem Rücken das eisigklamme Deckbett angewärmt und stülpte es zugluftsicher über uns beide. Darüber klemmte sie ein Plumeau und zuletzt ein Reiseplaid – stand anschließend vor diesem Hünengrab und wünschte uns kopfschüttelnd Gute Nacht, bevor sie sich in ihre Eishöhle von Schlafzimmer zurückzog. Ihr war das Glück gegeben, sich von innen heraus wie ein Backofen aufzuheizen.

Pankow. Ich begegnete ihm an einem Dezembertag auf dem Bahnhof Zoo. Er hatte seinen Kopf in die Armbeuge eines etwa zwölfjährigen Jungen geschoben und zitterte. »Amis – Bulgarien – West – Ost – Schokolade –«, leierten die Schieber die Vorübergehenden an. Manche blieben stehen zum Verhandeln. Ein Blinder spielte Altberliner Lieder auf der Mundharmonika, die keinen mehr rührten. Der Junge trat von einem frierenden Fuß auf den andern, und auch seine Stimme zitterte vor Kälte: »Hündchen – liebet, kleenet Hündchen billig zu vakoofen – aber nur in jute Hände –«
»Ooch noch Ansprüche stellen«, hörte ich einen Mann mosern. »Wo doch noch ja nischt an dem dran is.«
Es war die Zeit, wo die Tierliebe durch den Magen ging. Ich bummelte an den Behelfsläden der Joachimsthaler Straße entlang auf der Suche nach einem aus einem Stahlhelm umfunktionierten Kochtopf für meine Mutter, aber der kleine Hund ging mir nicht aus dem Kopf. Ich kehrte um.
Da stand der Junge noch immer und pries sein liebet kleenet Hündchen an. Mit seinem versteckten Kopf sah es aus wie ein Muff auf billigem Fell. Daß es lebte, war nur an seinem ständigen Zittern zu erkennen.
»Den wirste wohl nich los?« sprach ich den Jungen an.
»Will ick ooch jar nich«, sagte er. »Aber ick darf'n ooch nich wieder mit nach Hause bringen. Wir ham ja selber nischt zu fressen und ooch noch die Mutta von ihm.«
»Kann ich ihn mal sehen?«

Er stellte ihn auf den Boden. Schwarzes, stumpfes Fell, hellbraune Schlappohren an einem viel zu großen Kopf mit schwarzer Maske auf dünnem Hals. Jede Rippe war zu sehen und der Bauch eingefallen. Ringelschwanz. Knickebeine.

»Was soll er'n kosten?« fragte ich.

»Zwanzig Märker.«

»Soviel hab ich nich.«

»Wat ham Se denn?«

Ich holte mein Portemonnaie heraus. Gemeinsam schauten wir hinein. Zählten drei Mark siebenundzwanzig. Das war nicht doll.

Der Junge sah mich prüfend an. »Mögen Se Hunde?« Ich hob den Welpen hoch, sah den winzigen Haarzipfel auf dem Bauch – also ein Rüde. »Wie alt?«

»Fünf Wochen.«

»Wie sieht seine Mutter aus?«

»Na, det is nich so genau zu sagen – bisken wie'n Terrier, wa?«

»Und sein Vater?«

»Den kenn' wa nich, Frollein, aber er is aus Pankow jenau wie wir. Ick kenn mein' Vater ooch nich.«

»Er hat ziemlich große Pfoten«, stellte ich fest.

»Ach, det macht nischt, det vawächst sich«, versicherte er, »der wird bestümmt nich jrößer wie'n Terrier.« Nachdem der Hund ein Seechen gemacht hatte, nahm er ihn wieder hoch. »Seine sechs Jeschwister ham wa gleich nach de Jeburt ersäuft. Von die wissen wa wenigstens, det se's jetzt jut ham.« Plötzlich aggressives Mißtrauen: »Sie woll'n ihm bestümmt nich für die Pfanne, Frollein?«

»Du hast doch ne Meise, Mensch!«

Das beruhigte ihn. »Aber wird er ooch satt bei Sie?«

»Nee.«

»Kriegt er wenigstens 'n Stücke Jrün?«

»Wir haben einen Garten in Wannsee.«

Da war der Junge erleichtert. »Jem Se mir Ihre drei Märker, und die Sache is jeritzt.«

Er drückte ihn mir in den Arm und war verschwunden, ehe ich es mir anders überlegen konnte. Da stand ich nun mit einem halbverhungerten Bastardwelpen im Arm, den ich eigentlich gar nicht haben wollte und nicht ernähren konnte, den ich nur vor der Pfanne hatte retten wollen.

Meine Mutter würde bei seinem Anblick die Hände über dem Kopf zusammenschlagen, mich beschimpfen und anschließend ihre paar erfrorenen Kartoffeln, die sie selber dringend nötig hatte, mit ihm teilen. Sein Herz klopfte schnell in meiner Hand.

Niemand im Zug fand ihn niedlich. Nur ein ausgemergelter Heimkehrer fragte, ob er ihn mal streicheln könnte. Weil er wohl schon lange nichts mehr zum Streicheln gehabt hatte. Was sollte ich jetzt bloß mit diesem Krepierling anfangen? Hätte ich mir das nicht früher überlegen können?

Als der Zug in Grunewald einfuhr, hatte ich plötzlich eine Idee. Ich trug das Hündchen zu Barris. Barris war gerade von einer Besprechung nachhause gekommen und hockte fluchend vor dem Herd, der ausgegangen war. Ich hatte den Hund die Treppen hinaufgetragen und ließ ihn jetzt frei. Er rollte auf Barris zu und krabbelte auf seinen Schuh. »Ist das dein Hund?«

»Nein. Ich such erst noch nen Platz für ihn. Aber keinen Kochtopf.«

Ich nahm Barris das Heizen des Ofens ab, damit er sich

mit dem Hund befassen konnte, der hinter ihm herlief, als ob er wüßte, worum es ging.

»Sie kennen doch so viele Alliierte. Vielleicht daß einer ihn haben möchte?« sagte ich. »Er ist keine Schönheit, aber ganz niedlich, oder? Fünf Wochen alt.« Und als Barris noch immer nichts sagte, fiel mir nur noch ein: »Er ist aus Pankow.«

»Pankow?« Barris hob den Hund auf. Die beiden sahen sich an.

»Vielleicht finden Sie jemand, der ihn nimmt?«

»Luischen«, grinste Barris, »tu nicht so scheinheilig. Du hast Pankow zu mir gebracht in der Hoffnung, daß ich auf ihn hereinfalle. Du willst ihn mir andrehen.«

»Sie haben ihn Pankow genannt«, war mir aufgefallen. »Damit hat er ja schon einen Namen.«

Trotzdem ging ich vierzehn Tage nicht zu Barris, aus Sorge, er könnte ihn mir zurückgeben.

Dann besuchte Jola ihre Mutter und berichtete mir anschließend: »Barris hat nen jungen Hund. Ein potthäßliches Vieh. Heißt Pankow. Saß mit ihm Hand in Hand auf dem Sofa, als ich kam. Aber ins Bett darf er ihn nicht mitnehmen. Hat Mami verboten. Nun kommt Pankow erst zu Barris ins Bett, wenn sie schon schläft.«

Als es endlich zu tauen begann und wir uns wie Maulwürfe in die ersten wärmenden Sonnenstrahlen hochbuddelten und die Fenster weit aufstießen, um die nassen Wände zu trocknen (die Tapeten kamen gleich mit der Feuchtigkeit herunter), als es nach der langen, lähmenden Froststarre in uns und um uns herum wieder lebendig wurde, als Schulen und Universitäten ihren Betrieb wiederaufnahmen, zog Jola in ihre Dachstube im Köckeritzschen Haus zurück. Wir schieden ohne Sentimentalität voneinander, denn wir hatten uns zwar in den Eisnächten aneinander gewärmt, aber auch im Schlaf gestört. Ich war froh, mein Bett nun wieder für mich allein zu haben. Und sie auch.

Ein Semester lang hatte ich auf der Kunstakademie kubistische Flaschen und halbverhungerten Altmännerakt gemalt, ohne recht einzusehen, wie mir diese langwierige Ausbildung zu einer baldigen praktischen Ausübung des Illustratorberufes verhelfen könnte. Darum kehrte ich nicht auf die Akademie zurück.

Barris besorgte mir hie und da einen Aushilfsjob. Er gab mich ausländischen Korrespondenten als Dolmetscher mit, wenn sie Berliner Künstler kennenlernen wollten. So kam ich zu Malern, Bildhauern und Musikern. Ich fing an, mich mit der Malerei des 20. Jahrhunderts zu befassen, und hatte in Barris den besten Lehrer. Außerdem mußte ich unendlich viel auf literarischem Gebiet nachholen. Ich las den halben Tag, aber immer seltener zuhause, um den vorwurfsvollen Blikken meiner Mutter zu entgehen: Alles fängst du an, nichts führst du zu Ende. Was soll denn mal aus dir werden? Meine Pension reicht nicht für uns beide, und die vielen Reparaturen im Haus! Mein Porzellan geht auch zu Ende.

Ich türmte vor ihren Vorwürfen und meinem schlechten Gewissen (denn sie hatte ja recht) zu Barris. Da hockten wir dann in der Frühlingssonne auf der Terrasse der Steinbergschen Luxusruine, verkatert von der letzten Nacht, die ich auf einem Fest durchtanzt und er mit Freunden durchgeredet hatte. Neben uns schlief

Pankow, inzwischen groß wie ein Boxer und noch längst nicht ausgewachsen.

Wir lebten wie drei Stromer im verwilderten Garten, wobei das Behagen an unserem Zustand das schlechte Gewissen wegen versäumter Tüchtigkeit überdeckte. Um uns herum wurde emsig gehämmert, gebuddelt, gepflanzt, repariert, organisiert. Aber so untätig, wie wir auf andere wirken mochten, waren wir nun auch wieder nicht. Wir gingen zu Ausstellungen, organisierten selber Vernissagen. Für die warmen Monate planten wir Soireen im Steinbergschen Garten: Kabarettabende, Dichterlesungen, Serenaden, Jazztrios und Sommerfeste. Mit Eintritt natürlich, um die auftretenden Künstler bezahlen zu können.

Das alles machte mir sehr viel Spaß, nur brachte es nichts ein. Ich lag meiner Mutter auf der Tasche, welche, wie bereits geschildert, ziemlich leer war. Nun gut, wenn ich studieren würde, wäre es zwar nicht anders, aber wenigstens moralisch vertretbar gewesen, denn dann wäre ich eine Studentin und kein Nichtsnutz.

20

Als er zum erstenmal bei Barris durch die Tür kam, hatte ich das Gefühl, der Mensch bringt die ganze Welt mit herein. Ich konnte nicht sagen, warum, aber es war eben so. Es gibt ja auch Leute, die bringen ihre Provinz mit oder haben das Meer im Blick, an dem sie leben.

Er war etwa einsachtzig groß und breitschultrig, offensichtlich ein Südländer, aber keiner von der hübschen Sorte. In seinem Gesicht war nichts gefällig geraten. Seine Gesten waren lebhaft, sein Lachen herzlich, die Hände auffallend sensibel.

Noch nie hatte ich einen Mann auf Anhieb so sehr gewollt wie diesen, nicht einmal Kaspar Christ. Sein Spitzname war Cabo.

Zwei anwesende amerikanische Korrespondenten begrüßten ihn mit Schulterklopfen und lautem Hallo. Sie gehörten alle drei zu dem Haufen schreibender Globetrotter, die sich überall in der Welt wiedertrafen, schon seit der Zeit, als sie noch Kriegskorrespondenten waren. Zigeuner mit der Reiseschreibmaschine, im Augenblick für ihre Zeitungen in Westberlin akkreditiert.

Es war unmöglich, an Cabo heranzukommen. Als Neuerscheinung wurde er umringt. Seine starke Persönlichkeit zog Barris' übrige Besucher an wie Motten das Licht. Dabei machte er nicht viel aus sich. Er war einfach da. Faszinierend da.

Barris mußte mein Interesse für ihn bemerkt haben, denn irgendwann führte er Cabo auf mich zu, hakte mich unter und zog mit uns in die Küche, den einzigen Ort, an dem wir ein bißchen Luft hatten. Pankow trottete mit.

»Das ist meine Freundin Luise. Sie spricht gut englisch und kann vielleicht ganz informativ für Sie sein. Ich nehme an, Sie werden ja nicht nur über Politik berichten.«

»Hallo«, sagte Cabo und nahm mich zum erstenmal wahr.

Ich polierte meinen Charme auf Hochglanz. Wenn ich jemandem so sehr gefallen wollte wie diesem Mann, konnte ich originell und geistreich sein. Cabos Interesse an meinem Geplauder und ein Whisky steigerten mich zur Höchstform. Barris zwinkerte mir zu, ehe er zu seinen anderen Gästen zurückging. Selbst wenn Cabo ihm gerne gefolgt wäre, er konnte nicht, denn Pankow schlief auf seinen Füßen, und er war viel zu rücksichtsvoll, um ihn zu wecken. Wahrscheinlich war ich auch ein junger Hund für ihn, der ihn amüsierte.

Ab und zu kam jemand in die Küche, stieg über Pankow hinweg zum Küchenschrank, um Geschirr zu holen oder zum Ausguß, um welches abzuwaschen, nicht ohne uns dabei neugierig zu mustern: Na? Was spinnt sich da an? Dann wurden auch wir geholt. Ich war gerade dabei, Cabo von den Verhältnissen im vergangenen Eiswinter zu erzählen. Er sagte, daß er sich freuen würde, mich wiederzusehen. Er hätte viele Fragen an mich.

Ich schrieb ihm meine Adresse auf einen Zettel, er steckte ihn in die Außentasche seines Sakkos aus weichem Rehleder, in dem schon andere Zettel und ein gerolltes Time-Magazin untergekommen waren.

In diesem Augenblick ahnte ich, daß er meinen Zettel verlieren würde.

Barris hatte mich als Volontärin bei einer der vielen neugegründeten Zeitschriften untergebracht. Leider ging dem Herausgeber nach der dritten Nummer das Geld aus und das Blatt wieder ein.

Ich nutzte die vorübergehende Arbeitslosigkeit, um mich auf meinen zukünftigen Beruf vorzubereiten. Ich wollte Journalistin werden und, sobald das für Deutsche möglich war, ins Ausland reisen. Dafür büffelte ich Sprachen und machte täglich schriftliche Fingerübungen.

Barris stellte mir Themen, ich schrieb darüber ein Feuilleton oder eine Reportage, die er anschließend korrigierte.

Er war ein unerbittlicher Lehrer. Manche Story mußte ich sechsmal umschreiben, bis sie ihm gefiel.

»Du schwätzt zuviel, Luise, komm aufs Wesentliche. Für diese Erklärung brauchst du eine halbe Seite. Das kann man auch in zwei Sätzen sagen. Vergiß nicht, du hast nur eine begrenzte Zeilenzahl zur Verfügung. – Die Pointe ist verfehlt, denk dir eine bessere aus. – O Gott! Hier bist du wieder neckisch geworden. – Merkst du nicht, wie dieser Satz holpert? Schreib rhythmischer. Nicht so viele Adjektive! – Du sollst nicht sagen, daß etwas spannend war, sondern dem Leser die Spannung in deiner Schilderung mitteilen. Sei nur nicht in deine Sätze verliebt. Hab Mut zum Streichen«, und so weiter.

Mehrmals flog mein Schulheft haarscharf an seinem Kopf vorbei gegen die Wand. »Mir reicht's!« schrie ich. »Dieses ewige Gemeckere! Ich hab die Nase voll!«

»Das glaube ich dir nicht«, sagte er, stand auf, holte mein

Heft, legte es vor mich hin. Lächelte mich an. Ich haßte ihn. Das störte ihn nicht. »Mach weiter, Luischen, es lohnt sich. Daß du begabt bist, ist kein Verdienst. Aber daß du so zäh an dir arbeitest, gefällt mir. Zumal du dich sonst gern vor Überanstrengung drückst, genau wie ich«, fügte er grinsend hinzu.

Jedesmal gab er mir Bücher mit. Tucholsky, Egon Erwin Kisch, Polgar, Auburtin, Egon Jameson . . . »Lies Zeitungen. Ich streich dir die wichtigsten Artikel an und erklär dir, warum sie für dich wichtig sind.«

Als er an meinen Erzeugnissen merkte, daß er mich überdrillt hatte, verlangte er: »Nun mach dich mal von allen Vorbildern frei, sonst verlierst du deine Ursprünglichkeit.«

Wäre er mein Deutschlehrer in der Schule gewesen, hätte ich ihm Reißnägel auf den Sitz gelegt. Aber jetzt lernte ich nicht für die Schule, sondern freiwillig für meinen zukünftigen Beruf – und außerdem hatte ich keine Reißnägel.

Eines Tages reichte mir Barris eine Berliner Tageszeitung. »Schlag mal die Feuilletonseite auf.«

Ich schlug und fand dort eine Geschichte über Berliner Balkons, auf denen heute Gemüse und Tabak statt Blumen blühten. Die Story hatte eine Luise Hartwig geschrieben.

Lieber Himmel! Ich sah Barris überwältigt an, er grinste. »Nu, wie is das Jefiehl, wenn man zum erstenmal seinen Namen jedruckt sieht, Luischen?«

»Das haben Sie gemacht – heimlich«, ich fiel ihm um den Hals. »Danke, danke, danke!«

»Aber nur einmal. Nun sieh zu, wie du allein weiterkommst. Ich helf dir nicht mit meinen Beziehungen.

Vorbedingung für den Journalistenberuf ist Durchsetzungsvermögen. Und ein dickes Fell. Anfangs werden die Redakteure dir zeigen, wie lästig du ihnen bist, wenn du dein Selbstgeschriebenes anbietest, später tun das die Prominenten, die du interviewen sollst. Gib nie auf, auch wenn du noch so gekränkt bist. Ich glaube, das wird dir noch schwerer fallen als das Schreiben, aber es gehört nun mal zu dem Beruf, den du dir ausgesucht hast. Und darauf müssen wir einen trinken. Prost, Luischen, auf deinen Erfolg! Aber merke dir eines: Erfolg ist kein Ruhekissen, im Jegenteil. Erfolg ist wie Seiltanz – schwer, sich oben zu halten, und abstirzen verdammt einfach. Schluder nie, mein Herzchen! So, und jetzt muß ich dir noch was sagen. Cabo hat mich angerufen. Er hat so viele Termine um die Ohren, daß er sich noch nicht wieder melden konnte. Und er wollte die Adresse ›of that girl Luisa‹ haben, weil er sie verloren hat.«

Barris borgte mir Geld, damit ich am Bahnhof zehn Exemplare der Zeitung kaufen konnte. Sieben davon wollte bestimmt meine Mutter haben, um sie all denen zu schicken, die geglaubt hatten, ich wäre ein Nichtsnutz; aber da käme sie kaum mit sieben Exemplaren aus, da mußte sie schon siebzig verschicken.

Auf dem Weg zum Bahnhof las ich meine gedruckten Balkons immer wieder und wieder, bis ich mit der Stirn gegen einen Laternenpfahl rannte.

Das Haus, in dem Cabo im Vorort Schlachtensee nahe dem Pressecenter wohnte, war ausgerechnet das, aus dem ich schon einmal hinausgeflogen war.

Die Haushälterin staunte, als sie mir die Tür öffnete.

»Nanu, Fräulein Hartwig! Sagen Sie bloß, Sie wollen Mr. Roth besuchen.«

»Nein, vielen Dank, lieber nicht.«

»Der ist auch vor einem Monat ausgezogen. Nach Frankfurt.«

»Na, gottseidank. Ich komme zu –«

»Luisa –.« Das war Cabo. Er hatte meine Stimme gehört und kam die Treppe heruntergeeilt, um mich zu begrüßen. Er bestellte Kaffee und führte mich dann in den ersten Stock.

»Schön, Sie zu sehen. Woher kennen Sie meine Haushälterin?«

»Ich habe hier mal kurzfristig bei einem Journalisten gearbeitet. Der hat mich beim Zuckerklauen erwischt und gefeuert. Das war im letzten Winter.«

»Brauchen Sie Zucker?« fragte er besorgt.

»Nein, nein, wirklich nicht.« Ich hatte alles, was ich wollte – einen beruflichen Anfang und Cabo mir gegenüber in einem engen Sessel mit hohen Armlehnen.

»Wenn Sie was brauchen, müssen Sie's mir sagen, Luisa.«

»Jaja, vielen Dank.«

Er hatte die Arme aufgestützt, vergebens nach Bequemlichkeit suchend, aber wenn er sie herunternahm, war der Sessel zu schmal für ihn. Seine Hand hielt sich am Kopf der erkalteten Pfeife fest. Er blickte mich aufmerksam an. Er sah ein junges, lebhaftes Mädchen in gepunktetem Kleid mit schulterlangen, frischgewaschenen, kastanienbraunen Haaren, die ihm in einer langen Welle ins Gesicht fielen. Große, dunkelblaue, neugierige Augen, dunkle Halbbögen darüber. Die Nase im Ansatz schmal und gerade, aber für meinen Geschmack zu kräftig.

Nachdem einmal jemand behauptet hatte, ich besäße einen sinnlichen Mund, schminkte ich ihn nicht mehr voll aus. Denn Sinnlichkeit, so offen im Gesicht zur Schau getragen, war mir peinlich.

Es war sowieso ein Gesicht, das nichts verbergen konnte. Jola hatte es besser als ich. Ihr sah man selten eine Gefühlsregung an. Sie besaß ein feines, helles, kühles, verschlossenes Gesicht.

»Erzählen Sie von sich«, forderte mich Cabo auf.

»Was wollen Sie hören?«

»Zum Beispiel, wo Sie die Beule auf Ihrer Stirn herhaben.«

»Von einem Laternenpfahl.« Und suchte aus meiner Tasche den zusammengefalteten, schon völlig abgegriffenen Artikel hervor.

»Deswegen. Mein erstes Gedrucktes. Ich hab's auf der Straße gelesen. Sehen Sie, hier steht Luise Hartwig.«

»Ich würde es gern lesen. Aber ich kann leider nur fünf Worte deutsch«, bedauerte Cabo.

»Was sind das für Worte?«

»Danke, bitte, Herr, Frau, Rittmeister.«

»Ausgerechnet Rittmeister!«

»Eine Freundin von mir in Rio hat es einmal benutzt, als sie sich deutsch unterhielt. Aus einer Flut von Sätzen fiel ausgerechnet dieses Wort mir auf. Es hat mich fasziniert. Es hat etwas Rasches, Mitreißendes.«

»Komisch. Als Kind hat mich das Wort auch verführt, weil es so männlich-romantisch klingt. Rittmeister!« Cabo lachte.

»Sie sind Nordamerikaner, nicht wahr? Sie sehen gar nicht so aus.«

»Meine Mutter war Brasilianerin. Ich bin bei meinen

Großeltern in Minas Geraes aufgewachsen. Später in Rio. Erst mit neunzehn kam ich in die Staaten.«

»Ich habe mir auch gewünscht, ein Völkergemisch zu sein. Menschen, die internationales Blut haben, sind immer so stolz darauf. Ich hätte gern was Französisches abgekriegt und vielleicht noch ne spanische Großmutter und eine polnische.«

»Sie haben auch so genug abgekriegt«, versicherte mir Cabo.

»Vom Stammbaum her bin ich norddeutsch, arisch und protestantisch bis in die Puppen.«

»Für all das habe ich Sie nicht gehalten, als ich Sie zum erstenmal bei Barris sah.«

Es klopfte an der Tür. Die Haushälterin brachte den Kaffee, servierte, ohne ihre Neugier zu verbergen.

»Vielen Dank, Miß Kuhler«, sagte Cabo.

Sahne? Zucker?

Ich nahm alles in meine Tasse, bis ihr Inhalt überschwappte. Nun kam das Problem. Entweder trank ich das Zuviel aus der stehenden Tasse, aber ich hörte meine Mutter sagen: Kind, das kannst du doch nicht machen, was denkt der denn von dir! Oder ich hob die Tasse auf und führte sie zum Mund. Das tat ich denn auch und hatte den Schoß voll Milchkaffee.

Cabo zeigte mir sein Bad. Wir mußten dabei durch sein Schlafzimmer gehen, dann ließ er mich allein.

Nachdem ich meinen Rock ausgewaschen hatte, roch ich an allem, was an Flaschen und Dosen im Raum herumstand. Berauschte mich an herben Düften, fand Badezusätze auf dem Wannenrand. Nicht nur das Leitungswasser, selbst die Stangen für die Frottiertücher waren geheizt. Was für ein Luxus.

Einmal hier baden dürfen und anschließend mit diesen herrlichen Bürsten die Haut massieren, und danach einölen und duften, duften, duften!

Als ich das Bad verließ und durchs Schlafzimmer ging, sah ich das Foto einer Frau auf seinem Nachttisch. Ein leidenschaftliches Gesicht mit schräggeschnittenen, dunklen Augen, denen man sich nicht entziehen konnte. Die hohen Wangenknochen waren vom Fotografen raffiniert ausgeleuchtet.

Ich stand längere Zeit davor und mochte diese Frau, die Mitte dreißig sein mochte. Und es war nicht mal ein Schock für mich, auf Cabos Nachttisch das Bild einer Frau zu finden. Hatte ich denn erwartet, einem Junggesellen zu begegnen, der in beschaulicher Askese vor sich hinlebte, bis er mir begegnete? Doch nicht Cabo. Es hätte mich sogar enttäuscht...

»Sie waren lange fort, Luisa«, sagte er ungeduldig, »und wir haben so wenig Zeit. Ich möchte Sie noch viel fragen.«

Das Foto, dachte ich, das reist immer in seinem Koffer mit, und nahm in dem Polsterungetüm Platz. »Ist das Ihre Frau da auf dem Bild im Schlafzimmer?«

»Eine Kollegin. Wir sind seit Jahren liiert, seit Anfang des Krieges«, sagte Cabo. »Babs ist Bombereinsätze mitgeflogen und sogar mit dem Fallschirm abgesprungen. Für eine Story hat sie alles riskiert.«

»Und sieht verdammt gut aus.«

»Ja, verdammt gut«, gab er gern zu.

»Wo ist sie jetzt?«

»In Paris. Sie ist für ihre Zeitung in Paris akkreditiert.«

Bevor ich das Foto sah, hatte ich geschwatzt wie ein verknalltes Ding, nun fiel mir nichts mehr ein. Ich saß da und wedelte mechanisch mit meinem nassen Rock, damit er trocknete.

»Was ist, Luisa?«

»So naß«, sagte ich.

»Soll ich die Haushälterin fragen, ob sie einen Fön hat, mit dem Sie Ihr Kleid trocknen können?«

»Was nützt mir ein Fön bei Stromsperre?« Ich lachte, hatte mich endlich wieder im Griff. Begegnete seinem wissenden Blick. War sicher, daß er mich durchschaute.

Vor dem geöffneten Fenster zur Straße, das dichtes Kastanienlaub verdunkelte, hupte es, und eine Männerstimme schimpfte: »Verdammte Stromsperre. Die Klingel geht nicht.«

»Das ist mein Fahrer«, erinnerte sich Cabo aufstehend. »Ich bin mit Ihrem Oberbürgermister Reuter verabredet.«

Er suchte im Zimmer Papiere und Schreibzeug zusammen, stopfte alles in seine Sakkotaschen, dazu noch den Tabakbeutel und die Dunhillpfeife. Zog den handgewebten Schlips unterm Hemdkragen zurecht.

»Soll ich Ihnen auch einen Wagen bestellen?«

»Nein, danke, ich nehme die S-Bahn.«

Wir verabschiedeten uns vorm Haus. »Ich melde mich, wenn ich aus Paris zurück bin, Luisa.«

Er stieg in das wartende Auto. Während ich die Straße hinunterging, hörte ich, wie der Wagen anfuhr und in der entgegengesetzten Richtung verstummte.

Luisa nannte er mich. Liese, Lieschen, Lieserl, Lisa, Lieseken, Lou, Lulu, Luisa – jeder bog sich meinen Namen nach seiner Fasson zurecht.

Cabo mußte längst zurück sein, aber er meldete sich nicht bei mir. Da rief ich ihn eines Vormittags an.

»Luisa!« Er brauchte einen Augenblick, bis er sich auf mich eingestellt hatte. »O ja, Luisa. Nett, daß Sie anrufen. Wie geht es Ihnen?« Und ehe ich antworten konnte: »Hören Sie, ich bin jetzt in Eile, aber haben Sie heute nachmittag Zeit? So gegen drei?«

Er war offensichtlich nicht auf die Idee gekommen, mich anzurufen. Aber nun, da ich ihm in seinem Wohnzimmer gegenübersaß, freute er sich sehr, mich zu sehen.

Ja, warum hatte er sich eigentlich nicht gemeldet, überlegte er selbst. »Es war soviel los, seit ich zurück bin, außerdem war ich in keiner guten Stimmung. Aber nun erzählen Sie, Luisa. Was haben Sie inzwischen gemacht?«

»Ich bin mit meinen Stories hausieren gegangen. So muß das sein, wenn man selbstgemalte Postkarten an der Tür verkaufen will. Am schlimmsten waren zwei Redakteurinnen. Sie haben mich behandelt, als ob ich ihnen etwas getan hätte. Nichts hat ihnen an mir gepaßt. Meine Schreibe nicht, meine Themen nicht, mein Aussehen glaube ich auch nicht. Außerdem hätten sie genug Autoren, mit denen sie zusammenarbeiten würden. Aber ich könnte ja mal in einem halben Jahr wieder hereinschauen. Die Redakteure haben mich freundlicher abgewimmelt, weil ich ein Mädchen bin. Einer hat mich zum Schnaps eingeladen, aber dabei hat er nicht auf meine Manuskriptmappe geschaut, sondern auf meine Beine.«

»Sie werden sich schon durchboxen,« tröstete er mich.

»Natürlich, Cabo. Wieso nennt man Sie eigentlich Cabo?«

»Oh, das ist lange her. Meine Kinderfrau hat mich zuerst

so gerufen. Seither blieb das mein Spitzname.« Er stand auf, um einen Whisky Soda für uns zu mixen. Dabei warf er mir ein portugiesisch-deutsches Lexikon zu. »Schlagen Sie selber nach, was es bedeutet.«

»Cabo – cabo –«, suchte ich und fand als Übersetzung: »Äußerste Spitze eines Kaps, Stiel, Heft, Handhabe, Schwanz, Schiffstau, Kabel, Anführer, Chef, Vollendung. Das ist aber ne ganze Menge.«

»Suchen Sie sich davon aus, was Ihnen am besten gefällt.«

»Es paßt alles, finde ich. Cabo paßt zu Ihnen.«

»Wieviel Soda?«

»Viel, bitte. Wie war eigentlich Paris?« fragte ich.

»Nicht sehr erfreulich.« Er reichte mir ein Glas, wollte sich wieder setzen, fluchte über die hohen Armlehnen. Nun hatte er wirklich genug von diesen Sesseln.

»Vielleicht sollte man sie mit dem Rücken auf den Boden legen«, überlegte ich.

»Habe ich schon probiert. Es bleibt eine Fehlkonstruktion.« Darum holte er sich einen Stuhl aus dem Schlafzimmer, setzte sich aber nicht darauf, sondern tigerte durch den Raum, seine Hosentaschen mit den Fäusten ausbeulend.

Ich wartete ab.

»Ja, Paris, Luisa –. Babs hat einen jungen französischen Filmregisseur kennengelernt. Er wohnte bereits bei ihr, als ich kam. Wir hatten lange Diskussionen zu dritt. Übrigens ein guter Typ. Witzig, sehr intelligent, voller Ideen. Ich nehme an, er hat eine Karriere vor sich. Babs ist ihm offensichtlich verfallen und er ihr auch. Was sollte ich machen? Den Othello spielen? Deswegen käme sie auch nicht zu mir zurück.« Er nahm die Hände aus den

Taschen und öffnete sie in einer Gebärde, die Bedauern und Nicht-mehr-ändern-Können gleichzeitig ausdrückte.

»Such is life, Luisa. Mir gefällt der Regisseur.« Aber sein großes Verständnis fiel ihm nicht leicht.

»Mir geht das nicht in den Kopf«, sagte ich.

»Was, Luisa?«

»Wie kann Babs einen Mann wie Sie verlassen?«

»Ach, so einfach ist es nicht mit mir. Ich bin schwierig. Und diese ewige Rumzieherei – manchmal haben wir uns Monate nicht gesehen. Kann sein, daß ich für ein ständiges Zusammenleben auch schon verdorben bin.«

»Vielleicht kommt sie zu Ihnen zurück«, versuchte ich ihn zu trösten.

Unser Zusammensein hatte Cabo für zwei Stunden am Nachmittag geplant. Aber dann wurde es Abend, und er rief im Presseclub an, um zu sagen, daß er erst später kommen würde.

»Wie alt sind Sie eigentlich?« fragte er mich einmal.

»Bald dreiundzwanzig.«

»Verdammt jung«, meinte er.

»Das hat mir bisher noch niemand vorgeworfen.«

»Ich kann mit jungen Mädchen nichts anfangen, weil man mit ihnen nicht reden kann.«

»Wir reden bereits seit fünf Stunden«, erinnerte ich ihn.

»Ja«, lachte er, »erstaunlich.«

So gegen neun Uhr bestellte er einen Wagen für mich, der mich nach Hause bringen sollte, während er in den Presseclub ging.

Beim Abschied nahm er meine Hände und sagte herzlich: »Luisa, ich weiß, du magst mich. Aber bitte, mag mich nicht zu sehr. Ich werde nicht lange hier sein, und ich möchte dich nicht traurig zurücklassen. Keine Liebesgeschichte zwischen uns, okay?«

Von nun an sahen wir uns zweimal in der Woche. Sobald ich sein Apartment betrat, stieg ich als erstes in die Wanne und spielte, bis zum Hals in duftenden Schaum gehüllt, das Luxusweib. Wenn das Wasser abkühlte, ließ ich heißes zulaufen.

Eines Tages dauerten Cabo meine Badeorgien zu lange. Er kam herein und brachte Drinks mit, später auch seinen Notizblock. Ich erzählte ihm alles, was er über Jugend in der Nazizeit, bei Kriegsende und danach von mir wissen wollte.

Bald gab er mir seine Artikel zu lesen; sie klangen deutschfreundlicher als am Anfang. Er sagte, das wäre auch mein Verdienst.

Darüber freute ich mich.

Cabo erzählte mir eine kleine Geschichte, die ich nie vergessen wollte.

Es treffen sich zwei Männer. Der eine fragt den andern: »Magst du die Deutschen?« – »Nein.« – »Magst du die Russen?« – »Nein.« – »Magst du die Amerikaner?« – »Nein.« Und so fort. Nachdem der erste etliche Nationen durchgefragt hat und immer wieder »Nein« als Antwort erhält, wird er ungeduldig: »Ja, wen magst du denn eigentlich?« – »Ich mag meine Freunde.«

Cabos Bad wurde zum Wohnzimmer für uns. Auf einem hereingeholten Tischchen stand vom Aschenbecher bis zu den Salznüssen alles, was wir beim Erzählen benötigten.

Nicht einmal machte er den Versuch, sich mir zu nähern.
War ich ihm wirklich zu jung?

Hing er noch immer so sehr an dieser Frau in Paris? Hatte er eine Geliebte in Berlin, von der ich nichts wußte?

Dieser breitschultrige Mann mit seinem klugen, vom Leben gezeichneten Gesicht, in dem die Pfeife angewachsen zu sein schien, behandelte mich wie einen Freund.

Eines Tages hatte ich es satt, sein geschlechtsloser Gesprächspartner zu sein.

Während er mir einen Artikel vorlas, zog ich mit den Zehen den Stöpsel aus der Wanne. Das Wasser lief ab.

Als er aufschaute, war nur noch ich in der Wanne mit ein bißchen Schaum auf den Erhebungen meines Körpers.

Er schaute mich eine Weile an, nahm schließlich die Pfeife aus dem Mundwinkel und holte ein Badetuch.

»Steh auf«, sagte er.

Ich stand auf. Er wickelte meinen Körper in das Tuch und frottierte mich ab. Ich spürte seinen Mund in meiner Halsgrube.

»Okay, Luisa, you win.«

21

Als ich eines späten Nachmittags nach Wannsee kam, hockte Jola auf den Stufen vor unserer Haustür.

»Mensch, gibt's dich auch noch«, fiel mir bei ihrem Anblick ein.

Wir hatten uns seit Wochen nicht gesehen. Tagsüber war sie in der Uni, und danach lernte sie meist mit Kommilitonen, die in einem ehemaligen Luftschutzbunker zu sechst in einem Raum hausten.

»Wartest du schon lange?« Ich schloß die Tür auf.

»Meine Mutter hat heute Bridge. Da kommt sie nicht vor acht nach Haus.«

»Wie geht's dir?« fragte Jola aufstehend.

»Och, danke. Ich bin jetzt bei ner Abendzeitung in der Lokalredaktion. Als Reporter.«

»Gratuliere.«

»Naja – ich hab's mir anders vorgestellt. Als Neuling kriegst du all jene Aufträge zugeschoben, die den andern zu uninteressant sind. Da renne ich mir wegen einer Meldung die Hacken schief, schreib meinen Bericht und finde ihn später im Blatt auf drei Zeilen zusammengestrichen. Cabo sagt, so haben sie alle mal angefangen.« Ich ging in die Küche, um Teewasser aufzusetzen.

Jola stand im Türrahmen und sah mir zu. »Alles okay mit Cabo?«

»O ja. Er ist nur viel zu selten da. Zur Zeit ist er in London. Und wie geht's deiner Großmutter? Ich wollte sie schon so lange besuchen, aber ich komme einfach nicht dazu.«

»Tante Henny ist aus Hannover zu Besuch.«

»Ach, du Schreck. Onkel Heinrich auch?«

»Nee. Einer muß sich ja um den Schrott kümmern. Ihr Handel floriert. Bei der Entnazifizierung sind sie als Mitläufer eingestuft worden.«

»Ausgerechnet Bodes!«

»Oma wundert sich, daß sie es nicht geschafft haben, als Opfer des Faschismus anerkannt zu werden.«

»Und Karl-Heinz? Hast du von dem was gehört?«

»Ja«, sagte Jola mit einem Seufzer in der Stimme, »er ist vor zwei Wochen aus dem Gefangenenlager entlassen worden und gerade in der Hornkaserne in Frankfurt-Oder eingetroffen.«

»Mensch, Jola, das ist ja – das ist doch toll! Dann kannst du jeden Tag mit ihm rechnen.«

»Ja.«

»Und das sagst du so nebenbei«, begriff ich nicht, »ja, freust du dich denn gar nicht? Wo du doch gedacht hast, es könnte noch Jahre dauern!«

»Natürlich freu ich mich, aber er ist sehr krank. Darum haben sie ihn auch so früh entlassen. Heute haben wir aus Frankfurt die Nachricht gekriegt, daß er mit Magenbluten ins Lazarett gekommen ist.«

»Fährst du hin?«

»Nein, meine Schwiegermutter. Ich kann zur Zeit nicht weg.« Jola wirkte sehr bedrückt. »Sobald er transportfähig ist, kommt er in ein hiesiges Lazarett.«

Sie stand neben mir und sah zu, wie ich Tassen und

Kandiszucker auf ein Tablett stellte. »Luise«, sagte sie plötzlich, »du bist doch meine Freundin.«

»Warum?« fragte ich, ahnend, daß nach dieser Feststellung ein größeres Anliegen auf mich zukommen würde.

»Schwör mir, daß du niemandem was sagst – schwör mir beim Leben deiner Mutter!«

Das hatte sie schon in unserer Kinderzeit von mir verlangt. Jetzt kam es mir zu albern vor. »Nun sag schon, was du willst!«

»Erst schwören!«

»Also gut, ich schwöre.«

»Kannst du mir einen Riesengefallen tun?«

Das hatte ich erwartet, verlangte dennoch mißtrauisch: »Sag erst, was es ist.«

»Du mußt zu Mami und Barris fahren und sie fragen – sie kennen doch genug Leute –, frag sie, ob sie nicht einen guten Arzt wüßten, der dir hilft, weil du schwanger bist.«

»Ich bin nicht schwanger!« protestierte ich laut.

»Aber ich.«

Mir fiel beinah der Teekessel mit dem kochenden Wasser aus der Hand. »Ausgerechnet du-!!«

»Na und?« ärgerte sie mein Staunen.

»Von wem?«

Ich merkte, wie schwer es ihr fiel, meine Fragen beantworten zu müssen – aber sie wollte ja etwas Ungeheuerliches von mir.

»Jonathan.«

»Jonathan Woodburger? Der aus dem Special Service?«

»Ja doch, welcher sonst«, sagte sie ungeduldig.

»Und der war hier? Ist er noch in der Army?«

»Aber nein, schon lange nicht mehr. Er hat zu Ende studiert und arbeitet jetzt in einer Bank in London.«

»Von Cabo habe ich dir gleich erzählt«, sagte ich gekränkt, »und du erzählst bloß, wenn du was von mir willst!«

»Mein Gott, Luise, wir haben uns ewig nicht gesehen. Außerdem kann ich meine Gefühle nicht so zeigen wie du.« Sie kaute an ihrem Zeigefingerknöchel wie immer, wenn in seelischer Not. »Er war zweimal hier. Jetzt ist er wieder in Boston. Sein Vater ist gestorben.« Sie sah mich an: »Er will mich noch immer heiraten.«

»Und du?«

»Am liebsten morgen, wenn ich könnte.«

»Das ist ja furchtbar«, sagte ich erschüttert. »Der arme Karl-Heinz.«

»Mach dir um ihn keine Sorgen, ich verlaß ihn nicht.« Das Herz schien ihr weh zu tun, so klang ihre Stimme. »Jonathan ist gesund und willensstark und hat eine gesicherte Zukunft. Mit der Zeit wird er schon darüber hinwegkommen und eine andere finden.«

Wir gingen mit dem Tablett auf die Terrasse hinaus, wischten den letzten Regen von den Stühlen und setzten uns. Ich schenkte Tee ein, Jola legte ein halbvolles Päckchen Camel auf den Tisch. »Wenn du magst . . .«

Nach allem, was ich erfahren hatte, brauchte ich jetzt dringend eine Zigarette. Rauchte und wartete ab, bis sie bereit war, mehr zu sagen.

»In Karl-Heinz' letztem Brief war soviel Lebensangst zwischen den Zeilen. Er hat auch Bammel vor unserm Wiedersehen. Wir haben ja noch nie zusammengelebt. Alles in allem waren es nur 35 Tage Urlaub. Es war immer Urlaub, nie Alltag.« Sie trank einen Schluck Tee. »Erinnerst du dich noch an Löckchen aus dem Potsdamer Yachtclub? An das rothaarige, fröhliche Mädchen? Ich hab ihn ihr ausgespannt, weil ich ihn unbedingt haben wollte – ihn und keinen andern. Dabei glaube ich heute, daß er Löckchen viel lieber gehabt hat als mich. Aber bei ihr stimmte die Assiette nicht, und bei einem Aktiven aus armer Offiziersfamilie war ne betuchte Braut von jeher erwünscht. So kriegte ich den Zuschlag. Tja «, sie nahm ihre Teetasse in beide Hände, »nun ist Karl-Heinz kein stolzer Panzeroffizier mehr und ich keine Partie. Wenn er zurückkommt, muß er ganz von vorn anfangen: Zivilistsein lernen in diesem korrupten Nachkriegsberlin. Er kann ja nichts außer Soldatsein.« Sie trank einen Schluck Tee. »Er schreibt, nur der Glaube an mich hat ihn die Gefangenschaft überleben lassen. Ich darf ihn nicht enttäuschen, verstehst du, Luise? Er hat ja nur noch mich und seine Mutter hier, aber die kann ihm nicht helfen. Wenn ich sie besuche, habe ich immer den Eindruck, ich störe sie aus ihren Erinnerungen ans stolze Potsdam der Kaiserzeit auf. Die will sich gar nicht mehr in der Gegenwart zurechtfinden. Sie hat es auch abgelehnt, Robby in Bayern zu besuchen mit der Begründung, nicht gewillt zu sein, sich von diesen Sepplhosenträgern als verarmte Saupreußin behandeln zu lassen.«

»Der kannste wirklich nicht helfen«, sagte ich.

Jola lenkte das Gespräch auf ihr derzeitiges Hauptproblem zurück: »Ich muß für Karl-Heinz da sein. Das ist meine verdammte Pflicht und Schuldigkeit.«

»Und aus Pflicht und Schuldigkeit machst du jetzt drei Menschen unglücklich«, entgegnete ich.

»Nur Jonathan. Und mich.«

»Und du glaubst, Karl-Heinz wird nicht merken, daß deine Gedanken bei einem andern sind?«

»Meine Gedanken werden eben nicht mehr bei Jonathan

sein, sondern ausschließlich bei ihm. Ich werde alles tun, um ihm wieder auf die Beine zu helfen. Aber dazu kann ich ihm schlecht sagen, daß ich ein Kind von einem Amerikaner erwarte. Verstehst du das?«

Die Vorstellung erschien auch mir wie ein Alptraum.

»Es mag Männer geben, die dafür Verständnis aufbringen würden – Karl-Heinz niemals. Der mit seinen Ehrbegriffen! Es würde ihn umbringen. Und nun sag nicht, ich hätte mir das früher überlegen müssen, Luise. Ich habe eben überhaupt nicht überlegt.« Zum erstenmal war ihr Gefühl stärker gewesen als ihr Verstand. »Jetzt sitze ich in der Tinte.«

»Weiß Jonathan, daß du schwanger bist?«

»Kein Sterbenswort. Er würde Himmel und Hölle in Bewegung setzen, um mich so schnell wie möglich zu heiraten.«

Ich rauchte bereits die zweite Zigarette vor lauter Ausweglosigkeit. »Und du glaubst wirklich, Mitleid und Pflichtgefühl sind die richtige Basis für eine Ehe mit Karl-Heinz?«

»Ich sagte dir schon, er wird nichts davon merken. Außerdem habe ich ihn sehr gern. Fährst du nun zu Mami und Barris und fragst sie?«

»Ich versteh nicht, warum du nicht selber zu ihnen gehst. Sie sind die verständnisvollsten Menschen der Welt.«

»Ich will nicht, daß sie es erfahren«, sagte sie hart.

»Und warum nicht? Weil du dann aufhören mußt, deiner Mutter vorzuwerfen, daß sie deinen Vater für Barris aufgegeben hat?«

»Aber ich verlasse Karl-Heinz ja nicht«, erinnerte sie aufgebracht.

»Nein, du kriegst bloß ein Kind von einem Ami. Und nun

hast du Angst, deine Mutter könnte sagen: Haha, jetzt ist meine fabelhafte, unfehlbare Tochter auch mal vom Sokkel gefallen. Hältst du sie wirklich für so primitiv?«

»Okay«, sagte Jola und stand auf. »Es war ja nur ne Anfrage. Ich werde das Kind eben anderweitig los, und wenn ich selber mit draufgehe.« Sie war kein dramatischer Typ, und ihre Worte waren auch nicht als Erpressung gedacht, dafür kannte ich sie zu gut. Ich hatte plötzlich Angst, sie könnte sich einem Scharlatan ausliefern.

»Also gut«, sagte ich zähneknirschend, »ich fahr morgen in den Grunewald und red mit ihnen.«

»Danke.« Sie umarmte mich kurz. »Aber sag in deiner Schusseligkeit ja nicht, daß es sich um mein Kind handelt. Es handelt sich um *deins*, Luise!«

Ich stellte mir vor, ich würde dasselbe Ansinnen an Jola stellen. Aber weil ich von vornherein wußte, daß sie niemals so ein Opfer für mich bringen würde, käme ich erst gar nicht auf die Idee, unsere Freundschaft mit so einer Bitte zu belasten.

So ungern wie am nächsten Tag war ich noch nie zu Barris gefahren. Weil es regnete, fand ich ihn und Pankow gemeinsam auf dem Sofa. Barris tippte.

Pankow war keiner von diesen jungen Hunden, die sich vor Glück überkugelten, wenn ein Freund zu Besuch kam. Er begrüßte mich mit starkem Klopfen seines Kringelschwanzes und erwartete, daß ich mich zu ihm begab, um ihn zu kraulen.

Barris schien nicht übermäßig entzückt von meinem Besuch zu sein, er steckte in Terminnot, wie er mir klagend gestand.

»Dann warte ich solange«, sagte ich, erleichtert, nicht

sofort mein Anliegen vorstottern zu müssen, und nahm ein Blatt der »Neuen Zeitung« vom Tisch auf, ohne darin zu lesen. Hatte Magenflattern.

»Was ist passiert, Luischen?« fragte Barris, der mich beobachtet hatte.

»Ich will aber nicht stören«, sagte ich, »bloß eine Adresse. Von einem Arzt. Sie kennen doch so viele Leute.«

»Wieso? Bist du krank?«

Ich nahm Anlauf und sprang. »Im zweiten Monat.« (Hatte Jola gesagt.)

Barris schob seinen Artikel beiseite und staunte: »Luischen brietet.«

»Ja, und deshalb brauche ich einen ordentlichen Arzt. Wissen Sie einen?«

»Darf ich fragen, von wem?«

»Wie bitte?«

»Nu, wer der Vater ist.«

Auch das noch.

»Cabo«, sagte ich, »wer sonst?«

»Cabo?« freute sich Barris, stand auf, kam um den Tisch herum und nahm mich in die Arme. »Du und Cabo. Das wird ein feines Kindchen. Einen besseren Vater konntest du ihm kaum aussuchen.«

»Nein!« Ich war zutiefst erschrocken über seine Reaktion auf meine Ankündigung. »Er will ja gar nicht heiraten.«

»Macht nichts«, lachte er, »kriegst du Kindchen eben so. Was braucht es einen Vater, wenn es uns hat. Hanna wird sich freuen. Was sagt deine Mutter? Sie ist doch eine verständnisvolle Frau.«

»Es geht wirklich nicht«, beschwor ich ihn. »Wenn es zur Schule kommt und hat keinen Vater, dann wird es gehän-

selt – ich weiß doch, wie das ist – wir hatten ein uneheliches Mädchen in der Volksschule – was hat die unter
uns leiden müssen, Kinder können so roh sein. Ich will
auch meine Zukunft nicht belasten.«

Barris' spontane Freunde verlor ihr Strahlen, er ließ
meine Hände los, rollte auf seinem Weg zur Küche aus
einem Zeitungsblatt einen Fidibus, holte sich damit
Feuer für seine Pfeife von der Herdglut, kam schmau-
chend zurück.»Luischen, du weißt, ich bin dein Freund.
Aber da spiele ich nicht mit. Es ist genügend Leben
getötet worden in diesem Krieg. Was sagt Cabo dazu?«

»Er weiß es nicht.«

»Dann werde ich mit ihm sprechen.«

»Bitte nicht, bitte, tun Sie mir das nicht an! Außerdem
ist er in London.« Ich war kurz vorm Heulen.

»Dann spreche ich mit ihm, wenn er zurückkommt.«

»Wenn Sie das tun, sind Sie nicht mehr mein Freund!«
warnte ich.

»Wenn du das Kind umbringst, bist du auch nicht mehr
meine Freundin!« drohte er zurück.

»Aber ich will kein Kind in dieser Zeit – ich will überhaupt keins – dafür habe ich viel zu viele Mütter leiden
sehen. Von mir kriegt der Staat kein Kanonenfutter!«

»Und außerdem willst du nicht Windeln waschen, sondern Karriere machen. Ich durchschau dich doch,
Luise!«

»Wenn Sie mir nicht helfen, werde ich schon woanders
Hilfe finden. Und wenn ich dabei draufgehe –.« Diesen
Satz hatte ich von Jola übernommen.

Er verfehlte seine Wirkung auch bei Barris nicht. »Du
bist fähig und gehst zu einem Kurpfuscher.«

»Ja.«

»Luise!« versuchte er es ein letztes Mal. »Wenn Hanna und ich das Kind adoptieren...«

»Nein!« So hatte ich mir dieses Gespräch nicht vorgestellt.

»Warte wenigstens, bis Cabo zurück ist! Sprich mit ihm. Es ist ja auch sein Kind.«

»Nein!!«

»Es ist also von einem andern?«

»Nein, Herrgottnochmal –.« Ich raufte mir hysterisch die Haare.

»Also gut, ich besorge dir eine Adresse«, er sah mich ohne Sympathie an und kehrte zu seiner Schreibmaschine zurück.

»Vielen, vielen Dank«, sagte ich zu Barris, dessen Finger startbereit über den Tasten schwebten wie die Hände eines Pianisten kurz vor seinem Einsatz beim Klavierkonzert. Mir kam es wie eine Demonstration vor, mich endlich loszuwerden.

Ich war entlassen, aber hoffentlich nicht aus seiner Freundschaft, nein, nur das nicht!

Oh, diese unselige Schwangerschaft!

Bis zum Bahnhof Grunewald heulte ich, und erst im schmutzigen, nach kaltem Rauch und Schweiß stinkenden S-Bahnabteil mit dem Blick durch verregnete Scheiben auf den vorbeiziehenden Wald hatte ich endlich den rettenden lichten Moment: Ich war ja gar nicht schwanger, sondern Jola.

»Danke«, sagte sie, »das werde ich dir nie vergessen!«

»Ich dir auch nicht«, sagte ich bitter und gab ihr die Adresse einer Ärztin und den Termin bei ihr, den ich inzwischen von Barris erfahren hatte.

»Alles Gute, Luischen«, hatte er mir am Telefon gewünscht, »gib uns bald Bescheid.« Seine Stimme klang wieder freundlich, das erleichterte mich sehr. »Du brauchst nur zu sagen, daß du von Kaspar Christ kommst, sie ist eine Bekannte von ihm.«

»Aber du kommst doch mit, Luise«, sagte Jola, die Adresse lesend. »Es ist in der Zone. So weit kannst du mich nicht allein fahren lassen. Wenn mir hinterher mies ist und ich kippe um, was dann?«

Das sah ich ein. Außerdem handelte es sich ja inzwischen um »unser Kind«.

Die Ärztin wohnte zehn Minuten vom Bahnhof entfernt in einem spitzgiebligen Einfamilienhaus. Ihre Sprechstundenhilfe öffnete uns, führte uns auf die Terrasse, wo ein Kaffeetisch gedeckt war. Wir wurden als Besuch empfangen. Das erleichterte die Situation.

Dann kam die Ärztin. Ihr Gang war leicht, das Gesicht von anziehender Häßlichkeit und voll Trauer, trotz ihres Lächelns. »Luise Hartwig?«

»Ja«, sagte ich. Jola trat mich, daß ich ins Stolpern geriet, und streckte der Ärztin ihre Hand entgegen.

»Ich bin Luise Hartwig.«

»Jolande Genthin«, stellte ich mich vor. »Ich bin Jolas – ich meine, Luises Freundin.«

Jola sah mich streng an! Okay, okay, ich hielt ja schon den Mund.

»Kommen Sie mit, Fräulein Hartwig. Je eher wir es hinter uns haben...«

Sie gingen ins Haus. Von diesem Augenblick an drückte ich meine Daumen durch.

Was für eine unbeschreibliche Erleichterung, daß nicht

ich, sondern Luise Hartwig, ich meine Jola, mit der Ärztin und ihrer Assistentin ins Sprechzimmer gehen und sich auf diesem entwürdigenden Marterstuhl anschnallen lassen mußte.

Ich hatte zwei Mädchen interviewt, die es hinter sich hatten. Es mußte ein entsetzlicher Schmerz sein, sie sagten beide, sie hätten geschrien wie ein Tier, das bei lebendigem Leibe abgestochen wird. Nie wieder! hatten beide gesagt. Um Jola nicht schreien hören zu müssen, ging ich in den Garten hinterm Haus.

Wo früher Rasen und Blumenbeete gewesen sein mochten, standen jetzt Tomaten und Bohnen und davor Kohlköpfe und Rübenkraut so akkurat wie zum Appell angetreten.

Unter einem Kirschbaum war ein länglicher, selbstgezimmerter Kastenwagen abgestellt. In ihm schlief ein etwa zehnjähriges Mädchen.

Wie Schneewittchen im Sarg, war mein erster Gedanke. Das Gesicht war eingefallen, die Lider tief in blaue Schatten zurückgesunken. Rote Flecken leuchteten wie schlecht verteilte Schminke auf den Wangen. Mir fiel ein, daß Barris am Telefon von dem lungenkranken Kind der Ärztin erzählt hatte. Seinetwegen nähme sie Abtreibungen vor und ließe sich in Naturalien und Medikamenten bezahlen, an die sie – weitab vom Schwarzmarkt der Großstadt – nicht herankam.

Ihr Mann war im letzten Kriegsjahr gefallen. Um ihr Kind zu retten, war ihr alles recht.

Jola hatte deshalb ihr goldenes Kettenarmband gegen amerikanische Medikamente und Vitamintabletten, Orangen, Butter, Kakao und Schokolade eingetauscht.

Nach der Ewigkeit von einer dreiviertel Stunde rief man mich endlich ins Haus.

»Fräulein Hartwig geht es gut. Sie ist gerade aufgewacht.«

In einem schmalen Gästezimmer lag Jola, bis zu den Schultern zugedeckt und noch etwas benommen. Ich setzte mich zu ihr.

»Ach, Luise«, sagte sie nach einer Weile, »nun ist unser Kind tot.«

»Hat's sehr weh getan?«

»Überhaupt nicht. Sie haben mir eine Evipanspritze gegeben, ich mußte zählen – bis zehn bin ich gekommen, dann fiel ich in ein schwarzes Loch. Hier bin ich wieder aufgewacht.«

»Und jetzt?«

»Nur ein bißchen Wundschmerz, aber nicht unangenehm.« Jola sah mich an – erleichtert, von einem unlösbaren Schicksal befreit, und gleichzeitig sehr verlassen.

»Weißt du, das Gute ist, daß ich mir Jonathans Kind nie bewußt als Kind vorgestellt habe.«

»Dann fang um Himmels willen nicht jetzt damit an!«

»Ob's wohl ein Junge geworden wäre oder ein Mädchen?«

»Du mußt dir vorstellen, daß es ein kleiner Engel war, der seine Flügel behalten und nicht Mensch werden wollte, nachdem er gesehen hatte, wie schlimm es auf unserer Erde zugeht«, fiel mir ein.

Jola nahm meinen Gedanken ernsthaft auf. »Little John the angel«, sagte sie. »Was meinst du, Luise, wollen wir es so nennen?«

Dann kam die Ärztin herein, nahm Jolas Hand und fragte: »Alles in Ordnung, Fräulein Hartwig?«

»Ja, danke, vielen Dank«, sagte Jola.

»Jetzt trinken wir Kaffee auf der Terrasse.«

Jola wurde draußen auf einen Liegestuhl gebettet. Der Kaffee war vor allem schwarze Zichorie, dazu gab es selbstgebackene Kekse, die sich weder lutschen noch kauen ließen. Zahnausbeißer. Aber die Unterhaltung war herzlich, wie unter alten Freunden. Wir sprachen über Steinbecks »Straße der Ölsardinen«, die wir alle drei vor kurzem gelesen hatten. Die Ärztin sagte: »Sie sollten noch drei Stunden liegen, Fräulein Hartwig.«

Das ging leider nicht, weil wir den letzten Vorortzug nach Zehlendorf erreichen mußten. Und der fuhr in einer halben Stunde.

»Aber versprechen Sie mir, sich sofort hinzulegen, wenn Sie nachhause kommen, und möglichst zwei Tage absolute Bettruhe. Versprechen Sie mir das?«

Wir versprachen es.

Sie brachte uns zum Bahnhof. »Grüßen Sie Kaspar Christ. Er war ein sehr guter Freund meines Mannes. Sie waren zusammen Assistenzärzte bei Dr. Wieners in Bernau.« Und als wir in den Zug stiegen: »Ich würde so gern mal nach Berlin kommen, aber ich mag mein kleines Mädchen nicht alleinlassen. Ich weiß ja nicht, wie lange ich es noch habe.«

Das Abteil war leer.

»Leg dich hin«, sagte ich zu Jola und schob ihr unsere Tasche unter den Kopf.

»Die Ärztin war nett.«

»Ja, sehr.«

»Sie ist eine Bekannte vom Ommafamm. Hast du den mal wieder gesehen?«

»Ab und zu bei Barris. Mit seiner Frau. Aber das stört mich nicht mehr. Ich hab ja Cabo. Selbst wenn er fort ist, habe ich nicht das Gefühl, ein einsames Mädchen zu sein, sondern eines mit verreistem Freund. Geht's dir gut?«

»Ja, danke, alles prima«, versicherte sie.

Der Zug ruckte an, kam ins Rollen – Vorortzug mit Kohlegrus gefüttert – kaum faßte man irgendwohin im Abteil, hatte man schwarze, klebrige Finger.

Wir fuhren aus dem Ort hinaus in Kiefernwälder, am Bahndamm die gebeugten Rücken der grünzeugrupfenden Karnickelbesitzer.

»Eigentlich haben wir schon ne ganze Menge zusammen erlebt«, überlegte Jola.

»Ja, ne ganze Menge. Und bisher hatten wir immer Glück im Unglück.«

»Damals warst du mir voraus. Als ich noch völlig naiv war, zogst du bereits mit Jobst herum. Meine Großmutter hat mich vor dir gewarnt. Luise ist ein frühreifes Ding, hat sie gesagt.«

»He, was soll das? Wozu plötzlich diese Angriffe nach allem, was ich mit dir durchgestanden habe?«

»Ich meine ja nur«, sagte Jola einrenkend, »wenn Oma wüßte, daß nicht du, sondern ich ein Kind von einem Amerikaner –«

»Nicht du – ich«, erinnerte ich sie bitter. »Es geht ja alles auf meine Kappe. Auf meinen Namen.«

Jola blickte auf den vorüberziehenden bedeckten Himmel. »Little John the angel –«, sagte sie vor sich hin. »Kleiner John, der seine Flügel behalten wollte...«

»Fang bloß nicht so an«, warnte ich sie. »Sonst kommst du nie drüber hinweg.«

»Will ich auch gar nicht«, sagte sie. »Das bin ich ihm

schuldig. Und außerdem hast du damit angefangen. Du hast gesagt –«

Im selben Augenblick hielt der Zug mit einem bremsenkreischenden Ruck, schleuderte zurück, ich hob von meiner Bank ab und flog wie ein Pfeil durch das Abteil.

Als ich wieder zu mir kam, lag ich auf der Bahnböschung, umweht von hohem Gras und Vogelmiere. Über mir kniete Jola mit einem blutigen Lappen in der Hand.

»Na, du –?« fragte sie ungewöhnlich sanft, fast zärtlich.

»Was war'n los?«

»Jemand ist im Zug überfallen worden und hat die Notbremse gezogen. Darauf sind die beiden letzten Wagen entgleist – kein Wunder bei den ausgeleierten Schienen.«

Ich richtete mich auf, erlebte schwarzen, kreisenden Schwindel mit kleinen weißen Blitzen. Legte mich wieder hin. Beim dritten Versuch sah ich endlich ein Stück entfernt die beiden letzten, aus den Gleisen gekippten Waggons (im vorletzten hatten wir gesessen) und überall wie betrunken herumkrabbelnde Menschen. Denen ging es wohl so wie mir.

»Hast du mich etwa allein hier raufgezogen?« fragte ich.

»Ein Mann hat mir dabei geholfen«, beruhigte sie mich. Ich wischte benommen unter meinem Kinn entlang, hatte danach Blut auf dem Handrücken.

»Kannst du aufstehen?« fragte Jola. »Komm, ich helf dir. Halt dich an mir fest«, und als ich stehend an ihre Schulter sackte, erkundigte sie sich besorgt: »Na –?«

»Als ob ich Karussell fahre –«

»Wir müssen leider zur nächsten Station laufen, und die ist noch ziemlich weit«, bereitete sie mich schonend vor. »Glaubst du, daß du das schaffst?«

»Klar –.« Bei den ersten tastenden Schritten lehnte ich mich auf sie.

»Na?«

»Es geht schon.«

»Glaubst du, du könntest meine Tasche nehmen?« fragte sie nach zehn Minuten Weg. »Mein Arm tut sehr weh.«

Ich blieb wie vom Donner gerührt stehen. Zum erstenmal kam durch den Nebel in meinem Kopf die Erinnerung an die letzten Stunden. Jola hatte ja nicht nur eine Prellung am Arm, sondern auch eine Abtreibung hinter sich.

»Mein Gott, natürlich. Komm, ich helf dir –«

Und so trabten wir, einer den andern stützend, neben diesen geraden, kein Ende nehmenden Gleisen entlang. Jolas Schritte wurden immer schleppender.

»Geht's dir nicht gut?«

Sie versuchte einen Scherz: »Der nächste Bahnhof kommt und kommt nicht näher.«

Ich ging darauf ein: »Bleib hier stehen, ich hole ihn.«

»Ach, das wär schön –«

»Große Schmerzen?«

»Nicht groß, bloß unangenehm, weißt du –«

»Die Ärztin hat gesagt, du sollst zwei Tage fest liegen.«

Jola stöhnte: »Vielleicht sollte ich bald damit anfangen –«

Wir waren ein jammervolles Team und wie ein greises, gehbehindertes Ehepaar umeinander besorgt: Wenn der andere ausfällt, was wird dann aus mir?

Es war schon spät, als wir endlich in Wannsee aus der S-Bahn stiegen.

Bei dem Gedanken an ihre einsame Dachkammer und das heulende Elend, das sie dort überfallen würde, ließ sich

Jola gerne überreden, mit zu uns zu kommen, obgleich es zwei Kilometer mehr Weg bedeutete. Sie setzte sich auf den Gepäckständer meines Rades, und ich trampelte uns stehend nach Haus. Wenn es aufwärts ging, hatte ich das Gefühl, mein Schädel bricht von der Anstrengung entzwei. Noch nie hatte ich solch brüllendes Kopfweh gehabt.

Ich brachte Jola in mein Zimmer. Sie setzte sich auf mein Bett, da war es mit ihrer Selbstbeherrschung vorbei. Ihre Zähne klapperten aufeinander, sie konnte keine Hand mehr rühren. Ich half ihr beim Ausziehen, stülpte ihr eines meiner drei fadenscheinigen Nachthemden über Arme und Kopf, den Rest mußte sie selber besorgen, weil mir plötzlich übel war. Ich rannte ins Bad und erbrach mich. Dabei hielt ich meinen Kopf mit beiden Händen fest, um den Schmerz zu vermindern, der in ihm dröhnte.

Als ich zurückkam, hatte sich Jola wie ein Embryo auf meinem Bett zusammengerollt und war eingeschlafen. Ich deckte sie zu.

»Was ist denn bloß los mit ihr?« fragte meine Mutter besorgt.

»Der Schock vom Entgleisen«, sagte ich.

»Sollten wir nicht lieber Dr. Henning holen? Vielleicht hat sie innere Verletzungen.«

»Bestimmt nicht«, wehrte ich erschrocken ab. Von Jolas innerer Verletzung brauchte unser biederer Hausarzt nun wirklich nichts zu wissen.

Wir hätten beide dringend einen Arzt nötig gehabt. Jola fühlte sich miserabel, sie hatte starke Schmerzen im Unterleib. Leider konnte ich die Ärztin in der Zone nicht telefonisch erreichen. Was sollte ich machen? Penicillin auf dem Schwarzmarkt besorgen? Wer garantierte mir, daß es wirklich Penicillin war, was man mir dort andrehte? Und wo nahm ich das Geld dafür her?

Nach drei Tagen ließen die Schmerzen von selber nach, und Jola begann sich langsam zu erholen. Auch der Bluterguß an ihrem Arm verlor sein Dunkellila und färbte sich nun gelb und rot.

Meine Kopfschmerzen waren manchmal unerträglich. Jede Nacht verunglückte ich mit dem Zug.

Anfangs saß Jola auf meinem Bettrand, wenn ich aufwachte: »Geht's dir nicht gut? Du hast so furchtbar gestöhnt.«

Nach mehrmaligen Wiederholungen meiner Alpträume ließ ihre Besorgnis nach. Um nicht jedesmal aufstehen zu müssen, legte sie einen Regenschirm neben sich und klopfte mir mit der Krücke auf die Schulter, wenn ich zu stöhnen begann.

»Kannst du nicht endlich mal was anderes träumen? Ich will schlafen!!!«

Am Nachmittag des sechsten Tages, den Jola im Bett verbrachte, rief eine atemlose Altfrauenstimme »Hallo« vorm Gartentor. »Hallooooo!«

Ich guckte aus dem Fenster und sah einen schwarzen Männerschirm mit eingeknickten Rippen, darunter Großmutter Genthin.

»Oma«, freute sich Jola, aus dem Bett springend. »Mach ihr auf, ich komme gleich runter.«

Frau Genthin in einem ihrer gemusterten Seidenkleider, die sie nun im Alltag auftrug. »Ach, Luise«, fing sie bereits im Hausflur an zu lamentieren. »Ich bin fix und fertig. Jola weiß doch, daß Henny hier ist, wieso läßt sie sich nicht sehen? Das geht doch so nicht, schließlich ist es ihre Tante, die einzige Schwester ihres Vaters – nimm mal meinen Schirm, ich brauche ein Taschentuch – wo habe ich denn mein Taschentuch –?«

»Im Ärmel«, sagte ich, ihren Schirm aufstellend. »Sie haben Ihr Taschentuch immer im Ärmel, Frau Genthin.«

Großmutter fand es und schüttelte es mit dem Vorwurf aus: »Warum besuchst du mich so selten, Luise?«

Und dann brauchte sie einen Stuhl. Ob ich was zu trinken hätte?

Ich brachte ihr gezuckerten kalten Pfefferminztee. Ja, das war gut.

»Aber wo ist Jola? Ich war schon im Köckeritzschen Haus. Da vermißt man sie seit Tagen. Habe ich mir gedacht, vielleicht ist sie bei Luise.«

»Jola ist hier«, beruhigte ich sie. »Es geht ihr schon wieder besser nach dem Zugunglück.«

»Was für'n Unglück?«

»Wir sind in der Zone mit nem Vorortzug entgleist.«

»Was habt ihr denn in der Zone gemacht?«

»Eh – Himbeeren gepflückt.«

»Ja, habt ihr denn auch Zucker zum Einkochen? Und wieso seid ihr entgleist?«

Da kam endlich Jola die Treppe herunter. Wir mußten Bericht erstatten. Jolas Armprellung machte ihr weniger Sorgen als meine Gehirnerschütterung.

»Paß nur auf, Luise! Damit ist nicht zu spaßen! Mein Bruder Otto stürzte auf einem Reitturnier am Birkenrick und fiel auf den Kopf. Er kümmerte sich nicht um seine Schmerzen. Nahm abends noch am großen Zapfenstreich teil. Und wie sie ›Wir treten zum Beten‹ bliesen, fiel er aus dem Sattel und war tot. Schädelbruch!«

Es war herrlich, Oma Genthin wiederzuhören. Sie machte einem soviel Mut!

»Wie geht's mit Tante Henny?« fragte Jola, um sie von Bruder Otto abzulenken.

Frau Genthin schlug die Hände um ihre durch Abmagerung plissierten Wangen, trug diese Geste bis ins Wohnzimmer und sank in einen Sessel. Guckte uns dramatisch an, konnte uns durch die verschmierten Gläser ihrer Brille kaum erkennen, weshalb sie sie abnahm und die Druckstellen auf ihrem Nasenansatz rieb. »Ich sage nur ein Wort: neureich! Daß Henny meine Tochter ist, mein eigenes Fleisch und Blut –! Und was hat sie für eine Erziehung genossen! Dagegen seid ihr wie Wilde aufgewachsen. Kinderfrau, Nurse, Mademoiselle, nach dem Abitur das beste Internat von Lausanne – und wofür die ganzen Investitionen? Damit sie auf einem Faschingsball Ingenieur Heinrich Bode kennenlernt, dieses Mißgeschick von einem Schwiegersohn. Sein Vater war zwoter Bergrat irgendwo im oberschlesischen Kohlenpott, aber der Lümmel trat auf wie Graf Koks von der Gasanstalt. Dein Großvater war ja so entsetzt, Jolakind. Lieber einen tüchtigen, anständigen Arbeiter als Schwiegersohn, als so einen borniertem Akademiker mit Monokel.«

»Nun erzähl mal von Tante Henny«, erinnerte Jola.

»Ja, also – Madame Neureich! Aufgetakelt und geschminkt wie eine Mère de Püff –! Einfach *ordinär*! Ich hab mich ja so vor den Nachbarn geschämt. Und weißt du, wie sie ihr Geld gemacht haben: in den Ruinen alles abgeschraubt, was aus Metall war! So fing ihr Schrott-handel an.«

»Hat sich Onkel Heinrich etwa die Finger schmutzig gemacht?« staunte Jola.

»Wenn's ums Raffen geht, nimmt der sogar die Scherbe aus dem Auge.«

Wie erfrischend Großmutter ihren Schwiegersohn verachtete.

»Und mein Vetter Horst?« fragte Jola.

»Ist aus englischer Gefangenschaft zurück und arbeitet mit im Geschäft. Hat eine Bardame als Freundin. Von seiner Frau Ulla und seinem Sohn Bruno Answald will er nichts mehr wissen. Er will durch sie nicht an seine eigene SS-Vergangenheit erinnert werden, der Schubiack, der. Ab und zu schickt er Geld für Bruno Answald-chen.« Sie sah uns kopfschüttelnd an. »Warum will eigentlich keiner mehr Nazi gewesen sein? Da lob ich mir meinen Nachbarn, der steht zu seiner Vergangenheit. Hatte er schon nicht die richtige Partei, hat er wenigstens hinterher Zivilcourage...«

Frau Genthin redete und redete, dabei die Hände zusammenschlagend, wieder öffnend, ihre Wange kratzend, zwischendurch ihre Ringe betrachtend, ohne sie wahrzunehmen.

»Oma«, erinnerte Jola, auf ihre Armbanduhr schauend, »in zehn Minuten geht ein Bus nach Nikolassee. Ich meine nur, bevor es dunkel wird...«

Wir brachten sie gemeinsam zur Haltestelle.

»Ich besuch euch übermorgen«, versprach Jola, »ich komme bestimmt vorbei.«

Frau Genthin überlegte. »Übermorgen? Nein, da geht's nicht. Da muß ich zum Bahnhof. Es kommt ein Transport von Kriegsgefangenen an. Vielleicht ist dein Vater diesmal dabei.«

»Ja, Oma, vielleicht –«

»Henny sagt, ich soll mich endlich damit abfinden, daß er nicht mehr wiederkommt. Aber was habe ich davon? Bin ich dann glücklicher? Mein Haus hat man mir genommen, meine Hoffnung gebe ich nicht her. Da kommt der Bus –!«

Sie stand auf dem Einstieg und winkte zurück, solange sie uns sehen konnte, erst dann nahm sie im Wagen Platz.

»Tante Henny, diese dumme Pute«, sagte Jola, als wir nach Hause gingen, »will Oma einreden, mein Vater sei tot. Dabei ist das Warten auf ihn ihre einzige Beschäftigung. Jede Nacht fünf nach zwölf hört sie den Kriegsgefangenen-Sonderdienst im RIAS, um halb eins den Suchdienst. Jede Woche fährt sie in die Polnische Mission in der Schlüterstraße und zum Amt für Erfassung der Kriegsopfer. Ich glaube, die Angestellten gehen schon unterm Tisch in Deckung, wenn Oma ansegelt. Außerdem hat sie mehrmals ans russische Rote Kreuz nach Moskau geschrieben.«

Vermißtsein bedeutete ja noch längst nicht tot. Wie oft hatte man schon von vermißt gemeldeten Heimkehrern gehört, die plötzlich vor der Tür standen und feststellen mußten, daß ihre Frau inzwischen mit einem anderen Mann lebte.

22

Wann immer ein Transport mit entlassenen Kriegsgefangenen gemeldet wurde, zog Frau Genthin ihr bestes
Seidenkleid an und setzte das Hütchen aus dem Jahre
1940 mit dem noppenverzierten Schleier auf, von dem
Achim einmal behauptet hatte, es stände ihr so gut. Dazu
trug sie weiße Zwirnhandschuhe.

Die meisten Mütter, Väter und Ehefrauen von Vermißten, die sich zu diesen Transporten auf dem Bahnhof
einfanden, kannte sie bereits von früheren Treffen. Sie
standen abseits von den Glücklichen mit den frischondu-
lierten Haaren und Blumensträußen, die vor lauter Ner-
vosität ihre mitgebrachten Kinder anpfiffen, Kinder, die
sich unter einem Vater nur ein Bild auf der Kommode,
aber nichts Konkretes vorstellen konnten. Weil sie noch
zu klein gewesen waren, als er das letzte Mal Urlaub
gehabt hatte.

Familien, die gekommen waren, um ihren Heimkehrer
vom Zug abzuholen.

Oma Genthins Bekannte erzählten von ihrem Willy, von
Erwin, Bruno — keiner hörte dem andern zu, jeder
lauschte seiner eigenen Geschichte. Manche blieben
stumm, schon wie erloschen. Sie hatten das Hoffen
bereits aufgegeben, aber nicht den Weg zum Bahnhof.
Die Verbundenheit mit denen, die genauso vergebens
warteten, war manchmal die einzige Gemeinschaft, die

sie noch kannten. Sobald der Zug schwarzqualmend und schweflig stinkend in den Bahnhof einfuhr, brach unbeschreibliche Erregung in Frau Genthin auf, das Herz tat ihr weh, klopfte im Hals, mit zittrigen Fingern holte sie aus der Tasche die stark vergrößerte Uniformaufnahme ihres Achim, die, auf Pappe geklebt, mit Namen, Dienstgrad, Truppeneinheit und letztbekanntem Aufenthaltsort versehen war.

Sie wurde mit der Masse der atemlos Wartenden vorwärts geschoben, auf diese ausgemergelten, humpelnden Gestalten zu.

Ich weiß das, denn ich habe sie einmal begleitet, um einen Bericht darüber zu schreiben.

Und ich werde nie den Aufschrei einer Mutter, »Hansi – mein Hansi«, vergessen, in dem Anspannung, angestaute Sorge, jahrelanges Sehnen zersprang. Die Frau breitete in einer unendlichen Gebärde die Arme aus, umschlang eine mit Lumpen bekleidete Jammergestalt, die »Mama« an ihrer Schulter heulte. Und so standen sie da, die Frau mit verrutschtem Hut, festhaltend und behutsam streichelnd, was sie von ihrem Jungen zurückbekommen hatte.

Es waren immer Ausflüge an den Rand eines seelischen Zusammenbruchs für Frau Genthin. Ihre Verzweiflung auf der Heimfahrt war grenzenlos. Jedesmal schwor sie sich, das tust du dir nicht noch einmal an. Aber nachdem sich ihr Herz beruhigt hatte, fuhr sie wieder hin.

Zwei Tage, nachdem sie uns besucht hatte, stand sie auf dem Perron und drängte sich, Achim Genthins Foto hochhaltend, um die Heimkehrer, um ein bißchen Hoffnung bettelnd: »Haben Sie meinen Sohn nicht gesehen?

Sind Sie ihm nirgends begegnet? Er war zuletzt in Kurland. Bitte, schaun Sie sich ihn genau an!«

»Nee, Omachen – leida – leida –!«

»Kenn ick nich –«

Also wieder nichts. Hatte sie denn wirklich etwas erwartet?

Als sie sich an diesem Tag zum Gehen wandte, wurde sie von einer müden Stimme angesprochen: »Frau Genthin –?«

Sie fuhr herum, sah einen jüngeren Mann mit gelbem, eingefallenen Gesicht in einem Rollstuhl sitzen, den eine Rotkreuzschwester zur Sperre schob.

»Haben Sie meinen Sohn auf dem Foto erkannt? Ja? Wann haben Sie ihn zuletzt gesehen?« überfiel sie ihn mit unbeschreiblicher Erregung. »Bitte sagen Sie mir – ob er noch lebt!«

»Frau Genthin, ich bin Jolandes Verlobter Karl-Heinz Kühnhagen«, sagte der Mann.

Und sie hatte ihn nicht erkannt.

Karl-Heinz wurde mit einem Sanitätsauto direkt in ein Spital im amerikanischen Sektor gefahren. Dort lag er mehrere Wochen.

Jola besuchte ihn täglich.

»Sobald er sich einigermaßen erholt hat, schicken wir ihn nach Garmisch. Robby studiert nahebei in München, und Burgl wird ihn schon aufpäppeln. Mit der Gesundheit wird auch sein Lebensmut wieder kommen. Ich bringe ihm täglich Zeitungen, damit er sich schon mal in unser Nachkriegsleben einlesen kann«, erzählte Jola, als sie an einem Wochenende vorbeigeradelt kam. »Sehr energisch war er nie, aber ich bin ja da, um ihn zu schubsen. Tja, und dann müssen wir an seine Zukunft denken. Manchmal stelle ich mir mit Entsetzen vor, ich wäre noch schwanger. Das hätte sein letztes bißchen Glauben an die Menschheit zerstört. Er braucht mich, und ich hänge noch sehr an ihm. Mich rührt seine Willigkeit, sich auf die total veränderten Verhältnisse umzustellen.«

Eines Nachmittags zur Besuchsstunde stand ein kräftiger, graugelockter Mann an Karl-Heinz Kühnhagens Bett und stellte sich als Jolas Stiefvater Olrik Barris vor. »Jollichen weiß nich, daß ich hier bin. Aber ich hab mir gedacht, vielleicht mechten Sie mich kennenlernen, Herr Kühnhagen.«
Außer diesen einführenden Worten erzählten beide Männer später nicht viel von dieser ersten Begegnung, jedoch teilten sie ihren Eindruck voneinander mit.
Barris sagte zu Jola: »Er ist ein sehr anständiger Mensch. Ich wünschte, ich hätte ihn im Krieg als Vorgesetzten gehabt.«
Zu mir sagte er: »Der ist kaputt, Luischen, und zwar an der Wurzel, nur viel zu wohlerzogen, um zu klagen. Aber Jollichen hat Kraft für zwei. Die wird sie auch brauchen.«
Karl-Heinz zu Jola über Barris: »Das war doch nett von ihm, daß er mich besucht hat. Er hat mir Schokolade mitgebracht. Man faßt leicht Vertrauen zu ihm. Und weißt du, woran ich denken mußte, als ich ihn sah? An eine Episode aus Roberts und meiner Kinderzeit. Es war ein Wanderzirkus in Potsdam. Wir Jungs karrten heimlich Heu aus Onkel Willys Scheune ab, um es den Ponys und Zirkuspferden zu bringen. Dafür hatten wir jeden Tag Freikarten. Der Direktor – das war genauso ein fröhlicher, kräftiger Mann mit grauen Locken wie dein

Stiefvater.« Und als er Jolas erschrockenem Blick begegnete: »Faß das bitte nicht falsch auf, Jolande, ich habe es gewiß nicht abwertend gemeint. Im Gegenteil, diesen Zirkusdirektor haben wir Jungs verehrt. Am liebsten wären wir von zuhause ausgerissen und mit ihm weitergezogen. Nun ja, wir waren noch Kinder . . . «

Mitte September wurde Karl-Heinz aus dem Spital entlassen. Eine Woche später sollte die standesamtliche Trauung stattfinden. Jola – wie immer in Eile, wenn sie bei uns hereinschaute – lud meine Mutter und mich dazu ein.

»Ein Vetter von Karl-Heinz ist sein Trauzeuge, und ich möchte, daß du meiner wirst, Luise.«

»Das ist mal was Neues«, sagte ich. »Geheiratet haben wir noch nie zusammen.«

»Hinterher findet eine kleine Feier bei Barris im Garten statt. Ich konnte das schlecht ausschlagen, schließlich sind sie meine Mutter und mein Stiefvater. Es wird schon gutgehen, hoffe ich.«

»Deine Großmutter kommt auch?«

»Ja, stell dir vor, sie hat zugesagt.«

»Hat sie sich wirklich dazu durchgerungen, deiner Mutter und Barris die Hand zu reichen?«

»Ob sie das tut, weiß ich nicht. Auf alle Fälle nimmt sie an der Feier teil. Ich habe ihr gesagt, Oma, ich freue mich wahnsinnig, wenn du kommst, du bist ja doch viel mehr meine Mutter als meine Mutter. Aber wenn du es dir plötzlich anders überlegst – bei dir weiß man ja nie – und auf meiner Hochzeit Stunk machst – und das vor der Kühnhagenschen Sippe – !!! Also, sie hat mir hoch und heilig versprochen sich zurückzuhalten.«

»Wer kommt denn sonst noch alles?« fragte ich.

»Von meiner Seite nur deine Mutter und du. Von Kühnhagens treten mehrere Verwandte an, deren Zahl noch nicht feststeht.«

»Und wie fühlst du dich, Jola? Wie eine Braut?«

Sie zuckte die Achseln. »Wir gehen eben zum Standesamt. Aber später wollen wir uns zusammen mit Robby und Burgl in Garmisch kirchlich trauen lassen. Das wird bestimmt feierlicher. Karl-Heinz lasse ich anschließend drüben, damit er sich erholt. Ich komme gleich wieder zurück wegen der Uni.« Sie sprach von ihrem Mann wie von einem Kind, für das sie die Verantwortung übernommen hatte. »Also Freitag um halb zwölf auf dem Standesamt in Dahlem. Bitte, sei schon vorher da.«

Nun hieß sie Jolande Kühnhagen, geborene Genthin.

Der Standesbeamte hatte Stockschnupfen. Dem zweiten Trauzeugen fiel die Brille herunter und war kaputt, als er sie aufhob. Ein Drama für einen Kurzsichtigen. Er nahm nun nicht länger am Geschehen teil, sondern betrachtete die Trümmer in seiner Hand, soweit er sie erkennen konnte.

Karl-Heinz sah zum Erbarmen aus in seinem viel zu weiten Zivilanzug von 1938. Jola konzentrierte ihre Blicke auf den Rosenstrauß in ihrem Schoß.

Im Hintergrund saßen Frau Kühnhagen und Frau Genthin. Wie zwei Festungen – mit Schießscharten auf dem sorgsam gebürsteten Hut.

Frau Kühnhagen ließ nach Potsdamer Art keine Regung vom Stapel.

Omas Tränen rannen ohne Rührung die Wangen herunter: So schäbig schloß nun ihr geliebtes Jolakind den

Bund fürs Leben! Ach, was waren das früher für Hochzeiten gewesen im Hause Genthin. Polterabend auf der Wannseer Terrasse mit Feuerwerk; Trauung in der Gedächtniskirche, Empfang im Hotel Adlon mit zweihundert Personen. Anschließend die Hochzeitsreise nach Venedig... Und warum hatte sie sich bloß dazu bereit erklärt, bei diesem Zigeuner Barris am anschließenden Imbiß teilzunehmen? Allein der Fußmarsch vom Standesamt zur Bushaltestelle!

Sie schaute betreten auf ihre Füße, auf die schönen schwarzen Schuhe. Sie sahen noch wie neu aus, weil sie vom ersten Tag an geschont worden waren, denn sie drückten. Ich hatte ähnliche Marterwerkzeuge an den Füßen.

Die standesamtliche Feier war vorüber, wir traten ins Freie und staunten, denn uns empfing ein Leierkastenmann, der »Freut euch des Lebens« aus seiner Drehorgel kurbelte. Er hatte einen Zylinder auf mit Papierrosen. Über das Pflaster waren Blumen gestreut – na, sagen wir: viel Grünes mit Blumen dazwischen. Aber es sah schön aus. Wie Hochzeit.

Und dann die Autos, zu denen die Pflasterdekoration führte.

Omas und meine Füße schöpften Hoffnung: Warteten die Wagen etwa auf uns? Beim ersten handelte es sich um einen Armee-Chevrolet, beim zweiten um ein klappriges deutsches Taxi.

Zwischen den Autos stand Barris, der Initiator dieser Überraschung, in seinem guten, dunkelblauen Anzug für gehobene Gelegenheiten.

Frau Genthin sah ihn zum dritten Mal in dreiundzwanzig Jahren. Die erste Begegnung hatte auf der Hochzeit ihres

Sohnes Achim mit Hanna stattgefunden, als Steinbergs ihn uneingeladen mitbrachten, damals noch schwarzgelockt und sehr jung. Das zweite Mal waren sie sich aus Versehen auf dem Wannseer Friedhof begegnet, kurz nach dem Tod ihres Mannes und des alten Bankiers Steinberg. Und nun stand er vor ihr – stellvertretend als Brautvater für ihren armen vermißten Achim.

... und hatte Autos besorgt. Die Erleichterung, nicht laufen zu müssen, baute in Großmutter Genthin einen größeren Posten Ressentiments gegen ihn ab. Sie begegnete seinem abwartenden Blick mit einem Lächeln und streckte ihm die Hand hin.

Jola schaute sich kurz nach mir um: Hast du das gesehen? Den Armeewagen samt Fahrer hatte ihm ein amerikanischer Freund für diese Fahrt geborgt, das Taxi hatte er selbst besorgt.

Jola und Karl-Heinz nahmen im Fond des Chevrolets Platz, Großmutter wurde von Barris zum Sitz neben dem Chauffeur geleitet.

Seit den Fahrten in Achims Horch hatte sie nicht mehr so komfortabel gesessen. Oma blühte auf. So ein Auto stand ihr zu. Das hob ihr Selbstwertgefühl. Sie schaute sich nicht einmal nach uns um, die wir uns zu fünft in das enge klapprige Taxi drängten, Frau Kühnhagen vorn, meine Mutter hinten zwischen Barris und dem anderen Trauzeugen Harro von – seinen Namen habe ich vergessen, jedoch nicht seine spitzen Knie, auf denen ich Platz nehmen mußte.

Bis zur Reifenpanne kurz hinterm Roseneck war es eine lustige Fahrt. Den Restweg von fünfzehn Minuten mußten wir laufen – ich barfuß, mit den scheuernden Pumps in der Hand.

Acht Kühnhagensche Verwandte warteten bereits auf unsere Ankunft und noch ungeduldiger auf das Buffet im griechischen Gartentempel. Barris mußte sich in tiefe Schulden gestürzt haben, um die Zutaten für Sandwiches und Salate auf dem Schwarzmarkt zu besorgen. Es gab auch Schokoladenpudding; die Platten waren mit Blumen und Weinlaub dekoriert.

»Mami – Barris – ich danke euch«, sagte Jola tief beeindruckt.

»Aber wer hat denn mit so vielen hungrigen Kühnhagens gerechnet?« seufzte Hanna. »Das reicht doch nicht hin und nicht her.«

Auf der Wiese vor dem Tempel standen festlich gedeckte Tische – Geschirr, Decken und Besteck aus der Nachbarschaft zusammengeborgt. Es gab Kaffee und Eierlikör für die Damen und Whisky für die anwesenden Kühnhagenschen Herren, die gegen vier Uhr nachmittags nur mit Mühe davon abzuhalten waren, vaterländische Lieder zu singen. Barris selbst trank kalten Tee, der im Glas wie Whisky aussah.

Frau Kühnhagen fragte ihn, da er aus dem Baltikum stammte, ob er zufällig ihre dort ansässigen Verwandten, die Soundsos, gekannt hätte. Barris, der sonst gerne erzählte, daß sein Vater vor seiner Heirat Hauslehrer auf baltischen Gütern gewesen war und immer frühzeitig entlassen wurde, weil er die kleinen Junker mit sozialistischen Ideen langweilte, sagte diesmal nur: »Ach, gnädige Frau, ich bin schon viel zu lange von zuhause fort.«

Großmutter Genthin rief mich an ihren Tisch. Sie hatte ihr Taschentuch verloren – ob ich ihr vielleicht aushelfen könnte?

Ich gab ihr mein Reservetuch.

Dabei raunte sie mir zu: »Also weißt du, Luise, dieser Herr Barris – vielleicht habe ich ihm Unrecht getan. Der hat ja Manieren! Und wie er die Hochzeit ausgerichtet hat –! Man darf ihm einen gewissen vornehmen Stil nicht absprechen.«

»Für einen ›versoffenen Kommunisten‹ benimmt er sich doch wirklich sehr zivilisiert«, konnte ich mir nicht verkneifen zu sagen. »Jedenfalls ist er nüchterner als die edle Sippe von Karl-Heinz.«

»Wer hat denn behauptet, daß er ein versoffener Kommunist ist?« entrüstete sich Oma.

»Sie, Frau Genthin. Solange ich Sie kenne.«

»Sei nicht so frech. Man kann sich ja mal irren, nicht wahr? Und was dich anbetrifft«, sie pochte mit dem Zeigefinger auf die geborgte Kreuzstichdecke auf dem Gartentisch, »du bist genau wie dieser Barris aus der Art geschlagen. Bei aller Sympathie für dich – du denkst nicht bürgerlich, Luise!« Danach beschaute sie den Rest Likör in ihrem Glas und erhob sich: »Ich möchte einen Toast aussprechen«, sagte sie laut. »Ich möchte die Anwesenden bitten, mit mir auf das Wohl meines vermißten Sohnes Achim, Jolas Vater, anzustoßen, auf meinen verstorbenen Mann – und auf Bankier Steinberg und seine liebe Frau Hedi, die früher hier gelebt haben.«

Darauf fühlten sich Kühnhagens angeregt, auf ihre Vermißten, Gefallenen und normal Verstorbenen sowie auf ihren verlorenen Besitz anzustoßen, und ein Onkel hielt eine Rede mit Hipphipphurra am Schluß.

»Ich glaube, wir brechen jetzt besser auf«, sagte meine Mutter zu Frau Genthin.

»Ja«, nickte Großmutter, »machen wir den Anfang.«

Den anderen Gästen blieb nichts anderes übrig, als sich

ebenfalls zu verabschieden. Der Weg zum Bahnhof Grunewald stand uns bevor.

Großmutter ging in Barris' Hausschuhen. Also das hätte sie sich nicht einmal in ihren schlimmsten Alpträumen vorstellen können, daß sie eines Tages in den Pantoffeln des Mannes, der ihren Sohn so unglücklich gemacht hatte, zum Bahnhof schluppen würde. Also nein! Aber was sollte sie machen, wenn sie in ihre eigenen Schuhe nicht mehr hineinkam? Und er war ja auch ein akzeptabler Mensch, doch, das mußte sie zugeben.

Wenigstens ihrer ehemaligen Schwiegertochter gegenüber blieb sie reserviert. Denn irgendwo mußten der Versöhnung Grenzen gesetzt werden, sonst artete sie in Charakterlosigkeit aus.

Während wir auf dem Bahnsteig auf den Zug warteten, standen Jola und ich nebeneinander.

»War doch schön«, sagte ich.

»Ja.«

»Alle sind begeistert.«

»Ja, es war wunderschön.« Und mußte lachen. »Was glaubst du, was Barris jetzt macht?«

»Er hat einen Urschrei ausgestoßen, seinen guten Anzug abgeworfen und sich einen doppelten Whisky eingeschenkt.«

In Nikolassee stieg Frau Genthin aus. In Wannsee verließen meine Mutter und ich das Abteil. Zum ersten Mal fuhr Jola weiter, denn sie war nun Frau Kühnhagen und wohnte von jetzt an in Steinstücken.

»Tschüs, du«, sagte sie.

Und ich: »Alles Gute –«

Dann schlossen sich die automatischen Türen. Ich sah

noch kurz ihr schmales Gesicht durch die schmutzige Scheibe.

Es war Abschied nicht nur für ein paar Tage oder Wochen. Abschied überhaupt von einer Freundschaft, die mehr als Freundschaft gewesen war – ein Ineinanderwuchern von zwei Schicksalen bis zum Austausch der Identität.

Wir hatten auf derselben Schulbank gesessen. Unsere Einsamkeiten als Einzelkinder zusammengetan. Wir hatten zusammen geträumt, gelacht und geheult. Wir hatten uns gezankt und gehaßt und getröstet. Wir hatten zusammen studiert, waren zusammen verschüttet, hatten das Kriegsende zusammen erlebt. Wir teilten einen Schreibtisch im Special Service und die Eisnächte des Winters 46/47 in einem Bett. Auf meinen Namen wurde ihr Kind abgetrieben, Little Jonny the angel. Wir waren zusammen verunglückt. Nun hatte sie geheiratet. Unsere enge Bindung war durchtrennt.

Bei allem Abschiedsweh stellte sich ein Gefühl der Erleichterung ein, von Freiheit. Denn im Grunde war es nur die Gewöhnung aneinander und immer wieder diese schicksalhafte Verzahnung unser beider Leben gewesen, die uns noch miteinander verband. Wir hatten uns längst auseinandergelebt.

Barris, dem wenig entging, hatte mich während des Essens gefragt, ob ich mich gut mit Karl-Heinz verstehen würde.

»Weder gut noch schlecht, überhaupt nicht. Über eine höfliche Konversation kommen wir nicht hinaus.«

»Das habe ich gemerkt«, nickte er. »Eigentlich schade. Oft gehen die besten, längsten Freundschaften kaputt, wenn einer heiratet und seine Frau, beziehungsweise der neue Mann nicht in den alten Freundeskreis paßt. Wir erleben gerade so etwas Ähnliches mit Kaspar Christ. Seine Frau lehnt Hanna und mich ab, und wir können auch nichts mit ihr anfangen. Somit kommt Kaspar nur noch selten zu mir.« Er legte die Hand auf meine Schulter. »Jollichen wird sich wohl erst wieder an dich erinnern, wenn sie Krach mit ihrem Karl-Heinz hat.«

Da kannte er Jola schlecht. Sie behielt ihre Gefühle meistens für sich. Nur in äußerster Not benutzte sie unsere Freundschaft.

Einen »Little John the angel« würde es nie mehr geben. Sollte sie wieder schwanger werden, würde das Kind – wenn es ein Junge war – »Joachim« nach ihrem vermißten Vater heißen und als legitimer Kühnhagen zur Welt kommen.

23

So wie Berlin-West eine Exklave der Bundesrepublik, eine Festlandinsel inmitten der sowjetisch besetzten Zone war, so war die kleine Wohnkolonie Steinstücken, südlich von Wannsee gelegen, eine Exklave von Westberlin im sowjetisch besetzten Zonenbereich.

Steinstücken bestand aus wenigen gepflasterten Straßen und sandigen Wegen, aus ein paar Villen, Einfamilienhäusern, kleinen bäuerlichen Anwesen, einem Gasthaus und einer großen, von Birken, Flieder und Kastanien umgebenen Wiese, die in späteren Jahren von amerikanischen Hubschraubern als Landeplatz benutzt wurde. Weil Steinstücken verwaltungsmäßig zu Großberlin gehörte, war es bei der Schlachtung der Stadt in vier Sektoren dem amerikanischen Sektor zugesprochen worden und entweder über einen 1,2 Kilometer langen Waldweg oder mit der S-Bahn zu erreichen.

Jeden Morgen fuhr Jola von der Station Ufastadt nach Berlin zur Universität, und Karl-Heinz – nach zwei Monaten Bayern sichtlich herausgefuttert – fand dank ihrer Rührigkeit einen Job in einem Maklerbüro am Kurfürstendamm. In seinem gut erhaltenen Flanellanzug, mit seinen tadellosen, wenn auch etwas zackigen Umgangsformen und der leicht abgehackten Redeweise wirkte er noch immer wie ein verkleideter Offizier.

Sein Chef war mit ihm zufrieden. »Unser Feiner aus Potsdam kann gut mit den Kunden. Sie vertrauen ihm. Außerdem ist er viel zu korrekt, um linke Sachen auf eigene Kappe zu machen.«

Bei diesem Makler handelte es sich um einen ehemaligen Großschieber, der – eine Währungsreform befürchtend – sein Vermögen in Ruinengrundstücken anzulegen versuchte.

Karl-Heinz Kühnhagen schickte er zu Vorbesprechungen vor allem alten Leuten ins Haus, von denen er wußte, daß ihnen der Sinn für Realitäten abhanden gekommen und sie in Not geraten waren.

»Du mußt bei denen auf dein eigenes Schicksal anspielen«, riet ihm Jola. »Ehemaliger Panzeroffizier mit Deutschem Kreuz in Gold, in Potsdam alles verloren, das Haus deiner Frau von Amis beschlagnahmt. Da sollen doch die Leute froh sein, wenn sie noch ein Grundstück zu verkaufen haben.«

»Das kann ich nicht«, wehrte sich Karl-Heinz. »Das bedeutet, die Notlage armer Menschen ausnützen.«

»Willst du Geschäfte machen oder nicht?«

»Aber für so was gebe ich mich nicht her, Jolande. Niemals.«

»Das ist weniger schlimm als Totschießen.«

»Das war Krieg. Eine Ausnahmesituation.«

»Und in was leben wir heute? Etwa in einem Normalzustand? Hör zu, wir haben kein Geld. Ich studiere. Wir können nicht länger meiner Großmutter auf der Tasche liegen. Was sie noch auf der Bank hat, braucht sie für sich selber. Aber wenn du den Maklerberuf mit deinem Ehrgefühl nicht vereinbaren kannst, dann geh zur Bahnhofsmission.«

Längst hatte Karl-Heinz aufgegeben, sich darüber Gedanken zu machen, was er gerne geworden wäre außer Offizier. Er beschwerte sich auch nicht, denn es ging ihm ja gut. Ohne seine tüchtige junge Frau, ohne ihre Zielstrebigkeit und ihren praktischen Verstand würde er noch immer am verlorenen Krieg leiden wie manche seiner ehemaligen Kameraden, für die das Nachtrauern zur ausfüllenden Tages- und Nachtbeschäftigung geworden war.

Jolande – er nannte sie nicht Jola, das klang ein bißchen wie Lola und somit anrüchig – war weder anschmiegsam noch fröhlich, aber sein guter Geist, der ihn nie enttäuschte. Ihre Ehe, voll tastender Scheu begonnen, hatte sich im Laufe der Gewöhnung aneinander gefestigt. Es gab keine Höhepunkte, aber auch keine unerfreulichen Szenen. Aber es gab Mutter Kühnhagen, die Abend für Abend auf ihre Rückkehr wartete, gierig nach Ansprache, weil bereits mit allen Nachbarn zerstritten. Karl-Heinz ertrug geduldig die langatmige Unzufriedenheit seiner Mutter. Jolande entging ihr, indem sie sich in ihrem Zimmer einigelte und für irgendeine Prüfung paukte oder nur so tat als ob.

Anfangs waren einige ihrer Kommilitonen am Wochenende herausgekommen, aber sie fühlten sich durch Frau Kühnhagen mißbilligend überwacht und in ihrem Wunsch, zu faulenzen und sich einen Sonnenbrand zu holen, gestört. Sie kamen nicht wieder.

Auch ich radelte nur selten von Wannsee hinüber und wenn, dann vor Einbruch der Dunkelheit zurück, denn die einzige Zufahrtstraße – ein sandiger, unbeleuchteter Waldweg – war nachts zum Fürchten.

»Warum zieht ihr nicht nach Berlin, damit du es näher

zur Uni hast?« fragte ich sie einmal, als sie mich besuchte.

»Es gibt ja keine Wohnungen, und selbst wenn, würde Karl-Heinz seine Mutter niemals allein da draußen lassen. Seine Mutter wird uns immer erhalten bleiben, Luise.« Jola sah mich geradezu ergreifend an.

»Robby ist ja auch ihr Sohn. Warum kann der sie nicht mal übernehmen?«

»Du glaubst doch nicht im Ernst, daß sie nach Bayern zieht. Das hieße ja, diese ›Gastwirtstochter‹ Burgl als Schwiegertochter anzuerkennen.«

»O je –«, sagte ich und hielt mir die Wange. Und sagte lieber nicht, was ich sonst noch dachte.

»Ich werde schon damit fertig werden«, versicherte Jola sich selbst und bereute bereits, zuviel erzählt zu haben. Nichts war ihr unangenehmer, als bemitleidet zu werden.

Sie verabschiedete sich bald und ließ wochenlang nichts von sich hören. Für mich ein Zeichen, daß sie nichts Erfreuliches zu berichten hatte.

24

Abschied von Cabo.

Wir hatten ein letztes Mal miteinander geschlafen.

Nun lagen wir nebeneinander und rauchten schweigend.

Ich sah mich im Zimmer mit den offenen Schranktüren um, sah Hemdenstöße auf der Kommode. Auf dem Boden standen seine abgewetzten Koffer und ein Seesack, der ihn den ganzen Krieg über begleitet hatte. Der bei der Landung der Alliierten in der Normandie im Juni 44 mit dabeigewesen war. Ich sah seine Pfeifensammlung auf dem Tisch, und dann verschwamm alles vor meinen Augen, obgleich ich mir fest vorgenommen hatte, nicht zu weinen, aber es ließ sich leider nicht vermeiden.

»Du bist so weit fort, Luisa«, sagte Cabo, »komm her«, und zog mich in seinen Arm.

Es war alles zwischen uns gesagt. Meine Enttäuschung über seinen Entschluß, Berlin zu verlassen und in Washington den Job eines Chefredakteurs anzunehmen. Sein Argument, daß er die ewige Herumzieherei satt habe und endlich seßhaft werden wollte. Meine Zweifel an seiner Fähigkeit zur Seßhaftigkeit... Du wußtest von Anfang an, daß ich wieder gehen würde, Luisa.

Ja, natürlich, aber wenn es dann so weit war...

Mein Kopf auf seiner Brust hob und senkte sich mit

jedem seiner Atemzüge. Sein nachdenkliches Streicheln über meine Haut, die ihn erregt hatte – nun schon beinah Erinnerung für ihn: »My little Berlin –«

Abreisen ist leichter als Zurückbleiben. Ohne Cabo nahm diese eingeschlossene Stadt plötzlich etwas Bedrohliches an. Vor einem Jahr hatte er die Welt mit hereingebracht. Nun nahm er sie wieder mit fort.

Unsere Leben trennten sich. Vielleicht würden wir uns wiedersehen. Irgendwann irgendwo. Dann werden wir uns riesig freuen wie alte, zärtliche Freunde, die einmal eine heftige Liebesgeschichte miteinander hatten.

Ich liege stumm vor unterdrücktem Schluchzen in seinem Arm. Noch ist Cabo spürbar da – er weiß nicht, was es für mich bedeutet, seinen Schutz zu verlieren und die Gespräche mit ihm, von denen ich viel gelernt habe. Er hatte auf all meine Fragen eine Antwort gehabt.

Auch Cabo hält mich fest, ohne zu reden. Auch Cabo macht dieser Abschied zu schaffen.

Irgendwann zieht er behutsam seinen Arm unter mir fort, um auf die Uhr an seinem Handgelenk zu schauen, reißt mich danach roh mit sich aus dem Bett. »Jesus, Luisa, in zwei Stunden geht meine Maschine, und ich habe noch nicht zu Ende gepackt.«

In den nächsten dreißig Minuten rennen wir uns gegenseitig um vor lauter Hast.

Dann bleiben noch zehn Minuten, in denen wir auf die beiden Wagen warten, die Cabo telefonisch bestellt hat. Einen zum Flughafen und einen für mich nach Wannsee.

Ich habe beinah so viel Gepäck wie er. Eine große Kiste voller Lebensmittel für meine Mutter und etliche Flaschen Schaumbad und Körperöle für mich, damit ich meine Badeorgien nicht vermissen muß, wenn er fort ist.

»Das heiße Wasser kann ich dir leider nicht mitliefern«, bedauert er.

Was soll ich mit dem Zeug, dessen Duft mich nur verzweifelt sehnsüchtig machen wird nach den langen Nachmittagen voller Gespräche in Cabos Bad und den Nächten danach in seinem Bett...

Zuletzt – ganz spontan – schenkt er mir seine graue, abgestoßene Reiseschreibmaschine.

»Sie hat mich durch Krieg und Nachkrieg begleitet. Hält bestimmt noch zehn Jahre«, versichert er mir und nimmt mich in seine Arme, nun schon im Mantel, den Hut im Nacken.

»Ich hab dich sehr geliebt, Cabo«, sage ich in den kühlen Stoff seines Trenchcoats.

»My little Berlin«, er nimmt mein verheultes Gesicht in seine Hände, »ich dich auch.«

25

Kurz nach Cabos Abreise, im Juni 1948, stand die Währungsreform bevor. Viele plünderten noch vorher ihr Bankkonto, um für die wertlos werdende Reichsmark zu kaufen, was es zu kaufen gab. Es gab bloß nichts, weil die Händler ihre Ware zurückhielten. Meine Mutter ließ sich an einem Tag gleichzeitig die Haare dauerwellen und färben, um »Geld anzulegen«. Bei dieser Prozedur wäre sie beinah verkahlt.

Die Mittellosen triumphierten über die Wohlhabenden, die verzweifelt versuchten, ihr Vermögen unterzubringen, das nach der Währungsreform eins zu zehn abgewertet werden würde.

Als Startkapital bekam jeder vierzig neue Deutsche Mark. Damit begann eine neue Zeit. Auf einmal waren die Läden mit Lebensmitteln und Textilien gefüllt.

Als Reaktion auf die Einführung der West-Mark riegelten die Sowjets die Zufahrtswege nach Westberlin ab, sämtliche Lebensmittel- und Kohlelieferungen aus der DDR, die Stromzufuhr sowie der Personen- und Güterverkehr von und nach der Stadt wurden eingestellt. Das bedeutete entweder den Hungertod für zweieinhalb Millionen Westberliner oder Abzug der westlichen Alliierten aus Berlin.

Wir »Insulaner« hatten dicke Köpfe, wenn wir an unsere Zukunft dachten.

Für mich gab's ein Glück im Unglück: Cabo kam zurück, um als Berlin-Kenner über die Lage zu berichten. Ich hatte das einfältige Gefühl: Wenn er da ist, kann mir nichts passieren.

Wir waren sicher, daß mancher westdeutsche Politiker uns gerne der DDR überlassen hätte, um mit Westberlin einen ständigen Krisenherd und ein Milliardenzuschußobjekt loszuwerden. Aber da war dieser amerikanische Stadtkommandant, General Lucius Clay, der auf die Wahnsinnsidee kam, zweieinhalb Millionen Menschen aus der Luft zu ernähren. Wenn er geahnt hätte, daß diese Blockade elf Monate andauern würde...

Es war nur wenige Jahre her, daß das Brummen amerikanischer und britischer Bomberverbände über unseren Köpfen Tod, Zerstörung, Feuerhölle bedeutet hatte. Nun brummten Tag und Nacht ihre schwerbeladenen Transportflugzeuge über uns hinweg und bedeuteten Nahrung, Licht, Medizin. Wenn der Himmel einmal vorübergehend verstummte, schauten wir besorgt in die Wolken: Naa –? Wo blieben unsere »Rosinenbomber«? Elf Monate lang startete alle fünf Minuten eine Maschine Richtung Westberlin – mit Trockengemüse und Trockenkartoffeln, »Pom« genannt, mit Milch- und Eiweißpulver, Kakao, Rosinen, Mehl, Medikamenten und einem ganzen Kraftwerk in Einzelteilen.

Cabo war hingerissen von der »Coolness« der Berliner. Wir fanden uns selber fabelhaft. Da wurde geflucht, gehungert, gefroren, gezittert und eng zusammengehalten. Und Witze gerissen. Na ja, Galgenhumor...

In den wenigen Stunden, die er für mich Zeit hatte, fragte er mich einmal, ob ich mir nicht die Blockade von Westdeutschland aus anschauen wollte. Drüben konnte ich mich frei bewegen und sattessen. Eine herrliche Vorstellung, aber nach spätestens vierzehn Tagen würde ich unruhig werden und zurückwollen, aus Sorge, nicht mehr dazuzugehören.

Ich merkte, er hatte keine andere Entscheidung von mir erwartet. Und wo fand ich zur Zeit so spannende Themen für Reportagen wie hier?

Nach einer Woche flog Cabo wieder ab. Ich brachte ihn diesmal zum Flughafen Tempelhof, sah die viermotorige Maschine in den Himmel steigen, hörte noch einen Augenblick ihr Brummen in den Wolken, fühlte mich verlassen und traurig – aber den großen, schmerzhaften Abschied hatten wir ein für allemal hinter uns.

26

Inzwischen war ich von der Lokalredaktion der Abendzeitung ins Feuilleton umgestiegen. Dort hatte ich endlich
mehr Zeilen zur Verfügung, und meine Stories und Reportagen kamen bei den Lesern an. Man merkte sich
meinen Namen. Ich wurde langsam ein gefragtes Mädchen. Meine Schreibe machte mich populär.
Von Jola hörte ich selten, meistens rief ich sie an.
Es fiel mir leichter als ihr, mich zu melden, weil ich auf
einem aufsteigenden Ast krabbelte und nur Erfreuliches
zu berichten hatte, während sie sich in ihr Studium
vergrub, um nicht darüber nachdenken zu müssen, daß
ihre Ehe mit Karl-Heinz zum wohlerzogen kaschierten
Trauerspiel geworden war.

Als ich eines Abends nach Wannsee kam, empfing mich
meine Mutter mit der Hiobsbotschaft: »Jola hat telefoniert. Ihre Großmutter ist schwer gestürzt. Du sollst
sofort anrufen.«
»Ach du lieber Gott!« Ich war schon am Apparat, um ihre
Nummer zu wählen.
»Luise?« sagte sie. »Stell dir vor, Oma ist über ihren Vor-
leger gestolpert. Oberschenkelhalsbruch. Das ist meistens der Anfang vom Ende. Sie liegt im Zehlendorfer
Krankenhaus, Chirurgische, Zimmer Zwölf. Bitte besuch
sie. Sie hat nach dir gefragt, als ich vorhin bei ihr war.«

Frau Genthin lag in einem Krankensaal mit acht belegten Betten und guckte weder rechts noch links, machte überhaupt nicht mehr die Augen auf, verschloß ihre Ohren gegen das Schwatzen und Jammern um sich herum. Hatte sich wie eine Schnecke in ihr Gehäuse zurückgezogen.

Ich mußte ihren Arm berühren, damit sie wahrnahm, daß ich an ihrem Bett saß.

»Ach, Luise, du –«, sagte sie, »ich will hier raus«, und nahm meine Hand in ihre weichen, fleischigen Altfrauenhände mit den eingewachsenen Ringen. »Die Frauen reden und benehmen sich so ordinär. Mit allem sind sie unzufrieden, dabei geben sich die Schwestern soviel Mühe. In diesem Hühnerstall möchte ich nicht mein Leben beenden.«

»Sie sterben noch lange nicht, Frau Genthin«, versicherte ich.

»Jaja, das sagt Jolakind auch. Aber meine Uhr ist abgelaufen. Weißt du, Luise, ich mach mir Sorge. Die Ehe mit Karl-Heinz – also wenn du mich fragst, Jola ist nicht glücklich. Sie sieht so verbittert aus. Und seit einiger Zeit schreibt sie sich wieder mit diesem Amerikaner, dem Woodburger, was mir gar nicht gefällt, und sie redet auch nicht drüber. Ich weiß davon bloß, weil seine Post zu mir kommt. Warum halten heutzutage keine Ehen mehr? Haben die Menschen keine Geduld miteinander, oder wird zu unüberlegt geheiratet? Ist niemand mehr bereit, Opfer zu bringen für die Beständigkeit? Denkt jeder nur noch an sich selbst? Mein Mann hat mir bei Gott genügend zugemutet in unserer Ehe – Scalagirls, Gouvernanten, auch Damen der Gesellschaft, beinah einen Bankrott –, aber auf die Idee, mich scheiden zu lassen, wäre ich nie gekommen und er auch nicht. Unsere Auseinandersetzungen fanden hinter verschlossenen Türen statt. Das Familienleben durfte nicht darunter leiden. Wir haben immer den Schein gewahrt.«

»Und waren Sie glücklich dabei, Frau Genthin?« fragte ich.

»Nein. Aber was ist das schon? Ich glaube, Goethe oder irgendein anderer großer Dichter hat kurz vor seinem Tod gesagt, wenn er alle Glücksmomente seines Lebens zusammenzählt, kommt er auf zwei Minuten oder zwei Stunden – ach, ich hab das vergessen, auf alle Fälle war es sehr wenig Glück für ein langes Leben. Ich hatte auch keine glückliche Stunde mit meinem Mann, aber als der Hengst zu lahmen anfing, als aus seiner Abenteuerlust immer öfter Abenteuerlast wurde, als er Stalldrang kriegte, da hatten wir noch ein paar gute Jahre miteinander. Ihr jungen Frauen von heute habt nicht gelernt, geduldig zu sein und auf Zeit zu planen – aber wie sollt ihr auch nach diesem Krieg und dem, was danach kam? Für eine Leidenschaft von ein paar Wochen setzt ihr gedankenlos den soliden Alltag eurer Ehe aufs Spiel.«

»Jonathan Woodburger ist keine Leidenschaft für ein paar Wochen«, sagte ich. »Es ist eine tiefe Liebe, die Jola für Karl-Heinz geopfert hat.«

Sie sah mich überlegend an. »Ist das wirklich so?«

»Ja, Frau Genthin.«

»Das habe ich nicht gewußt. Aber das Kind erzählt ja auch nichts. Sie ist so verschlossen –«

Oma gähnte mit geschlossenen Augen, wobei Tränen zwischen den farblos bewimperten, faltigen Lidern hervorsickerten. »Ich möchte jetzt schlafen, Luise, aber komm bald wieder«, und fügte hinzu: »Zu schade, daß ihr zwei Mädchen auseinandergekommen seid. Und dabei wart ihr doch mal so gute Freundinnen.« Danach schwieg sie für lange Zeit. Als ich meine Hand aus der ihren zu befreien versuchte, schlug sie die Augen auf und sagte: »Bevor ich sterbe, möchte ich noch einmal in mein Haus. In Gedanken bin ich immer dort – aber alles noch einmal mit wachen Augen sehen – ach, das wär schön. Ob sich das machen läßt? Frag doch mal Herrn Barris . . . «

»Ja, ich sag's ihm«, und beugte mich verabschiedend über ihre Hand.

»Mein Luisekind«, so hatte sie mich noch nie genannt, »du warst mir wie eine zweite Enkeltochter.«

»Danke, Frau Genthin.«

Bis in die Knochen gerührt verließ ich den Krankensaal und traf auf dem Flur mit Jola zusammen.

»Mensch, du«, sagte ich.

Sie sah elend aus – dünn, grau, wie erloschen, die Haare speckig. »Wie geht's ihr?«

»Oma redet vom Sterben und möchte vorher noch mal in ihr Haus. Ich soll mit Barris sprechen, vielleicht kann er was unternehmen, er hat doch Beziehungen zu den Amis.«

»Ich werde ihn auch anrufen«, sagte Jola.

»Wie geht's dir denn? Hast du noch viele Prüfungen vor dir?«

Sie zählte an den Fingern ab. »Pathologie, Pharmakologie, Innere, HNO, Haut, Kinderheilkunde, Augen: noch sieben.«

»Du Arme.«

»Ach, das geht auch vorüber«, sagte Jola. »Wenn bloß Oma sich wieder erholt. Das ist jetzt das Wichtigste.«

»Kann ich dir irgendwas abnehmen?«

»Tu mir einen Gefallen und besuche sie öfter.«

»Ja, natürlich. Sorge dafür, daß sie in ein kleineres Zimmer kommt.«

»Sobald was frei ist, wird sie verlegt.« Jola sah auf die Uhr. »Ich will noch den Arzt erwischen. Also, du, wir telefonieren.«

»Ruf mich täglich an!«

»Vielleicht komme ich mal abends bei euch vorbei.« Wir gaben uns die Hand.

»Tschüs, Jola.«

Es war schon ein seltsam Ding mit unserer Freundschaft. Sobald es um Großmutter Genthin ging, war die alte Verbundenheit wieder da.

Das Wunder geschah. Frau Genthins Oberschenkelhalsbruch heilte so schnell wie bei einem jungen Menschen. Nach vier Wochen konnte sie entlassen werden.

»Aber leider, leider, liebe Frau Kühnhagen, hat Ihre Großmutter so gar keinen Lebenswillen mehr«, sagte der behandelnde Arzt zu Jola. »Da freut man sich, daß die Knochen wieder zusammenwachsen, aber anstatt daß die Patientin dankbar dafür ist, redet sie vom Sterben.«

»Keine Sorge, Herr Doktor, ich bringe sie auch seelisch wieder auf den Damm«, versicherte ihm Jola.

Karl-Heinz holte sie mit dem Firmenwagen ab. Sie fuhren die Potsdamer Chaussee hinunter Richtung Nikolassee, bogen aber nicht zu Omas Wohnung ab, sondern fuhren nach Wannsee.

Frau Genthin ahnte Schlimmes. »Warum bringt ihr mich nicht nachhaus? Warum fahren wir weiter? Wollt ihr mich etwa nach Steinstücken verfrachten? Aufs

Abstellgleis? Also das tut mir nicht an. Ich will nach Nikolassee. Da habe ich wenigstens nette Nachbarn.«

»Schimpf nicht, warte es ab«, beruhigte sie Jola.

Oma verstummte atemlos, als der Wagen vor dem Tor hielt, das zu ihrem Grundstück führte. Ein Wachmann stand davor und ließ sich ihre Aufenthaltsgenehmigung zeigen, öffnete das Tor, sie fuhren am Haupthaus vorbei zum Gästehäuschen, das früher als Kavaliershaus bezeichnet wurde.

»So, Oma, da sind wir«, freute sich Jola über die gelungene Überraschung und half ihr beim Aussteigen. »Hier kannst du dich drei Wochen lang erholen. Und ich bleibe bei dir. Du wirst mein erster Patient.«

Karl-Heinz lud ihr Gepäck aus, reichte ihr eine der beiden Krücken, die sie noch zum Gehen benötigte. Auf sie und seinen Arm gestützt sah sie sich lange um und stellte schließlich fest: »Sogar die Hecken sind geschnitten. Aber wieso dürfen wir hier sein?« Sie gab sich selbst die Antwort: »Das haben wir Herrn Barris zu verdanken, nicht wahr?«

Dann kam die deutsche Housekeeperin, eine gutaussehende Frau Anfang vierzig, von der Terrasse herüber, grüßte die Neuangekommenen mit kurzem Kopfnicken. Wandte sich an Großmutter: »Frau Genthin? Ihnen ist Zimmer Nr. Eins in der Dependance zugewiesen worden – und zwar für drei Wochen. Das Bad müssen Sie sich mit Nr. Zwo und Drei teilen. Ich bitte um Sauberkeit!«

Nr. Eins war das Zimmer mit dem Blick auf den See. Ein Doppelbett, ein Schrank, ein Tisch, zwei Stühle, ein Nachttisch mit der Bibel auf englisch im Schubfach. Auf dem Tisch stand ein Blumenstrauß mit einem

Briefumschlag. Ehe Frau Genthin ihn öffnete, wußte sie: »Der ist von Herrn Barris, nicht wahr?«

»Begreifst du das?« ärgerte sich Jola, als ich wenig später zu Besuch kam. »Ich renne mir die Hacken ab für Oma, ich verschiebe ihretwegen meine Prüfung. Das ist alles selbstverständlich für sie. Aber wenn Barris, von uns angeheizt, seine Beziehungen zum Stadtkommandanten spielen läßt und mit ein paar Telefonaten erreicht, daß Oma in ihrem Anwesen noch mal drei Wochen verbringen darf, zerfließt sie vor Bewunderung für ihn. Zig Jahre war er der baltische Kommunist, der versoffene Habenichts, der Ehebrecher; am liebsten hätte sie ihn noch für meines Vaters Vermißtsein verantwortlich gemacht, aber das ging wohl zu weit, das sah sie selber ein. Seit meiner Hochzeit nun dieser Sinneswandel. Verstehst du das, Luise?«

»Ganz einfach«, sagte ich. »Sie hat ihn endlich kennengelernt.«

»Und weißt du, was ich inzwischen rausgekriegt habe? Oma hat sich öfters mit ihm in Berlin getroffen. Sie sind zusammen Kaffee trinken gegangen. Barris in einer Konditorei! Kannst du dir das vorstellen?«

Einmal fuhr Karl-Heinz gerade vom Hof, als ich kam. Jola stand noch am Eingang und winkte ihm nach. »Er ist so gut und verständnisvoll«, sagte sie, »so dankbar für jedes herzliche Wort. Aber er macht mich so nervös mit seiner Geduld und Güte. Sobald er fortfährt, habe ich ein schlechtes Gewissen, weil ich ungeduldig mit ihm war.«

»Wie geht's Oma?«

»Toi, toi, toi, sie erholt sich zusehends. Jetzt hat ihr auch noch ein ehemaliger Nachbar einen alten Rollstuhl zur Verfügung gestellt. Sie ist überhaupt nicht mehr zu halten. Aber sie geht auch schon ganz gut mit den Krücken.« Jola lachte. »Barris war gestern hier. Dem wollte sie unbedingt ihr Grundstück zeigen. Selbst zum See mußte er sie runterfahren. Runter ging's ja, aber rauf –! Schieb mal diesen altmodischen Rollstuhl mit Oma drin die steilen Serpentinen hoch! Barris stand kurz vorm Herzanfall. Als sie ihm auch noch die Villa von innen zeigen wollte, protestierte die Housekeeperin. ›Kümmern Sie sich nicht um das Geschrei der ordinären Person‹, hat Oma zu Barris gesagt. ›Die ist bloß wütend, weil ich ihr auf die Finger schau und weiß, was hier verschoben wird! Außerdem ist die Person mit manchen Gästen intim. Orgien werden hier gefeiert –! Orgien! Das sollte man wirklich höheren Orts melden. Das hat es in diesem Hause früher nicht gegeben. Auf unseren Festen fiel niemand aus dem Rahmen, selbst die Trinker hatten Stil. Aber diese Amerikaner –!‹ So weit Oma. O Gott! Wenn ich bedenke, wie Barris mit Druck auf Tränendrüsen ihren Aufenthalt hier durchgesetzt hat! Arme, alte, kranke, hilflose Dame möchte vor ihrem Tod noch einmal auf ihrem Grundstück weilen. Und was macht arme, alte, hilflose, kranke Dame? Spielt die Sittenpolizei, kontrolliert das Personal ... Jedesmal wenn ich fortgehe, um Besorgungen zu machen, zittere ich, daß sie wieder was anstellt.«

Als wir zu ihr gingen, saß Großmutter im Rollstuhl am offenen Fenster, über den Knien ein Plaid, im Schoß ihre gefalteten Hände.

»Luise, mein Herz«, begrüßte sie mich mit stillem Lächeln. »Wie schön, euch beiden Mädchen um mich zu sehen. Und die wunderbaren Blumen! Sind die aus eurem Garten? Vielen Dank, mein Kind.«

»Oma, tu nicht so milde!« sagte Jola. »Das glaubt dir doch keiner.«

»Ich habe gehört, daß Sie sich hier unbeliebt machen«, sprang ich ihr bei.

»Ach, das ist doch alles dummes Gerede.« Und dann sah sie mich mißtrauisch an: »Wer hat das behauptet? Etwa Herr Barris?«

»Ja, der auch.«

»Das hätte ich nicht von ihm gedacht«, sagte sie pikiert.

»Wir wollen dich jetzt spazierenfahren, Oma. Damit du deine alte Gegend wiedersiehst.«

»Im Rollstuhl? Ich im Rollstuhl auf die Straße? Und wenn wir Nachbarn begegnen? Das kommt überhaupt nicht in Frage!« protestierte sie.

»Nun sei nicht so eitel! Was ist denn schon dabei. Wie viele junge Menschen müssen heute im Rollstuhl fahren.«

»Ich nicht.«

Und somit blieben wir in ihrem Zimmer am geöffneten Fenster mit dem Blick auf den See – Großmutter erzählte Geschichten von früher, die wir längst auswendig kannten und die alle viele Jahre zurücklagen in der guten alten Wannseer Zeit. Den Krieg hatte sie aus ihrem Gedächtnis gelöscht.

In der darauffolgenden Nacht wachte Jolande von einem heftigen dreistimmigen Geschrei auf. Das Bett neben ihr war leer, die Tür zum Flur angelehnt.

Frau Genthin war, ohne ihre Enkelin zu wecken, auf ihren Krücken zum Bad gehumpelt, hatte die Tür unabgeschlossen und in der Wanne einen nackten Mann und eine nackte Frau gefunden, die Champagner tranken.

Beim Rückzug mußte sie ihrer sittlichen Empörung freien Lauf gelassen haben, denn ein Sektkelch flog ihr nach, zerbrach am Türholz, der Mann sprang aus der Wanne, um den Riegel vorzuschieben, trat in die Scherben. Blut floß in Strömen. Mitten in der Nacht mußte ein Arzt geholt werden ...

Leider handelte es sich bei dem Blessierten um einen Colonel, der an höherer Stelle Beschwerde einlegte. Zum ersten: Wie kam eine alte deutsche Frau in ein amerikanisches Gästehaus? Zum zweiten hatte sie ihn und seine Begleiterin, einen weiblichen Lieutenant, die deutsch verstand, »amerikanische Sittenstrolche« genannt.

Und damit war das Maß voll.

Es erschien die triumphierende Housekeeperin mit einem Zivilbeamten der US-Behörde, um Großmutter Genthin mitzuteilen, daß sie und ihre Enkelin am nächsten Morgen Zimmer und Grundstück zu räumen hätten. Großmutter schaute die beiden hoheitsvoll an und tat kund, sie hätte sowieso die Absicht gehabt, dieses Sündenbabel zu verlassen. Und zu Jola gewandt: »Sei so gut und hol meinen Koffer vom Schrank.«

Sein Eigengewicht riß bereits im Leerzustand Jolas Arme in die Tiefe. Sie wischte den Staub vom Deckel mit den vielen ramponierten Aufklebern vom Grandhotel Pupp in Karlsbad, dem Negresco in Nizza, dem Sacher in Wien, dem Danieli in Venedig, Adressen, die Genthins als wohlhabende Reisende ausgewiesen hatten. Gepackt war der Koffer schwer wie Blei, aber wann je hatte man sich früher Gedanken über das Gewicht seiner Koffer gemacht? Für die waren schließlich Träger da und zu

Hause Dienstmädchen, die sich mit ihrem Gewicht herumzuplagen hatten.

»Soll ich dir beim Packen helfen?« fragte Jola.

»Nein, danke, ich habe ja nicht viel. Wenn du nur meine Kleider zusammenlegen würdest...«

»Ich werde Karl-Heinz bitten, daß er uns morgen früh abholt«, sagte Jola.

»Hat nicht heute deine Schwiegermutter Geburtstag?« erinnerte sich Oma Genthin.

»Ja.«

»Fährst du nicht nach Steinstücken?«

»Und laß dich hier allein? Wer garantiert mir, daß du nichts anstellst, Oma?«

»Das ist nicht nett von dir, Jolakind, du behandelst mich wie eine Unmündige«, reagierte sie gekränkt.

»Du benimmst dich wie eine, Oma. Wenn du nicht solchen Stunk gemacht hättest, könnten wir noch eine Woche hierbleiben.«

Großmutter hob die Hände in einer Nebbich-Gebärde: »Eine Woche mehr oder weniger – kommt's darauf an? Hauptsache, ich war noch einmal hier. Und jetzt fahr nach Steinstücken. Du mußt dich sehen lassen. Bleib über Nacht, hörst du! Ich habe keine ruhige Minute, wenn du allein durch den dunklen Wald radelst.« Als Jola an ihr vorbeiging, hielt sie einen Augenblick ihren Arm fest. »Gib mir einen Kuß.« Und danach: »Ich weiß, ich hab dir viel Ärger gemacht.«

»Ja, Oma, leider.«

»Ich verspreche dir, ich halte mich zurück, niemand wird sich heute nacht über mich beklagen. Und selbst wenn – wir werden ja morgen sowieso aus unserm Haus vertrieben, zum zweitenmal. Für mich wird's der letzte Auszug sein. Aber du, du kommst eines Tages hierher zurück. Und dann – das mußt du mir versprechen – läßt du das Haus von Grund auf renovieren. Damit es wieder das wird, was es einmal war – ein anständiges Haus.«

»Ja, Oma. Ich zieh mich jetzt um.«

»Jolakind!«

»Gleich, Oma –«

»Ich möchte, daß du meinen Rubinring trägst. Mir paßt er auf keinen Finger mehr, und er ist sehr schön.«

»Vielen Dank, Oma, ich freu mich riesig.« Sie küßte die kühle, weiche Wange.

Großmutter umarmte sie fest. »Er soll dir Glück bringen, mein Kind.«

Nanu, dachte Jola einen Augenblick mißtrauisch, Oma klingt so bewegt? Als ob sie Abschied von mir nimmt...

»Kann ich dich wirklich allein lassen?«

»Ich möchte sogar heute abend allein sein und mich zurückerinnern. Dabei stört mich jeder. Auch du. Wir sehen uns dann morgen früh.«

Am nächsten Morgen fuhren Karl-Heinz und Jola im Auto der Maklerfirma zum Haus am Wannsee, um Frau Genthin und das Gepäck abzuholen.

Großmutter lag angezogen auf ihrem Bett und lächelte. Sie war tot.

Auf der Beerdigung weinte Jola fassungslos, konnte sich gar nicht beruhigen. Karl-Heinz blickte mehrmals verstört auf das Elend an seiner Seite, Jolande nahm sich doch sonst so gut zusammen.

Mit Großmutters Tod hatte sie nun endgültig ihr

Zuhause verloren und in ihrer Ehe kein neues gefunden. Sie war Gast bei Kühnhagens geblieben.

Meine Mutter hatte Barris, Kühnhagens und die aus Hannover angereisten Bodes nach der Beerdigung zu einem Kaffee in ihr Haus gebeten, weil es dem Friedhof am nächsten lag. Bodes waren mit dem Auto gekommen, Tante Henny übrigens sehr erschüttert. Großmutters Tod traf mit dem großen Kummer zusammen, den ihr Bode mit seiner jungen Sekretärin bereitete, wie sie meiner Mutter in der Küche beim Kaffeefiltern gestand. Warum zeigen manche Leute erst dann eine menschliche Regung, wenn es ihnen selber an den Kragen geht!?
Jola war nach ihrem Zusammenbruch auf dem Friedhof nun sehr gefaßt. Als ich die restlichen Kuchenstücke herumreichte, sagte sie leise: »Können wir in dein Zimmer gehen? Ich möchte dir etwas zeigen.«

Sie sah sich kurz um, als sie den Raum betrat, in dem wir so viele Nächte miteinander verbracht hatten.
»Ich werde bald ausziehen«, sagte ich. »Ich hab ne Bude in der Stadt in Aussicht.«
»Und deine Mutter?«
»Sie will das Haus verkaufen, für sie allein ist es zu groß und zu kostspielig. Und ich hänge ja sowieso nicht dran. Setz dich.«
Jola nahm aus ihrer Handtasche einen Brief. Ich erkannte bereits auf dem Umschlag Großmutter Genthins kräftig ausholende Sütterlinschrift.
»Lies ihn«, sagte sie.

Mein liebes Jolakind!

Vor Tagen habe ich den Entschluß gefaßt, mein Anwesen nicht lebend zu verlassen. Nun ist der Zeitpunkt des Scheidens früher gekommen als vorgesehen. Vielleicht ist das gut so. Es kürzt den Abschied um Tage und viele Gefühle ab, die ihn gewiß erschwert hätten.

Sage Herrn Barris, wie dankbar ich ihm bin, daß er es mir ermöglicht hat, noch einmal an den Ort zurückkehren zu dürfen, an dem ich fast mein ganzes Leben mit meinen Lieben verbracht habe. Außer Henny und Dir lebt keiner mehr von ihnen, aber ich hoffe, ich werde sie bald wiedersehen.

Mein Testament liegt bei Dr. Norteny, ebenso die Summe für meine Beerdigung. Ich habe schon vor Jahren bestimmt, was der Pfarrer sagen soll. Nur kein Salbadern, das auf jeden Dritten paßt. Und bitte nur Orgel, keinen Gesang. Der hat mich immer im Namen des wehrlosen Toten gestört. Vor allem bei drei Strophen in einer ungeheizten Kirche. Alle wichtigen Unterlagen findest Du in meiner Kommode im obersten Fach in Nikolassee.

Nun zu Dir, mein liebes Jolakind. Eigentlich wollte ich Dich erst verlassen, wenn ich Dich versorgt weiß, womit ich nicht das Finanzielle meine, sondern die innere Geborgenheit. Jetzt möchte ich Dir einen Rat geben, der allem widerspricht, was ich dir bisher gepredigt habe.

Ich weiß, Ihr heutigen Mädchen wollt Euch nicht mehr geduldig in Euer Schicksal fügen, so wie wir dereinst. Wenn ich heute ein junges Mädchen wäre – aber es ist zu spät, darüber nachzudenken. Nicht zu spät habe ich begriffen, daß eine verheiratete Frau, die einen andern liebt, nicht immer gleichzusetzen ist mit einer gefallenen

Frau, ja, das war der Ausdruck für so eine zu meiner Zeit. Ich sah nur immer die Schande, nie das Glück und Leid der Liebe, die dazu geführt hatten. Leidenschaft blieb ein Leben lang für mich ein Begriff, den ich nie recht verstanden habe.

Deine Mutter ist damals ihrem Herzen gefolgt. Vielleicht solltest Du auch Deinem Herzen folgen. Du hast ja nur ein Leben. Wenn Du das opferst und Dir eines Tages Deines Opfers bewußt wirst –! Was nützt ein in Ehren verbitterter Mensch sich selbst und seinen Mitmenschen?

Es ist spät in der Nacht und die Finger sind mir klamm beim Schreiben, denn ich habe noch nicht das Fenster schließen mögen, weil ich sonst nicht den Wind und die Nachtigall höre. Auf meine Gesundheit muß ich ja nun nicht mehr Rücksicht nehmen. Dies ist meine letzte Nacht. Vor mir stehen die Fotos von all meinen Lieben. Du und Dein Vater, Ihr schaut mich so ernst an.

Grüß mir die Luise. Bleibt Freundinnen! Außer ihr und Herrn Barris darfst Du keinem Menschen sagen, woran ich wirklich gestorben bin. Dieser Arzt hier, dieser Trottel, wird es sowieso nicht merken. Aber sage es auch lieber nicht Herrn Barris, weil er mir die Schlaftabletten besorgt hat und sich Vorwürfe machen könnte.

Ich umarme Dich, mein liebes, tapferes Mädchen. Im Grunde genommen ist es verantwortungslos, Dich allein zu lassen. Andererseits bist Du nun auch eine Verpflichtung los. Du mußt nicht mehr Rücksicht nehmen auf mich. Ich wünsche Dir ein gutes, heiteres Leben, wie immer Du Dich entscheiden magst.

Am liebsten möchte ich diesen Brief noch einmal ins reine schreiben.

                    Deine Dich liebende Großmutter Genthin.

Ich ging zu Jola, die am Fenster lehnte. »Danke, daß du mich den Brief hast lesen lassen.« Und gab ihn ihr zurück.

»Ist schon gut«, sagte sie sich umwendend. »Was ich dir noch erzählen wollte: Ich war doch zu Schwiegermutters Geburtstag in Steinstücken. Kontrollen am Übergang, Stacheldraht, Hundepatrouillen. Nachts leuchtete der Scheinwerfer von einem Wachtturm direkt in unser Schlafzimmer... keine angenehme Atmosphäre. Das alles nimmt man hin, wenn man sein Zuhause liebt. Aber meine Schwiegermutter hat ein Mausoleum draus gemacht – zum Graulen. Du hast das Gefühl, überall stehen Sarkophage herum. In jedem liegt ein königlich preußischer Gardeoffizier – ihr Vater, ihre Brüder. Der alte Kühnhagen war bloß Artillerie und nicht ihre Kiste. Im Grunde genommen hat sie sich nie diese Heirat unter ihrem Stand verziehen. Aber es hat sich wohl kein anderer außer ihm um sie beworben. Ich kann ihre Geschichten nicht mehr hören, Luise, ich habe sie dick, dick, dick! Auch ihre Baldriantropfen. Die ganze häusliche Gruft stinkt nach Baldrian.«

»Und Karl-Heinz erträgt das.«

»Ja. An eine Ehe ohne seine Mutter ist nicht zu den –«, sie brach ab, denn er betrat das Zimmer.

»Entschuldigt, wenn ich störe, aber Mama möchte jetzt fahren.«

»Dann fahrt«, sagte Jola, »ich geh noch mal zum Friedhof.«

»Möchtest du, daß ich dich begleite?«

»Und Mama – willst du sie etwa so lange warten lassen?« Gegen die helle Fensterfront sah ich sein Profil mit der vorspringenden Nase und dem leicht fliehenden, so wenig energischen Kinn. Er soll als Offizier ein fairer Vorgesetzter gewesen sein und ein tapferer Soldat, ging es mir durch den Kopf. Tapfer ist er bestimmt, sonst würde er seine Mutter nicht so mannhaft ertragen.

Nachdem wir die Trauergäste verabschiedet hatten, gingen wir zum Friedhof.

»Tust du mir einen Gefallen?« fragte Jola, als wir die Sträuße und Kränze über dem frischaufgeschütteten Grabhügel verteilten.

»Ja«, sagte ich, ohne vorsorglich zu fragen, was sie diesmal von mir verlangte, denn ich konnte es mir denken. »Ich kümmere mich um Großmutter, wenn du nicht mehr da bist.«

»Danke, Luise.«

Leute mit Gießkannen kamen vorbei und betrachteten uns voll teilnehmender Neugier.

»Du wanderst bald aus, nicht wahr?« tastete ich mich vor.

»Woher weißt du?«

»Ich weiß bloß von Großmutter, daß du dich wieder mit Jonathan schreibst.«

»Er war sogar hier. Es ist ihm inzwischen auch keine Frau begegnet, bei der er mich hätte vergessen können. Jetzt, wo Oma tot ist, hält mich nichts mehr in Berlin.«

»Und dein Staatsexamen?«

»Was soll's«, sagte sie, »ich werde meinen Beruf sowieso nicht ausüben. Jonathan möchte mich so schnell wie möglich bei sich haben. Er sagt, es wird höchste Zeit, daß wir mit der Produktion kleiner Woodburger beginnen.«

»Wann wirst du es Karl-Heinz sagen?«

»Morgen. Wenn ich's bloß schon hinter mir hätte!«

»Ich beneide dich nicht«, sagte ich.

»Unsere Ehe ist doch sowieso keine Ehe mehr. Und er ist jung. Er wird wieder heiraten und Kinder haben . . .«

»Glaubst du, er wird eine Frau finden, die bereit ist, mit seiner Mutter zu leben? Mit ihrem Dünkel, ihrem Mißmut und ihrem Baldrian?«

»Nein – aber ich auch nicht.«

Wir gingen langsam vom Friedhof nachhause.

»Kann ich heute nacht bei euch schlafen?« fragte sie, als wir das Gartentor erreichten.

»Ja, gern.«

Ich bot ihr das Gästezimmer an, aber sie wollte nicht alleine sein. Also holten wir das uralte Ziehharmonikabett aus dem Keller und bauten es in meinem Zimmer auf.

»Wie in alten Zeiten«, freute sie sich beim Hineinlegen. »Aber war das Ding immer so unbequem?« Und nach einer Weile: »Muß ich mir große Vorwürfe machen, wenn ich ihn verlasse, Luise?«

»Du hättest ihn gar nicht erst heiraten sollen«, sagte ich.

Drei Monate später brachte ich sie zum Flughafen.

Außer mir war niemand gekommen, um sie zu verabschieden. Die gesamte Sippe Kühnhagen hatte Jola als »Schande« aus ihrem Stammbaum gelöscht. Am schwersten erschütterte sie die Tatsache, daß Jola ihnen jahrelang verheimlicht hatte, ein »Amiliebchen« gewesen zu sein, sie, die Braut eines deutschen Offiziers. Selbst Robby sagte sich von ihr los, und weil ich Jolas Mitwisserin gewesen war, traf mich der Bann gleich mit. Wenigstens von Robby hätte ich ein wenig Verständnis erwartet.

Karl-Heinz hatte seit dem Tage, an dem sie ihn um die

Scheidung bat, kein Wort mehr mit ihr gesprochen. Durch seinen Anwalt ließ er ihr mitteilen, daß er ihrem Entschluß schweren Herzens zustimme, da er nach allem, was vorgefallen war, keinen Weg zu einer Versöhnung sehe. Er hatte nur eine Bitte an Jola: sie möge nie mehr versuchen, Kontakt zu ihm aufzunehmen.

»Sei froh, jetzt hast du's hinter dir«, tröstete ich sie, als wir vor dem Abflugbord standen. »Jetzt wird alles gut.« Sie sah zum Erbarmen aus, wie jemand, der gerade eine schwere Krankheit überstanden hat. Wir umarmten uns und redeten dies und das – was man beim Abschied eben so sagt. Ich spürte, sie war mit ihren Gedanken schon weit fort.

Im letzten Augenblick kamen Barris und Hanna angehetzt, von denen sie sich bereits am Vortag verabschiedet hatte.

»Wir haben uns gesagt, ein Mensch, der dir nachwinkt, ist zu wenig bei so einer endgültigen Fahrt. Drei sind schon beinah ein Geleit. Vergiß Berlin nicht, Jollichen . . .«

Wir liefen ins Restaurant im ersten Stock hinauf, um ihr von dort aus nachzusehen. Mir war zum Heulen zumute, auch Hanna hatte eine verschnupfte Stimme. Aber ich glaube, Jola hatte uns und ihre Heimatstadt bereits aus ihren Gedanken verdrängt, als sie sehr schmal, mit wehenden Haaren und wehendem Mantel, einen Kosmetikkoffer in der Hand, über das Flugfeld zur startbereiten Maschine ging.

Drei Wochen später kam ein Brief aus Santa Barbara in Kalifornien.

Liebe Luise,

es geht mir so gut. Jonathan hat mich in New York abgeholt, wir sind gleich hierher geflogen, damit ich mich erst einmal richtig erhole. Ein Freund von ihm hat uns sein Haus am Pazifik überlassen. Wir können es noch immer nicht recht glauben, daß wir nun endlich zusammen sind und uns nicht mehr trennen müssen. Wir bleiben noch eine Woche hier, dann starten wir zu einer Autofahrt quer durch die Staaten. Am liebsten möchte Jon mir alles auf einmal zeigen.

Er läßt Dich herzlich grüßen.

Wenn ich an Berlin zurückdenke, kommt es mir vor, als ob ich einem düsteren Alptraum entronnen wäre.

Schaust Du mal ab und zu nach Omas Grab? Danke. Grüße Deine Mutter herzlich von mir, ich schreibe ihr eine Karte. Viel Glück für Dich

Jola.

Ich las den Brief stehend am Küchenherd, auf das Kochen des Teewassers wartend. Sonne, Palmen, Ozean und dazu die große Liebe. War ich neidisch? Ja, ein bißchen schon. Aber das über Berlin hätte sie nicht schreiben dürfen an jemand, der in Berlin lebte.

Zwei Monate später erhielt ich ihre Hochzeitsanzeige und danach nur noch zu Weihnachten teure Schmuckkarten mit eigenhändiger Unterschrift.

27

Meine Mutter verkaufte ihr Haus und zog in eine Mansarde am Halensee. Ich selbst bewohnte nun das Atelier eines Malers, der die meiste Zeit des Jahres in Keitum auf Sylt lebte. Ich war selten zuhaus.

Seit ich für eine westdeutsche Illustrierte arbeitete, begann das Reisen. Man schickte mich überallhin, wo etwas los war. Ich schrieb über dreitägiges Marathontanzen, Fürstenhochzeiten, Kriegsbräute, die jitterbugsüchtige Jugend in ihren Jazzkellern, interviewte Filmstars, Wahrsager, Wunderdoktoren, Catcher und die Anhänger des angebrüteten Eis, das die Verjüngung fördern sollte, glossierte Bälle und den Protz der Neureichen. Mein Wunsch, auch einmal über die zu schreiben, die noch immer in Baracken lebten, an denen der wirtschaftliche Aufschwung bisher vorbeigegangen war, stieß auf taube Ohren.

»Gotteswillen, Fräulein Hartwig, bloß keine sozialen Themen. Dafür haben wir Schreiber genug. Wenn der Leser Ihren Namen liest, weiß er – aha, das is ne lustige, freche Story und kein Trauerfall. Also bloß keine Experimente. Der Leser will von Ihnen unterhalten werden, nicht belastet, kapiert? So. Als nächstes gondeln Sie mit nem Bus durch Oberitalien. Schildern Sie die Typen in so ner Reisegesellschaft, nehmen Sie se auf die Schippe, ohne sie madig zu machen, sonst fühlt sich Lieschen Müller auf den Schlips getreten.«

Als ich von dieser Reise zurückkam, eröffnete Hanna Barris, die sich mit einem potenten Geldgeber zusammengetan hatte, eine Kunstgalerie in einer Seitenstraße des Kurfürstendamms.

Bei der abendlichen Fete war vor lauter Gästen kein Kunstwerk zu sehen, aber darauf kam es bei einer Eröffnungsparty ja auch nicht an, Hauptsache, man wurde selber gesehen.

Ehe ich mich zu Barris oder Hanna durchdrängeln konnte, tippte mir jemand auf die Schulter. Ich sah mich um und erkannte Kaspar Christ.

»Der Ommafamm!« freute ich mich. »Wir haben uns ja ewig nicht gesehen.«

Er nahm meine Hände. »Wie geht es Ihnen, Luise? Wissen Sie, daß ich seit zwei Tagen an Sie denke?«

»Nein, warum?«

»Ich habe einen Artikel von Ihnen gelesen. Tippen Sie immer noch mit zwei Fingern?« Er spielte auf meinen Schreibeinsatz im neurologischen Reservelazarett an.

»Inzwischen habe ich noch zwei dazu angelernt, sonst schaffe ich die Produktion nicht.«

»Sagen Sie schnell – sind Sie verheiratet?«

Seine direkte Frage ohne Überleitung brachte mich zum Lachen. »Nein, warum?«

»Aber Sie haben einen Freund?«

»Eh – nein.«

Hoffnungsfrohes Verwundern. »Sie haben wirklich keinen Freund zur Zeit?«

»Nichts von Bedeutung.«

»Ach, das ist gut, das ist sehr gut!«

So ein verrückter Kerl. »Wie geht's Ihrer Frau? Ist sie auch hier?«

»Wir leben seit einem halben Jahr getrennt. Marianne und das Kind sind wieder in Hamburg.«

»Das habe ich nicht gewußt.«

»Sie erkundigen sich ja auch viel zu wenig nach mir«, bedauerte er. »Und Sie kommen kaum noch zu Barris. Ich habe immer gehofft, ich würde Sie dort treffen.« Und ehe ich antworten konnte: »Jaja, ich weiß, Sie sind jetzt ein vielbeschäftigtes Mädchen.«

»Ich mache mich eben.«

Es war noch dieselbe Spannung zwischen uns wie eh und je.

»Darf ich auch mal eine Frage stellen?«

»Jede.«

»Wie viele Freundinnen haben Sie zur Zeit?«

»Ab heute nur noch eine. Wenn Sie wollen, Luise.«

»Uii –« Ich versuchte meinen Kopf freizuschütteln, um logisch gegen meine Gefühle andenken zu können.

»Was ist?«

»Ich glaube, ich brauche jetzt was zu trinken«, sagte ich.

»Aber nicht hier. Unterwegs. Wollen wir gehen?«

Ohne zu fragen, wohin, sagte ich: »Ja.«

Wir hatten weder Barris noch Hanna begrüßt noch einen anderen Bekannten und kein Bild an den Wänden betrachtet. Wir gingen einfach und zum erstenmal miteinander fort.

Seine Hand lag dabei besitzergreifend auf meiner Schulter.

Die Havelchaussee führte durch den Wald, aber nah am Ufer entlang, das zwischen den Bäumen sichtbar wurde, sich breit öffnete und wieder durch Bäume verschloß. Der Himmel schien hell auf die Seefläche, die so glatt war, daß sich die Sterne in ihr spiegelten.

Wir rollten langsam vor uns hin.

Vor Lindwerder hielt Kaspar den Wagen an, mit dem Kühler zum See. Schaltete das Licht aus. Stellte den Motor ab. Nun kam die nächtliche Stille mit ihren wispernden, raschelnden Geräuschen auf uns zu.

Er rieb seine Wange in meinem Haar. »Endlich, endlich, Luise...«

Endlich der Ommafamm.

»Wir haben verdammt lange aufeinander warten müssen.«

Haben wir wirklich aufeinander gewartet?

Wir hatten uns inzwischen vergessen. Es hatte ja auch so gar keinen Sinn mit uns beiden. Wir waren die beiden »Königskinder, die nicht zueinander kommen konnten«. Nun war es endlich so weit, und auf einmal ging mir alles viel zu schnell. Ich machte mich aus seinem Arm frei und stieg aus dem Wagen in die Dunkelheit. Zog die Schuhe aus, um den feuchten Sand unter den Sohlen zu spüren. Stieß mir die Zehen an Baumwurzeln. Er kam mir nach.

»Hör mal die Frösche«, sagte ich.

»Was interessieren mich die Frösche, wenn du da bist...« Er zog mich in seine Arme und begann mein Gesicht zu küssen. »Ich möchte dich endlich haben, Luise.«

»Laß mir ein bißchen Zeit. Bitte—«

Ich hatte plötzlich Angst, daß der Reiz für ihn vorbei sein könnte, wenn er mit mir geschlafen hatte. Er war ein *homme à femmes*. Und ich wollte nicht nur eine von vielen Affären für ihn sein, ein Mädchen, vor dem er

sich von seiner Sprechstundenhilfe verleugnen ließ,
wenn ich in einigen Wochen bei ihm anrief.

»Fahr mich nach Haus«, bat ich ihn.

»Nur wenn ich bei dir bleiben kann.«

»Nein.«

»Aber ich seh dich morgen?«

»Das weiß ich noch nicht. Ich habe ne Reportage zu
schreiben, aber nächste Woche klappt's bestimmt mal.«
Diese Ankündigung ernüchterte ihn. Er zog Arme und
Sehnsucht von mir ab und ging zum Wagen zurück. Wir
stiegen ein. Er startete und schoß aus dem feuchten Sand
auf die Havelchaussee zurück.

Sagte irgendwann: »Hör zu, meine liebe Luise. Ich habe
dich als ein sehr aufrichtiges Mädchen kennengelernt,
das auch Mut zu seinen Gefühlen hat. Es gibt so viele
Frauen, die mit Taktik und Raffinesse operieren, genau
das habe ich nicht von dir erwartet. Warum nächste
Woche? Warten wir nicht schon lange genug aufeinander?«

Ich antwortete nicht. Die Chausseebäume schossen im
aufgeblendeten Licht haarscharf an meiner Seite vorüber.

Sollte ich ihm sagen, ich hätte Angst, daß mein Reiz für
ihn in der jahrelangen Verhinderung läge? Lieber sollte
er mich für eine Ziege halten, die sich wichtig machen
wollte.

Kaspar setzte mich vor meiner Haustür ab, deutete einen
Handkuß an.

»Lebwohl, Luise – bis nächste Woche oder in ein paar
Jahren. Es kommt ja nun nicht mehr drauf an, nicht
wahr?«

Und fuhr davon.

In dieser Nacht schlief ich nicht vor Reue. Da waren wir uns wiederbegegnet, waren endlich, endlich ungebunden, waren sehnsüchtig nacheinander, und dann setzte ich Termine. Wiedersehen erst nächste Woche. Was habe ich mir dabei gedacht?

Außerdem konnte ich gar nicht bis zur nächsten Woche auf ein Wiedersehen warten.

Um neun Uhr früh am nächsten Morgen rief ich in seiner Praxis an.

»Ich möchte bitte Herrn Dr. Ommafamm sprechen!«

»Tut mir leid«, sagte eine Frauenstimme. »Da sind Sie falsch verbunden«, und hängte ein.

Das verstand ich nicht. Ich hatte doch die richtige Nummer gewählt, und sie hatte sich als »Praxis Dr. Christ« gemeldet. Während ich noch vor dem Telefon saß, riß mich sein Läuten aus dem Grübeln.

»Hier spricht der Dr. Ommafamm«, sagte Kaspars Stimme voll zärtlichem Lachen. »Ich stand zufällig neben meiner Sekretärin, als sie ›falsch verbunden‹ sagte, und da habe ich gefragt, wieso falsch verbunden, als ob ich etwas geahnt hätte, und sie sagte, da wollte eine einen Dr. Ommafamm sprechen. Du liebe, verschusselte Person!«

Meine Erleichterung war unbeschreiblich.

»Hallo—?« fragte er. »Bist du noch dran?«

»Ich hab die ganze Nacht nicht geschlafen.«

»Ich habe mich betrunken vor Ärger und Enttäuschung«, sagte er. Dann mußte jemand in sein Sprechzimmer gekommen sein, ich hörte Geräusche, gleichzeitig versachlichte sich seine Stimme. »Wann sehe ich dich?«

»Am liebsten gleich.«

»Bei mir geht's nicht vor halb acht, ich hole dich ab.

Okay?« Und sehr leise, wie hinter vorgehaltener Hand:
»Ich freue mich wahnsinnig.«

»Ich mich auch«, legte den Hörer auf und saß da mit
dem Blick auf die Morgensonne vor meinem Fenster.
Jetzt war es kurz nach neun. An den Fingern zählte ich
ab, wie viele Stunden ich töten mußte, bis es halb acht
Uhr abends war.

Zuerst beglückte ich meine Mutter mit einer strahlen-
den Laune. Erledigte alles, worum sie mich seit Wochen
vergebens gebeten hatte. Fuhr auch nach Wannsee zum
Friedhof, um meinen Vater zu begießen und Genthins,
Steinbergs, Herrn von Köckeritz und fremde Gräber,
um die sich keiner kümmerte. In der Kirche übte einer
auf der Orgel.

So gegen vier fuhr ich nach Berlin zurück in meine
Wohnung. Da war mein Schreibtisch mit dem angefan-
genen Artikel über diese italienische Busreise.

Na und? Die konnte warten. Und wenn sie nie fertig
wird – ich sehe heute abend Kaspar Christ. Zum erstenmal war mir mein Beruf so egal.

Als ich mir die Haare wusch, ging das Telefon. Das geht
ja gerne, wenn ich auf dem Klo bin oder unter der
Dusche.

Ich tropfte zu meinem Schreibtisch, nahm den Hörer ab.
Es war der Ommafamm.

»Du, ich hab zwei Termine abgesagt, die nicht wichtig
waren. Ich fahr jetzt los und hol dich ab.«

Hinter unseren Sitzen in dem alten BMW-Sportwagen
stapelten sich Tüten mit Lebensmitteln und Getränken.
Sogar an einen Blumenstrauß hatte Kaspar gedacht.
Es war Freitagabend.

»Hast du irgendeinen Kanarienvogel oder eine Schild-kröte zu versorgen?« fragte er mich.

»Nö, wieso?«

»Weil wir vor Montag früh nicht zurückkommen.«

»Wo fahren wir eigentlich hin?«

»In mein Bootshaus. Die Kneipenwirtin von schräg gegenüber hat den Schlüssel. Ich hab sie angerufen. Sie hat eingeheizt und das Wasser angestellt. Es wird leider kalt werden. Wir kriegen die Eisheiligen. Eisheilige und Steuernachzahlungen sind das einzige, worauf man sich immer verlassen kann.«

»Wir lassen sie aber nicht rein«, sagte ich.

»Wen?«

»Na, die Eisheiligen.«

»Niemand lassen wir rein«, sagte er an einer Ampel haltend und legte seine Hand auf meine.

»Fahr nicht zu schnell, fahr vorsichtig«, ermahnte ich ihn, »damit wir heil ankommen.«

Zur Antwort drückte er die Hupe durch. Es war ihm einfach danach und mir auch. Krach und Hupen und aus der Haut fahren. Und danach ein Händelkonzert im Autoradio.

Er parkte den Wagen am Zaun seines schmalen Havel-grundstücks. Wir trugen die Tüten zum Bootshaus.

Ich lief zum Steg.

Der See um diese kühle Abendzeit im Mai war noch leer und still – bis auf die Frösche. Trauerweiden rechts und links. Wasserglucksen. Und der Ommafamm, der mir gefolgt war und von hinten die Arme um mich legte.

»Bitte, Luise, sag jetzt nicht: Hör mal die Frösche.«

Ich spürte seinen Körper und war fast schwindlig vor

Sehnsucht nach ihm. Ich sagte: »Hör mal die Frösche, lieber Ommafamm...«

Wir blieben nicht nur an diesem Wochenende zusammen, sondern mehrere Jahre – mit Unterbrechungen.
Kaspar war so eine Art Modearzt geworden – ein Wort, das er gar nicht gern hörte. Als Folgeerscheinung des vergangenen Krieges gab es genügend psychisch Gestörte, die sein Wartezimmer füllten. Aber es kamen auch diese Frauen mit Nerzstolen und großen Klunkern an den Fingern und Männern, die vor lauter Anschaffen keine Zeit für sie hatten; oder eine jüngere Freundin, eine dieser unausgelasteten, vernachlässigten, sich langweilenden, whiskytrinkenden Frauen.
Manche von ihnen verwechselten die Couch in seinem Sprechzimmer mit dem Bett in seinem Schlafzimmer, denn er genoß den Ruf eines hervorragenden Liebhabers. Für solche Irrtümer hatte Kaspar eine Klingel unter der Schreibtischplatte, die im Vorzimmer Alarm schlug.
Nein, mit Patientinnen ließ er sich nicht ein, aber ab und zu, wenn ich beruflich länger von Berlin fort war, nahm er schon einmal eine Einladung zu ihren großen Partys an und traf dort attraktive Mädchen... Tja.
Wenn ich dahinterkam, lief ich ihm fort.
Aber immer wieder begegneten wir uns: auf einem Fest, bei einer Vernissage, an einer Straßenkreuzung bei Rotlicht nebeneinander haltend. Wir gaben uns ein Zeichen, bogen in die nächste Nebenstraße ein, hielten, stiegen aus – und alles begann wieder von vorn. Wir kamen einfach nicht voneinander los.

Als mich meine Illustrierte zum erstenmal nach Amerika

schickte, traf ich Cabo wieder. Er kam gerade aus dem Koreakrieg zurück.

Daß ich nun seine Kollegin war, hob mein Selbstgefühl. Er lud mich in sein Apartment ein und schaute etwas dumm, als ich Zucker, Orangen, Kakao und Kaffee aus einer Tüte zog und auf seinen Küchentisch stellte.

»Diese Schätze hast du uns in den Hungerjahren mitgebracht. Nun bring ich sie dir . . .«

»Gute Idee«, lachte er. »Ich habe gerade festgestellt, daß weder Zucker noch Kaffee im Haus ist.«

Ich hörte auch seine Deutschkenntnisse ab. Rittmeister fiel ihm wieder ein, Luftbrücke, Oberbürgermeister. Nissenhütte. Viersektorenstadt. Dankeschön. Liebe fiel ihm ein. Das Wort hatte er von mir gelernt. Und es war noch immer Liebe zwischen uns. Und Tränen beim Abschied. Aber keinen Augenblick die Erwägung eines ständigen Zusammenlebens.

Cabo war der Typ, den man liebte, aber besser nicht heiratete, wenn man sich irgendwann einmal ein Familienleben wünschte. Ich flog aus der »Freien Welt« in unseren Dauerkrisenherd Berlin zurück.

Kaspar Christ holte mich am Flughafen ab. Als ich ihn da stehen sah in seinen ausgebeulten Manchesterhosen und dem formlosen Homespun-Jackett, mit einem Blumenstrauß, der ihm wie etwas Peinliches an der Hand hing – als er mich in den Arm nahm und sagte: »Diesmal warst du aber sehr lange fort«, wurde mir klar, daß er der Mann war, mit dem ich gern alt werden würde.

In seinem Bad fand ich einen Lippenstift, der mir nicht gehörte, aber ich sagte nichts, denn ich hatte ja auch nicht auf Kaspar Rücksicht genommen, als ich Cabo wiederbegegnet war.

28

– – – Das Schrillen des Telefons riß mich roh aus der Vergangenheit.

Ich stand von Barris' Sofa auf und ging zum Schreibtisch, um den Hörer abzunehmen.

»Hallo, Mami.« Das war Jux. Stimmt ja, ich hatte einen beinah erwachsenen Sohn und eine Tochter namens Friederike.

»Ja –«

»Was ist denn los?«

»Wieso?«

»Deine Stimme klingt so komisch. Als ob du aus dem Mustopf kommst.«

»Nicht direkt aus dem Mustopf, aber aus einer lang zurückliegenden Zeit. Ich habe mich in meiner Vergangenheit festgelesen.«

»Ach so.« Das interessierte ihn weniger.

»Wie spät ist es denn?«

»Kurz nach zwölf. Ich konnte nicht früher anrufen, weil ich eben erst nach Haus gekommen bin. Friederike ist noch nicht da. Mit Ludmilla geh ich jetzt noch ne Runde.«

Richtig, wir hatten auch einen Hund namens Ludmilla, versuchte ich mich in der Gegenwart zurechtzufinden.

»Und Hanna? Wie geht's ihr?« fragte er.

»Ach, danke, gut. Wir haben noch nicht viel miteinander

gesprochen, seit ich hier bin. Sie hat mich zum Lesen verdonnert. Ab und zu kommt sie herein, fragt, wie weit ich schon bin und ob ich was essen möchte.«

»Grüß sie von mir. Ich rufe am Geburtstag wieder an. Nacht, Mami, schlaf schön.«

Ich hängte ein. Auf dem Weg zum Bad sah ich die Tür zu Hannas Schlafzimmer geöffnet, ihr Bett zerdrückt und voller Zeitungen. Sie selbst stand im Morgenrock in der Küche. »Jux läßt Sie grüßen.«

»Danke«, sagte sie. »Ich hab gerade Tee gemacht – oder bist du etwa schon müde?«

»Nein, überhaupt nicht, nur geistig weggetreten. Das fiel auch Jux auf. Beim Telefonieren merkte ich plötzlich, was für ein gestörtes Verhältnis ich zur Gegenwart habe. Alles, was längst zugeschüttet war und in Frieden geruht hat, ist plötzlich wieder so greifbar nah...«

»Jaja, die Geister, die man ruft...«, nickte Hanna. »Seit ich in unserer Vergangenheit gelesen habe, verlieren alle Personen, die nichts mit ihr zu tun haben, an Bedeutung. Ihr Anspruch auf Beachtung ist mir geradezu lästig.«

»Naja«, sagte ich, »für ein paar Tage ist das ganz reizvoll, aber auf die Dauer ungesund.«

»Du hast ja auch noch eine Gegenwart, die dir wichtig ist. Übrigens die Handtücher auf dem Wannenrand sind deine«, rief sie mir nach, als ich das Bad betrat.

Im Spiegel über dem Waschbecken begegnete mir das Gesicht einer älteren Frau. »O weh –«

»Was ist los?« fragte Hanna von der Diele her.

»Vor einer Viertelstunde war ich noch ein junges Mädchen. Jetzt guckt mich eine alte Schachtel an.«

»Fishing«, sagte Hanna. »Du hast dich ganz gut gehalten.«

»Aber ein paar Abnäher am Hals täten nichts schaden.«
Als ich das Wohnzimmer betrat, saß sie auf dem Sofa,
den Mamagei auf dem Kopf, der ihre grauen Strähnen
sortierte.

Das Licht der Schreibtischlampe lag wie ein Scheinwerfer
auf ihrem Gesicht, alle Runzeln ausleuchtend. Auf ihrer
Wange hing eine helle Warze wie eine aufgehaltene
Träne.

»Dreh das Licht auf Barris' Foto«, bat sie mich.

»In welchem Jahr ist er gestorben?« überlegte ich. »War
das 67 oder 68?«

»1968. Am elften April. Als sie im Krematorium seinen
Sarg hinunterließen, dachte ich, warum bin ich keine
indische Witwe, die gleich mitverbrannt wird. Das hat
man ja früher mit indischen Witwen gemacht. Ja, es war
eine schlimme Zeit. Eine Zeit der totalen Auflösung.
Barris hatte mich verlassen, und ich mußte unser Garagenhäuschen räumen. Das Steinbergsche Grundstück
war an eine Baugesellschaft verkauft worden.«

Ich gab ihr Feuer.

»Barris hatte nie eine Altersversorgung abgeschlossen
und immer mehr ausgegeben, als er verdiente«, erzählte
sie. »»Unsere Lebensversicherung hängt an den Wänden‹, pflegte er zu sagen. ›Der Klee, der Heckel, der
Beckmann, der Magritte und die anderen. Irgendwann
werden wir uns von einem Bild trennen müssen.‹ Aber er
schob die Trennung immer wieder vor sich her. An
Wohlstandsemblemen lag ihm nichts. Er brauchte keinen
Luxus. Nicht mal ein Auto haben wir besessen. 1967 zog
er noch mit den Studenten auf die Barrikaden. Damals
fing bereits seine Leberzirrhose an. Er arbeitete nicht
mehr, aber er las den halben Tag. Er hatte die Philoso-

phen entdeckt. Für die hatte er früher keine Zeit gehabt. Ich gab die Galerie auf, um ständig in seiner Nähe zu sein. Denn wir wußten ja beide, daß er nicht mehr viel Zeit hatte. Tja, und dann kamen wir eines Abends nachhaus und fanden die Wände unserer Wohnung leer. Ratzekahl leer. Da war einer inzwischen dagewesen, der nicht gezögert hatte, die Bilder abzunehmen. Auch die Mappen mit Skizzen und Collagen waren vom Dachboden verschwunden. Von denen wußten nur die besten Freunde. Und ich glaube, das war für Barris der schwerste Schock. Nicht nur der Verlust unersetzlicher Werte, sondern die Vorstellung, ein Freund, dem er vollauf vertraut hatte, könnte der Initiator dieses Einbruchs gewesen sein. Darüber ist er nie hinweggekommen.« Sie schob mit ihrer Zigarette die Asche im Zinnbecher hin und her. »Das hat seine Krankheit sehr beschleunigt.«

»Aber wenigstens hat doch die Versicherung gezahlt –«

»Heute kann ich darüber lachen«, sagte sie, die Krallen ihres Mamageis vorsichtig aus ihren Haaren lösend und ihn auf der Sofalehne absetzend. »Mich hat damals auch der Gedanke getröstet, daß die Bilder versichert sind. Aber dann hat mir Barris gestanden, daß die Versicherung den Einbau einer teuren Alarmanlage von ihm verlangt hätte. Und er konnte weder diese noch die hohen Prämien aufbringen. Und so kam es zu keinem Abschluß.«

»Das ist ja entsetzlich! Das wage ich mir nicht mal nachträglich vorzustellen«, stöhnte ich.

»Es wurde eine internationale Fahndung nach den Bildern ausgelöst. Aber nicht ein einziges Stück ist je wieder im Kunsthandel aufgetaucht.«

»Jola haben Sie doch davon erzählt?«

»Gotteswillen! Sie wußte nicht, daß wir einen Millionen-
wert an den Wänden hatten. Und ihr das hinterher
erzählen –? Damit sie eine Wut auf Barris kriegt? Er
machte sich in den letzten Monaten seines Lebens genug
Vorwürfe. Allein für den Klee hätte er damals das Stein-
bergsche Grundstück kaufen können. Aber was soll's?
Wir hatten miteinander ein so reiches Leben...« Sie
unterdrückte ein Gähnen.
»Sie sind müde.«
»Ein bißchen. Und morgen kommt Jola... Ich glaube,
wir gehen jetzt besser ins Bett.«
»Wissen Sie, was ich mir nie verziehen habe? Daß ich auf
Reisen war, als Barris starb. Daß ich von seinem Tod erst
eine Woche später erfahren habe«, sagte ich.
»Er hatte dich sehr lieb.«
»Ich ihn auch, Frau Barris.«
»Aber ich war nicht einen Tag eifersüchtig auf dich, nicht
einmal damals, als ich noch in der Messe bei den Amis
arbeitete und daran dachte, daß die Luise und der Barris
jetzt im Garten in der Sonne sitzen und fabulieren...«
»Und Pankow...«
»Tja –«
»Komisch, ich erinnere mich so selten an die Zeit des
Wirtschaftswunders – an dieses schaffe, schaffe, Swim-
ming-pool baue, protze, dann infarkte! Aber immer wie-
der fällt mir der verwilderte Garten ein mit Barris und
Pankow – voller Bienensummen und Schmetterlingen.
Ich habe heute kein Fernweh mehr – das habe ich zur
Genüge abgereist. Ich habe bloß noch ab und zu Heim-
weh – nach dem Wannsee und nach dem Steinbergschen
Grundstück.«
»Das hätten wir für die Bilder kaufen sollen und so lassen,

wie es war. Die kleinen Birken in der Hausruine wären jetzt schon große Bäume«, sagte Hanna.

Wir holten meine Betten ins Wohnzimmer und breiteten sie über die Gästeliege.

Hanna fiel dabei ein, daß wir noch gar nicht über Kaspar Christ gesprochen hatten. »Er war mir so ein guter Freund nach Barris' Tod. Wenn ich ihn nicht gehabt hätte . . .«

»Er war überhaupt ein hinreißender Mann.«

»Aber die Frauen«, sagte Hanna, »sie haben es ihm zu leicht gemacht. Als du den Peter Feiler geheiratet hast, ist ihm erst aufgegangen, was er aufs Spiel gesetzt hat. Aber da war es zu spät.«

»Und ich bin heute froh darüber«, sagte ich, »denn sonst hätte ich nicht meine Kinder.«

Ehe ich das Teegeschirr in die Küche trug, fragte ich Hanna: »Hat Ihnen Kaspar erzählt, daß wir uns noch einmal wiedergetroffen haben? Das ist auch schon wieder Jahre her . . .«

29

Es war auf einem Empfang im Schloß Charlottenburg am Vormittag. Eine Ausstellung wurde eröffnet. Meine Freundin Marga aus gemeinsamen, lange zurückliegenden Reporterzeiten hatte mich mitgenommen, aber keine Zeit, sich um mich zu kümmern.

So stand ich anfangs etwas verloren herum, nahm voll vom Tablett, stellte leer wieder drauf und schaute zu, wie sich die meisten um mich herum kannten und Sätzchen zuschmissen mit kurz aufflackernder, die Oberfläche nicht unterschreitender Sonnigkeit. Ihren Kurswert vom Tage berechneten sie nach der Anzahl der Hallos, welche ihnen von allen Seiten im zwanglosen Gedränge zuflogen. Und wie sie weitergingen, beglückt von ihrer eigenen Popularität!

Lauter fremde Gesichter für mich, ich war ja auch schon zu lange aus dieser Stadt fort. Aber dann traf ich doch ein paar Bekannte aus alten Zeiten. Ihre Umarmungen rochen nach Aal- und Lachshäppchen und nach den Zwiebeln im Tatar. »Lebst du immer noch in Bayern? Bei dem Föhn – ?« fragten sie mich.

Plötzlich fühlte ich mich herzhaft angefaßt.

»Ja, das darf doch nicht wahr sein! Luise!!« Vor mir stand eine plumpe, grauhaarige Frau in Bluse und Rock. Mit Jagdhundfalten im Gesicht, dicker Brosche vor der Kehle. Sah aus wie eine übriggebliebene BDM-Führerin, klang auch so forsch. »Ja, kennst du mich nicht mehr? Ich bin Marietta, ein Kind aus deiner Klasse.«

Marietta. Ein Kind aus meiner Klasse. Dunkel kam es zurück. In Mathe eine Eins, aber sie ließ mich nicht abschreiben. Hatte sieben Geschwister. Fiel uns schon damals mit ihrem durch nichts zu trübenden Frohsinn auf den Wecker. Trug Zöpfe bis zum Abitur. War niemals BDM-Führerin gewesen. Sah heute mindestens acht Jahre älter aus als ich. Oder wirkte ich auf andere auch so alt wie Marietta? Was für ein Schock!

Sie leitete heute den Familienbetrieb, sagte sie, voraussetzend, daß ich noch wüßte, worum es sich dabei handelte, und ihr Mann war beim Senat. Den müßte ich unbedingt kennenlernen. Schon hatte sie mich im Griff, um mir ihren Mann vorzustellen, wo war er denn bloß, eben war er noch da, dann sah sie ihn endlich und rief Vatichen, komm doch mal her–!

Da bemüht man sich, seine Figur schlank zu halten, trägt sich sportlich schick, hat noch genug Chancen bei den Männern, und dann kommt so ein formlos auseinandergelaufenes »Kind aus meiner Klasse« mit zu engem Büstenhalter, die fliegende Hitze mit einem umhäkelten Taschentuch unter den Achseln beschwichtigend, und schleudert einen aus dem Selbstvertrauen.

Im selben Augenblick sah ich Kaspar Christ. Er stand mit einem blonden, jungen Hosenmädchen zusammen. Beim Sprechen neigte er sich zu ihr herab, denn er war sehr groß. Trug noch immer Manchesterhosen und eine locker fallende, grobgewebte Jacke, die so aussah, als ob er die Schafe kannte, die ihm die Wolle dazu geliefert hatten. Sein Haar war noch dunkel, wenn auch schütter. Mit jeder seiner Bewegungen kamen Erinnerungsfetzen zurück.

Ich beobachtete ihn eine Weile mit dem Mädchen. Ihr fielen die Zigaretten herunter, er bückte sich. Klappmesserbewegungen. Leichter Griff ins Kreuz beim Aufrichten. Breite Brust, wenig Hintern in der Hose. Ausgebeulte Knie. Und noch immer ein *homme à femmes*. Noch immer konnte er die Frauen nicht lassen. Noch immer ließen die Frauen nicht von ihm.

Ich überlegte, ob ich auf ihn zugehen sollte. Aber warum seinen Flirt mit dem blonden Mädchen stören? Ich hatte Zeit. Und es amüsierte mich, ihn zu beobachten und mich Stück für Stück an ihn zu erinnern.

Marietta hatte ihren Mann herangeschleift. »Luiiiise! Da ist er!«

Der Schrei war laut genug. Der Name saß wohl noch in irgendeinem Hinterstübchen seiner Erinnerungen. Der Ommafamm schaute von seiner Partnerin fort und sah mich an. Keine große Überraschung, nur ein Grinsen, das die Kerben in seinem Gesicht ein bißchen auseinanderzog. Eine leichte Verbeugung. Ich nickte zurück.

Marietta stellte mir ihren Mann vor, den sie aus einem Gespräch mit einem anderen Senatsmenschen gerissen hatte. Er zeigte genausowenig Ambition, mich kennenzulernen wie ich ihn. Sie führte die Unterhaltung. Ich sah mich nach Kaspar Christ um. Er war gegangen.

»Tut mir leid, Marietta, ich hab jetzt eine Verabredung.« Und ließ sie stehen.

Ihretwegen hatte ich nun den Ommafamm verpaßt. Aber warum? Warum ist er gegangen, ohne mich zu begrüßen? Gerade ein Kopfnicken –

Ich drängte mich suchend durch die smalltalkende Masse Mensch, jedoch ich fand ihn nicht. Ach, das war schon sehr ärgerlich.

Nun mochte ich auch nicht mehr bleiben, reichte der Garderobenfrau meine Marke, erhielt meinen Mantel. Er wurde mir von einem Mann übergeben, der hinter mir stand. Er half mir hinein, ich sagte danke, ohne mich umzusehen. Er sagte, die Hand auf meine Schulter legend: »Guten Tag, Luise...«

Ich sah mich um und war erleichtert. »Kaspar! Ich dachte schon, du wärst einfach fort, ohne auf mich zu warten...«

Ein angedeuteter Handkuß. »Du dumme Gans, wie kannst du so was annehmen?«

Wir gingen zum Parkplatz. Schauten uns über das niedrige Dach seines Sportwagens zum erstenmal ausführlich an.

Ich merkte, seine Erinnerung an mich fand Anschluß an die Luise, die er vor vielen Jahren zuletzt gesehen hatte. Kein Erschrecken, kein Abfinden, einfach Anschluß an damals und Freude darüber.

»Mensch, Mädchen –«

Ich freute mich auch. Mein Gott, wie ich mich freute, den Ommafamm wiederzusehen. Er hatte nie aufgehört mir als Mann zu gefallen. Jetzt kannte ich ihn schon ein halbes Leben, und die Anziehungskraft war genauso stark wie früher. Dann erst sah ich: der Ommafamm war inzwischen ein alter Mann geworden. Ein großartig aussehender alter Mann. Und das machte ihm zu schaffen. Damit wurde er nicht fertig. Man sah es ihm an. Es tat mir so leid für ihn.

»Kann ich dich irgendwo absetzen? Ich habe jetzt eine Besprechung. Ab drei können wir uns irgendwo treffen. In einem Café?« schlüg er vor.

In einem Café, wo lauter Rentner saßen, die so alt waren

wie er und Kuchen in ihre Einsamkeit stopften? Er sah nicht so aus wie sie, hatte mit ihnen nichts gemeinsam außer dem Alter. Sollte ihn ein Schock überkommen wie mich bei der Begegnung mit Marietta, dem Kind aus meiner Klasse?

»Wie wär's mit unserem Bootshaus? Gibt es das noch?« Er sagte, er wäre seit August nicht mehr draußen gewesen und könnte für nichts garantieren. Es wäre bestimmt sehr kalt und ungemütlich. Und schlug mir seine Stadtwohnung vor. Aber ich wollte zum See.

Beim Einsteigen in sein arg niedriges Gefährt konnte ich mir ein Grinsen nicht verkneifen. »Du fährst also noch immer solche heißen Kisten.«

»Du meinst, ich bin inzwischen zu alt dafür? Bin ich auch. Aber sie machen mir solchen Spaß.«

Ich stieg also ein, fiel bis zum Boden durch in einen ledernen Schalensitz, von Federung keine Spur. Mein Hintern forschte vergebens nach ein bißchen Geborgenheit.

»Dann fahr mal«, sagte ich, »aber denk daran, ich habe Familie.«

Wir röhrten ab. Ich suchte nach einem Halt für die Hände, auch meine Füße fanden nichts zum Bremsen.

»Ist was?« fragte Kaspar.

»Nein, überhaupt nicht, es macht richtig Freude.«

Wir hielten am Kurfürstendamm, Ecke Uhlandstraße. Ich stieg aus, um in meinem Teeladen Vorräte fürs nächste halbe Jahr einzukaufen. Kaspar Christ fuhr weiter. Ich sah ihm nach.

An meinem dreißigsten Geburtstag hatte ich zu ihm gesagt: »Kaspar, ich möchte nicht eines Tages zu den alternden, forciert munteren Journalistinnen gehören, denen der Nachwuchs auf den Fersen sitzt – und wenn sie von der Reise kommen, ist da nichts als ein einsames, ungelüftetes Apartment. Ich möchte rechtzeitig eine Familie gründen, nicht jetzt, aber in zwei, drei Jahren. Wirst du mich heiraten. Kaspar?«

Er darauf bedrückt: »Du weißt, Marianne läßt sich nicht scheiden.« Und das, obgleich sie sich schon seit Jahren nicht mehr gesehen hatten.

An diesem Tag hatte ich begriffen, daß er sich nicht scheiden lassen wollte, weil ihm sein Leben, so wie es war, gefiel.

Da habe ich mich endgültig von ihm getrennt.

Wir fuhren zur Havel.

Die Imbißbude schräg gegenüber hatte man mit Brettern zugenagelt, ein zusammengeklappter Gartenstuhl lehnte dagegen. Auf den Wegen häufte sich das Laub. Geruch nach Speisenwürze dort, wo Ahornblätter moderten. Es war ungemütlich still.

Ich wartete auf Kaspar, der den Wagen abschloß, und dachte fröstelnd, was für ein idiotischer Einfall, zur Havel zu fahren. Und ich glaube, er dachte dasselbe.

Das Grundstück zog sich schmal zu jenem Nebelgespinst hinunter, hinter dem sich der See verbarg.

Ich blieb vor einer Rose stehen, einer rosa Rose auf dunkelrotem Stiel, so vollkommen schön, wie sie kurz vor Einbruch des Winters blühend erstarrt.

»Schau mal, letzte Rose«, sagte ich zum Ommafamm, und schon fiel ihm unser altes Blödelspiel wieder ein.

»Letzte Hose, du entschwandest und mit dir mein Portemonnaie. «

»Schneematschchen und Rosenrot. «

»Das stolze Veilchen, das immer bewundert will sein.«

»Vergißmein.«

»Sah ein alter Knab ein Röslein stehn«, sagte der Ommafamm und seufzte.

»Wenn das unser Alter Fritz hören würde, wo er doch gesagt hat: Kerle, wollt ihr ewig leben? Kaspar, willste ewig jung bleiben mögen?«

»Ich mag den Alten Fritz nicht«, sagte er, den Arm um mich legend, während wir zum Ufer gingen.

Auf dem dunkelgrauen See schwammen Zweige und Weidenblättchen. Wir betraten den Steg. Er führte ins Nichts. Kein gegenüberliegendes Ufer, nur Nebel. Irgendwo in der Ferne vertuckerte ein Schleppkahn.

Nun war ich doch froh, mit Christ hinausgefahren zu sein. Für jemand, der seine Jugend und die meiste Zeit seines Lebens am See verbracht, der sich sein Rheuma und seine Melancholie von ihm geholt hat, bedeutet diese ziehende Nebeleinsamkeit nichts Unheimliches.

Das Wasser klatschte an den Steg, erweckte Sehnsucht nach trägen Sommerabenden.

Unvorstellbar, daß hier in der warmen Jahreszeit Betrieb herrschte wie auf einem Rummelplatz mit Kinderkreischen, lauten Außenbordmotoren, Musik und stechfreudigen Mücken bis spät in die Nacht.

Das Häuschen des Ommafamm war aus Holz auf den massiven Bootsschuppen gebaut, mit Veranda und einem Zimmer, über eine Holztreppe zu erreichen. Die Fenster der verglasten Veranda waren von innen erleuchtet.

»Wir scheinen Besuch zu haben«, sagte Christ.

Und ich fragte: »Hast du eigentlich eine Pistole?«

»Ja, zuhaus, im Wäscheschrank.«

»Das beruhigt mich«, sagte ich und blieb einen Schritt zurück, als er die Tür öffnete.

Wir würden nicht heizen müssen, denn trauliche Wärme und Zigarettenqualm schlugen uns aus der kleinen Veranda entgegen. Am Tisch saß ein bärtiger junger Mann zwischen Büchern.

Er schaute uns ebenso erstaunt an wie wir ihn.

»Guten Tag«, sagte der Ommafamm, und der junge Mann: »Was wollen Sie?«

»Nur mal nach dem Rechten sehen. Mir gehört nämlich der Schuppen.«

»Das kann jeder sagen!«

Kaspar Christ bedauerte: »Ich habe zufällig heute nicht den Grundbuchauszug bei mir.«

Sie maßen sich stumm mit Blicken. Dann klappte der junge Mann das Heft zu, in dem er geschrieben hatte, und stand ungern auf, wobei er die Stuhllehne in der Hand behielt. Und sagte langsam: »Finden Sie es nicht auch unzeitgemäß, daß Scheißkapitalisten Wohnungen besitzen, die sie nur saisonweise bewohnen, während wir Studenten keine Bude finden und wenn, zu Wucherpreisen?«

Christ sagte: »Da haben Sie vollkommen recht. Aber warum haben Sie mich nicht angerufen und gefragt, ob Sie hier wohnen können?«

»Können Sie sich an den Hut stecken, Ihre Erlaubnis!«

Damit nahm er seinen Parka vom Haken und verließ uns. Seine Schritte polterten die Holzstiege herab und verloren sich im Garten.

Kaspar Christ blätterte in den Büchern, die auf dem Tisch lagen. »Literatur des neunzehnten Jahrhunderts.«

»Was wird er jetzt tun?« überlegte ich.

»Bestimmt nicht im Nebel stehen und warten, bis wir

wieder gegangen sind. Sicher hat er Kommilitonen in den umliegenden Lauben, bei denen er sich inzwischen aufwärmen kann.«

In der Ecke lag eine zusammengerollte Matratze. Der junge Mann bewohnte nur die Veranda.

»Hast du Kapitalist vielleicht noch ne andere Bleibe, wo wir keinen stören, wenn wir unangemeldet auftauchen?« erkundigte ich mich.

»Du wolltest herkommen, nicht ich. Möchtest du jetzt lieber fahren?«

»Ich möchte einen Tee«, entschloß ich mich und ging in die kleine hölzerne Stube hinter der Veranda.

Abgestandene Luft. Bademäntel und Anzüge auf Haken. Badekappen, Jeans, Öljacken, Segelzeug. Heruntergebrannte Kerzen in Flaschenhälsen. Zeitungen mit dem Datum von August. Eine in Trockenheit erstarrte Topfpflanze. Luftlose Gummimatratzen. Reste eines längst verwelkten Sommers. Über der Sitzbank hing das gerahmte Foto eines Scherenkreuzers, an der Pinne der junge Kaspar Christ. Das Glas hatte einen Sprung.

»Mir fällt gerade auf, daß ich nichts von dir habe. Kein Foto, keinen Liebesbrief. Nicht mal ein Lied, das mich an dich erinnert«, sagte ich, in die Küche tretend, wo Kaspar aus einem krachenden Wasserhahn rostbraunes Wasser ablaufen ließ, bevor er den Teekessel füllte.

Ich betrachtete seinen Rücken, legte in Gedanken die Arme um ihn und mochte den alten Ommafamm noch immer sehr, sehr gern.

»Ich werde dir einen Liebesbrief schreiben«, sagte er, den Teekessel auf die Kochplatte stellend. »Hast du bestimmte Wünsche, was drin stehen soll?«

»Nun ist es zu spät dazu. Nun will ich keinen mehr.«

»Komm, laß uns reingehen, der Kessel pfeift schon, wenn's so weit ist.«

Er bot mir eine Zigarette an, ich dankte. »Ich rauche schon lang nicht mehr.«

Wir setzten uns. »Hast du eigentlich noch deine Praxis?«

»Nein. Die habe ich vor fünf Jahren verkauft.«

»Und deine Frau läßt sich noch immer nicht scheiden?«

»Grins nicht so dämlich, Luise. Ich bin längst geschieden.«

»Und hast du wieder geheiratet?«

»Wozu? Ich habe eine fabelhafte Haushälterin.«

»Und Freundinnen...«

»Notgedrungen wird man ruhiger. Ach, Luise, es ist grausam, alt zu werden.« Und als ich protestieren wollte, schnitt er mir das Wort ab: »Jetzt komm mir bloß nicht mit: Jedes Alter hat seine schönen Seiten. Das Alter—. Aber das verstehst du noch nicht. Du bist zwanzig Jahre jünger als ich.«

»Ich habe dich heute auf dem Empfang beobachtet. Du im Gespräch mit einem blonden jungen Mädchen, das dich anhimmelte. Schon heute himmelt mich kein blonder junger Mann mehr an. Gleichberechtigung? Daß ich nicht lache. Dein Teewasser!«

Der Dampf pfiff schrill durch die Tülle. Kaspar Christ, der vor mir auf der Tischkante gesessen hatte, ging in die Küche. Goß auf. Brachte Tassen aus dem Schrank, die genauso verstaubt waren wie das Handtuch, mit dem er sie auswischte. Fand noch eine halbe Flasche Rum und Kandiszucker in der Tüte. Schenkte ein.

Ich sah ihm dabei zu. Seine sensiblen, langen Hände. Im Grunde hatten sich meistens Männer an mich verloren, die bei aller äußeren Männlichkeit wenig energisch waren und Stärke bei mir suchten, ausgerechnet bei mir, die ihre eigenen Lebensängste vergebens an beschützenden Männerschultern unterzubringen versuchte. Sie haben mir nur Windschatten mit ihrem breiten Kreuz geboten, aber keinen Schutz. Keiner außer Cabo und Jobst, meinem ersten Liebsten, und der war stark vor lauter Unbedenklichkeit gewesen. Im Ernstfall stand ich meistens alleine da. So wurde ich notgedrungen eine emanzipierte Frau, und als solche war ich ständig überfordert, denn was man für Energie bei mir hielt, war nur Temperament und ein mit Schlägen angetriebenes Pflichtgefühl. Ein einziger Streß...

Kaspar Christ setzte sich noch immer nicht. Er drehte die Lampe niedriger, zündete einen Kerzenstummel im Flaschenhals an, holte den Heizofen näher, suchte im Radio nach etwas Gescheitem, fand aber nichts mit Gefühl, schob eine Kassette ein.

»Auch noch Musik!« staunte ich. »Was bedeuten all die Vorbereitungen?« Und klatschte die Hände um mein Gesicht. »Willst du mich etwa verführen?«

Er blieb leicht betreten im Zimmer stehen. Schaute mich an, sah mich lachen. »Wenn du es schon so genau ausdrückst – warum eigentlich nicht?«

Armer, liebster Ommafamm. Er tat mir plötzlich unendlich leid, wie er so dastand und an seinem Alter litt, mit dem er nicht fertig wurde. Und noch immer nach Selbstbestätigung suchte.

Und ich – soviel jünger als er, aber auch nicht mehr jung, öffnete meine Arme, und er klappte sich vor meinen Füßen zusammen und legte seinen Kopf in meinen Schoß. Ich streichelte sein schütteres Haar wie einen Kinderkopf. »Ist es denn so schlimm?«

»Es ist zum Kotzen, Luise. Diese Tochter, die ich kaum kenne, hat mir in kurzer Zeit drei Enkel hingeknallt. Ich bin dreifacher Großvater.«

»Also ich würde mich riesig darüber freuen«, sagte ich.

»Ja, du. Ich nicht.«

»Vielleicht solltest du versuchen mit Würde abzutreten, ehe du dich lächerlich machst.«

Er richtete sich auf und sah mich an. »Du warst immer verdammt ehrlich, Luise.« Stand auf und zündete sich eine Zigarette an, trank einen Schluck Tee. »Du bist geschieden, nicht wahr?«

»Ja.«

»Wie oft habe ich gedacht: Wenn die Luise nur mehr Geduld mit mir gehabt hätte, wenn sie noch ein bißchen gewartet hätte . . .«

»Ja, vielleicht habe ich dich wirklich zu schnell aufgegeben. Aber ich glaube, es ist alles vorbestimmt. Du hättest keine Kinder gewollt, Peter Feiler wollte.«

»Und bist du jetzt glücklich mit deinem Leben?«

»Glücklich? Sagen wir, ich hab was aus meinen vielen Erfahrungen gemacht, so ne Art Komposthaufen, aus dem ich die Erde beziehe, in die ich immer wieder neue kleine Hoffnungen stecke – vor allem für meine Gören. Ich bin zufrieden. Und was Männer anbelangt – die wirklich entscheidenden habe ich im ersten Drittel meines Lebens getroffen. Was danach kam, war zuweilen hübsch, aber nicht so wichtig.« Ich legte meine Hand auf seine Hand und kam mir so überlegen vor, so reif im Vergleich zum Ommafamm.

»Luise, würdest du mich heute noch heiraten?«

»Soll das ein Angebot sein?« lachte ich.

»Ich meine es ernst.«

Ich horchte skeptisch, aber es war wirklich kein Funken Ironie in seiner Stimme.

»Du hast einmal zu mir gesagt: Du bist nicht die große Liebe meines Lebens. Aber wenn es einen Mann gibt, mit dem ich ein Leben lang zusammenbleiben möchte, mit dem ich mich nie langweilen würde und er sich nicht mit mir, mit dem ich alt werden möchte, dann bist du es, Ommafamm. Hast du damals gesagt.«

Stimmt. Aber das ist lange her. Ich war innerlich mit der Jugend viel zu jung geblieben, um mich heute noch auf einen alten *homme à femmes* einstellen zu können. Er würde gar nicht in unser Leben passen und die Kinder nicht in seines. »Im Fernsehen hat mal ein Reporter einen kleinen Jungen gefragt: Hast du Probleme? Der Junge überlegte einen Augenblick, dann sagte er: An sich brauche ich keine.«

»Du willst mir damit sagen, daß ich ein zusätzliches Problem für dich wäre.«

»Und wir eines für dich, lieber Kaspar. Du kriegtest ja nicht mich alleine, sondern einen Haufen Unruhe und Krach dazu – denk bloß mal an die vollaufgedrehte Stereoanlage meiner Brut.«

Er grinste. »Wie furchtbar! Trotzdem ist es schade, Luise«, und erhob sich. »Wollen wir fahren?«

Ehe wir das Haus verließen, schrieb er auf einen Zettel: »Sie können hier wohnen bleiben, aber den Scheißkapitalisten nehmen Sie gefälligst zurück.« Und legte ihn auf den Arbeitstisch des Studenten in der Veranda.

Ich habe den Ommafamm nie wiedergesehen, denn ein Jahr später ist er gestorben.

30

Als einer der letzten Passagiere der Frankfurter Maschine schob Jolande Woodburger ihren beladenen Kofferkuli in die Empfangshalle des Flughafen Tegel. Sie sah sich noch immer sehr ähnlich. Schlank, hochgewachsen, sehr dezent.

Trug Burburry über Flanell und Kaschmir, Hermèstasche, flache Pumps: die Uniform der wohlhabenden Konservativen oder der unsicheren Aufsteiger, die sich noch diktieren ließen, was sie zu tragen hatten, um internationale Seriosität zu demonstrieren.

Ohne Blick auf die in der Halle Wartenden – sie rechnete nicht damit, abgeholt zu werden – steuerte sie dem Ausgang zu. Ich ging ihr nach.

»Grüß dich, Jola.«

Nicht, daß ich überschäumende Wiedersehensfreude erwartet hätte, aber ein bißchen mehr schon als dieses leicht überraschte: »Oh – Luise – du? Ist das Zufall oder holst du mich ab?«

»Ich hol dich ab«, sagte ich.

Sie gab mir die Hand: »Das ist fein. Mami hat mir gar nichts von deinem Kommen gesagt. Aber so sehen wir uns wenigstens einmal wieder. Es ist lange her, nicht wahr?«

»Einunddreißig Jahre. Ich hab's ausgerechnet.«

»Jesus – was für eine Zeit!«

Kleine befangene Pause.

»Nehmen wir ein Taxi oder bist du mit dem Wagen da?« fragte sie.

»Ich habe gerade einen gemietet.«

»Oh, das ist gut.«

Ich brachte ihr Gepäck im Kofferraum unter, wir stiegen ein.

»Möchtest du ins Hotel?«

»Zuerst ins KaDeWe, wenn es dir nichts ausmacht.«

»Nein, nein, ich hab Zeit«, und startete.

»Bist du extra zu Mamis Geburtstag hergekommen?«

»Es wurde Zeit. Ich habe sie schon so lange nicht mehr besucht. Außerdem –« Aber wozu sollte ich dieser fremden Frau von meinen rohrbruchgeschädigten Aufzeichnungen erzählen?

Jola sagte: »Wir wollten sowieso nach Europa, da habe ich mir gedacht, ich fliege vorher zu Mami. Übermorgen treffe ich Jonathan in Paris. Dann fahren wir zu Freunden in die Provence.«

»Wie schön«, sagte ich.

»Ja, ich freu mich drauf.«

»Und Jonathan geht es gut?«

»Oh, danke. Er hatte im vorigen Winter eine schwere Hepatitis, aber jetzt geht es ihm wieder gut.«

Einen Kilometer lang schwiegen wir. Jola sah aus dem Fenster.

»Was findet eigentlich an Mamis Geburtstag statt? Hat sie irgendwas geplant?«

»Ich glaube, sie hat sich überhaupt keine Gedanken darüber gemacht.«

»Also keinen Empfang?« fragte sie.

»Wen soll sie denn noch empfangen? Höchstens die

Nachbarn. Die alten Freunde sind entweder tot oder verzogen.«

»Ja, natürlich.« Man merkte ihrer Stimme das Desinteresse an, den Geburtstag ihrer Mutter betreffend.

»Ich glaube, sie würde am liebsten den Tag nur mit uns beiden verbringen.«

»Dann werde ich im Hotel einen Tisch für abends bestellen. Sagen wir halb acht?«

»Ja, gut.«

Wir hielten an einer Ampel. Ich warf einen kurzen Blick auf ihr Profil – fein und ein wenig streng, ohne Durchhänger. Das Haar kurz, in einer langen Welle ins Gesicht fallend, sein Grau mit blonden Strähnen aufgehellt. Während ich weiterfuhr, spürte ich ihren prüfenden Blick auf mir ruhen, dasselbe optische Abtasten: Wie weit ist bei Luise das Altern fortgeschritten?

»Was macht deine Mutter?« fragte sie.

»Sie wohnt in München ganz in unserer Nähe. Während all der Jahre, in denen ich beruflich auf Reisen war, hat sie sich um meine Kinder gekümmert. Heute, wo sie groß sind, hütet sie den Hund und die Blattpflanzen in meiner Abwesenheit. Sie wird gebraucht, das erhält sie jung.«

»Ich hätte sie gern wiedergesehen«, sagte Jola. »Sieht sie noch so hübsch aus wie früher, oder ist sie auch so dick geworden wie Mami?«

»Nein, ganz zierlich.«

»Warum ist Mami so dick? Ißt sie soviel?«

»Ihr fehlt die Bewegung, die Barris in ihr Leben gebracht hatte.«

»Ah ja, das kann sein. Ich habe übrigens noch kein Geschenk für sie. Worüber, glaubst du, würde sie sich freuen?«

»Ihr größtes Geschenk ist, daß wir beide da sind.«

»Vielleicht sollte ich ihr ein anständiges Kleid kaufen, damit sie morgen nicht in einem ihrer schrecklichen Hänger auftritt, in denen sie aussieht wie ein greiser Hippie.«

»Es ist ihr Geburtstag. Laß sie anziehen, was sie gerne möchte«, sagte ich, meine Gereizheit mühsam unter Verschluß haltend.

»Das beste ist, ich gebe ihr einen Scheck, dann kann sie sich kaufen, was sie mag«, schloß Jola das Thema ab.

Wenn das in diesem Ton weiterging –! Ich bereute bereits schon jetzt unser Wiedersehen.

Aber dann, auf der Rolltreppe im Kaufhaus des Westens, schaute sie sich plötzlich nach mir um: »Bei Kriegsanfang haben uns deine Mutter und Oma mit viel Geld ins KaDeWe geschickt, damit wir warme Sachen und feste Schuhe auf Vorrat besorgen. Und was haben wir statt dessen gekauft?«

»Reizwäsche, Stöckelpumps und anderen Plunder«, fiel mir ein.

»Und danach der Ärger zuhause! So entrüstet habe ich Oma selten erlebt.«

Plötzlich war ein Anschluß da an lange zurückliegende Gemeinsamkeiten. Erinnerung an Freundschaft.

Während Jola Delikatessen in der Lebensmittelabteilung einkaufte, entdeckte ich in diesem Schlaraffenland ein Potsdamer Kommißbrot. Ich kaufte es und hielt es Jola unter die edle kleine Nase.

»Das gibt's doch nicht, daß es das noch gibt.« Im Krieg wurden wir bis zum Überdruß damit gefüttert. Nun schauten wir geradezu liebevoll auf diese Köstlichkeit.

»Fehlt bloß noch Leberwurst aus Hefe, Thymian und Salz. Das war damals Frau Schults Spezialität. Auf zur Wurstabteilung!«

»Luise–!« Jolande folgte mir besorgt. »Das kannst du doch nicht machen!«

Mir war ja selbst nicht wohl, als ich vorm üppigen holsteinischen Wurst- und Schinkenstand so seriös wie möglich nach Leberwurst aus Hefe, Thymian und Salz fragte. Jola stand hinter mir, gab zu verstehen, daß sie zu mir gehörte – feige war sie ja nie gewesen ...

Der Verkäufer sah uns verachtungsvoll an. Nur verachtungsvoll. Dabei hatte ich eine Schimpfkanonade erwartet, weil er sich durch meine Frage veralbert fühlen mußte. »Meine Dame«, sagte er, »da sind Sie hier falsch. Wir führen nur Spitzenprodukte aus eigener Schlachtung. Wenn Sie Wurst aus Hefe suchen, gehen Sie besser in einen Bioladen.«

»Vielen Dank für den Rat«, sagte ich.

Wir entfernten uns gemessen. Jola wollte wissen, was ein Bioladen ist.

»Der führt nur Obst und Gemüse aus biologischem Anbau ohne chemische Zusätze und Körner zum Selbermahlen und überhaupt Naturkost.«

»Und so einer hat Leberwurst aus Hefe?«

»Nicht mal der«, sagte ich.

In der Spirituosenabteilung tranken wir stehend ein Achtel Wein, von allen Seiten geschubst. Jola lauschte den Stimmen um sich herum. Schüttelte den Kopf.

»Dieses Berlinisch! Ich muß mich jedesmal erst wieder dran gewöhnen. Es ist doch ein ziemlich grober Dialekt.«

Sie sah mich an, und ich spürte, daß sie sich auch erst an mich gewöhnen mußte. Ich war ja schon so lange her – 31

Jahre. Und selbst früher, erinnerte ich mich, wenn wir uns Wochen nicht gesehen hatten, kostete es Mühe, mich an sie heranzutasten. Sie war nicht so mitteilsam wie ich und schon gar kein herzlicher Typ.

Ihr Panzer heute, mit dem sie ihre Mitmenschen auf Distanz hielt, war Smalltalk.

Vielleicht wäre sie mir auch nicht so vertraut gewesen, wenn ich nicht gerade die Aufzeichnungen über unser lange zurückliegendes gemeinsames Leben gelesen hätte.

»Warum haben wir uns eigentlich nie gesehen in all den Jahren?« wunderte sie sich.

»Ich habe mal angerufen, als ich in Boston war, aber da wart ihr gerade verreist.«

»Wie lange lebst du schon in München?«

»Seit ich einen Münchner geheiratet habe – das ist, warte mal, Jux ist dreiundzwanzig – das ist jetzt vierundzwanzig Jahre her.«

»So lange schon. Komisch, wir waren oft in München, aber ich habe nie realisiert, daß du dort wohnst. Schreibst du eigentlich noch?«

»Aber ja. Wovon sollte der Schornstein sonst rauchen? Ich bin froh, daß ich noch so gefragt bin – mit zwei Kindern in der Ausbildung. Das heißt, Jux hat jetzt endlich einen Job als Grafiker bei einer Werbeagentur gefunden. Das ist ja heute verflixt schwierig. Die Kinder hatten zwar eine herrliche Jugend ohne Krieg und Zwang, aber ihre Berufsaussichten sind mehr als traurig. Ihr Leben ist zwar bequemer als unseres damals, leichter nicht.«

»Und deine Tochter?«

»Studiert Mathematik und Physik.«

Jola sah mich fast erschrocken an. »Physik und Mathematik? Das hat sie bestimmt nicht von dir.«

»Nein, das hat sie nicht von mir.«

»Und sonst – machen sie dir keine Sorgen? Ich meine – Alkohol – Drogen?«

»Sie rauchen nicht einmal.«

»Wie schön für dich. Wenn ich an die Kinder unserer Freunde denke –! Also dann habe ich lieber keine.«

Ich hätte so gern mehr von Jux und Friederike erzählt, aber Jola stellte ihr geleertes Glas ab. »Wollen wir fahren?«

Ich spürte, sie mochte nicht mehr von meinen Kindern hören, schon gar nichts Erfreuliches.

Auf dem Weg zur Parketage entdeckte sie die Musikabteilung, deponierte ihre Tüten zu meinen Füßen und versprach mir: »Nur einen Augenblick.«

Es dauerte fünfzehn Minuten, bis ich sie wiedersah.

»Ich habe einen Walkman für Mami gekauft.«

»Was soll sie mit einem Walkman, wenn sie keine Rollschuhe hat?« gab ich zu bedenken.

»Damit sie auch nachts in voller Lautstärke ihre Kassetten abspielen kann.«

»Sie hat aber keine Kassetten.«

»Ah – wirklich nicht? Das hätte ich wissen müssen. Ich habe nur Kassetten für mich gekauft.«

»Und nun schenkst du deiner Mutter einen Walkman zum Geburtstag, damit du in ihm deine Kassetten abspielen kannst!«

Ich lachte ein bißchen zu laut. Zwei Matronen mit Preßglocken auf dem Kopf guckten sich mißbilligend nach mir um.

»Die sind bestimmt in unserem Alter«, sagte ich hinter ihnen her.

»Was haben sie nur für depressive Hüte auf dem Kopf«, wunderte sich Jola.

»Ein beliebtes Rentnermodell. Gibt's in allen verzweifelten Farben. Wollen wir uns auch welche kaufen und deine Mutter damit überraschen?«

»Erst morgen«, sagte Jola, »heute hat sie ja noch nicht Geburtstag.«

Noch vor anderthalb Stunden hätte ich mich am liebsten durch einen fingierten Telefonanruf vorzeitig nach München zurückholen lassen, um diesem unterkühlten Wiedersehen mit einer ehemaligen Freundin zu entgehen. Nun hüpften Glücksgefühle in mir wie früher, als wir noch kleine Mädchen waren, und eine neue Freundschaft begann.

Ich glaube, Jola ging es ebenso, wenn es – ihrem kühlspröden Temperament entsprechend – auch weniger in ihr hüpfen mochte. Jedesmal, wenn sich unsere Blicke begegneten, spürte ich ihre langsam zurückkehrende Sympathie für mich und gleichzeitig ein Verwundern darüber.

»Erzähl mir von deinem Mann, Luise«, forderte sie mich während der Fahrt vom KaDeWe zu Hannas Wohnung auf.

»Ich habe Peter Feiler in München auf einer verregneten Floßfahrt kennengelernt. Er war auch Journalist. Wir verstanden uns prächtig. Bereits nach drei Wochen hat er mich gefragt, ob ich ihn heiraten würde, und ich habe ja gesagt. Wir hatten viel Spaß miteinander, doch ja, die ersten Jahre waren sehr schön. Wenn er nur nicht so leichtsinnig und unbedenklich gewesen wäre – schließlich hatten wir zwei kleine Kinder. Ich wurde notgedrungen die Strenge, die ihm ständig Vernunft predigen mußte, ausgerechnet ich. Eines Tages hatte ich das satt und habe mich von ihm getrennt.«

»Sorgt er wenigstens für die Kinder?«

»Er hat ihnen eine Lebensversicherung hinterlassen. Weißt du, der Feiler hatte ein Hobby – die Sportfliegerei. Einmal hat er vergessen zu tanken, ehe er aufstieg, und das fiel ihm erst über den Alpen auf. Da war es leider zu spät.«

»Du hattest wirklich kein Glück mit deinen Männern«, sagte Jola.

»Zumindest kein dauerhaftes. In der Liebe war alles von Anfang an in meinem Leben auf Abschied programmiert. Wenn ich etwas gründlich gelernt habe, so ist es Abschiednehmen. Aber solange etwas dauerte, war es wunderschön.«

»Du hast ja auch immer die Falschen geliebt, Luise.«

»Wieso?«

»Schon als Kind fehlte dir der Hang zum strebsamen Beamten mit Pensionsberechtigung«, erinnerte sich Jola. »Graf Wronski, Rhett Butler und alle Abenteurer haben dir imponiert. Und so ein Bohemien wie Barris. Und wenn ich an Jobst denke –!«

»Das war ein besonders leichtsinniger Vogel«, gab ich zu.

»Wer weiß, was aus uns beiden geworden wäre, wenn er den Krieg überlebt hätte. Sein Traum war eine kleine Maschine, mit der er mit mir durch die ganze Welt fliegen wollte.«

». . . ohne zwischendurch zu tanken.«

»Nee, Jola, das wäre Jobst nicht passiert.«

»Dafür hätte er dich mit anderen Überraschungen beglückt.«

»Davon bin ich überzeugt. Gelangweilt hat er mich nie.«

»Wer war eigentlich deine große Liebe?«

»Cabo«, sagte ich. »Auch kein Beamter – und ganz anders als der Ommafamm . . .«

»Richtig, der Ommafamm«, sagte Jola. »Das war ein toll aussehender Mann.«

»Den wolltest du sogar mal heiraten, als du zwölf warst«, erinnerte ich sie.

Sie lachte. »Habe ich also außer Kühnhagen und Jonathan noch einen Dritten im Auge gehabt!«

»Aber jetzt erzähl mal von Bodes. Hörst du noch von ihnen?«

»Monokelheinrich hat das Zeitliche gesegnet, und Tante Henny reist von einer Kur zur andern. Zweimal im Jahr macht sie eine Kreuzfahrt. Von überallher schickt sie Ansichtskarten mit munteren Grüßen.«

»Und dein Vetter Horst?«

»Ist bereits zum viertenmal verheiratet, seine Frauen werden immer jünger. Übrigens sein Sohn aus der Ehe mit Ulla Wilke, um den er sich nie gekümmert hat –«

»Bruno Answald.«

»– ganz recht, Bruno arbeitet bei einer deutschen Firma in New York und besucht uns öfters. Ein netter Kerl. Jonathan fördert ihn sehr.«

Wir hielten vor dem Mietshaus, in dem Hanna Barris wohnte. Sie stand auf dem Balkon, über Blumenkästen mit wenig Geranien und sehr viel Unkraut gebeugt, nervös rauchend.

»Die Arme macht sich Sorge, ob das wohl gutgeht mit uns beiden nach so langer Zeit.«

»Warum Sorge?« wunderte sich Jola und winkte zum Balkon hinauf: »Hallo, Mami!« und zu mir: »Es geht doch gut.«

»Anfangs warst du zum Kotzen snobby.«

»Du weißt, Luise«, sagte sie, die Tüten aus dem Auto holend, »ich war nie der Typ, der andern um den Hals fällt. Aber jetzt findest du mich doch ganz nett, oder?«

»Seit dem KaDeWe habe ich das Gefühl, wieder zwanzig zu sein«, sagte ich und nahm ihr zwei Tüten ab.

»Du auch? Woran liegt das, Luise?«

»Vielleicht daran, daß wir nie zusammen erwachsen waren, sondern immer nur jung. Unsere gemeinsamen Erinnerungen sind jung.«

»Wenn das solche Wirkung hat, sollten wir uns vielleicht öfter sehen.«

»Kommt ihr endlich?« rief Hanna ungeduldig. »Unterhalten könnt ihr euch auch hier oben. Dann kriege ich wenigstens was mit.«

Nach dem Luxusbrunch aus dem KaDeWe war Hanna reif für ihren Mittagsschlaf.

Jola, die noch ihr Gepäck im Wagen hatte, suchte ein Paar Hosen und Sportschuhe aus ihrem Koffer, auch ich zog den neuesten Schick aus, mit dem ich ihr hatte imponieren wollen, und dafür Jeans an, denn wir hatten beschlossen, nach Wannsee zu fahren.

»Tut das, Mädels, um fünf gibt's Tee«, rief Hanna uns nach.

Diesmal setzte sich Jola ans Steuer.

Auf dem Rücksitz des Mietautos entdeckte ich die Tüten aus der Musikabteilung. Mich interessierten die Kassetten, die Jola für sich gekauft hatte, aber sie wollte auf keinen Fall, daß ich sie herausnahm und ihre Titel las.

»Hast du Berliner Lieder mit Leierkastenbegleitung gekauft?« begann ich zu raten.

»Ja, auch.«

»Sag bloß, du hast Heimweh.«

Sie zögerte mit der Antwort. »Wie soll ich das erklären. Ich war beinah jedes Jahr einmal hier, habe Mami besucht, mich um das Mietshaus gekümmert, das ich hier noch habe, Töpfe auf die Gräber gestellt – reine Pflichtbesuche von drei, vier Tagen, danach war ich froh, wenn ich wieder abfliegen konnte. Manchmal hatte ich den Eindruck, Jonathan hängt mehr an Berlin als ich.« Wir fuhren durch den Grunewald zur Avus, Reiter begegneten uns und Radfahrer. »Vor einem halben Jahr fing ich plötzlich an, vom Wannsee zu träumen, nicht nur einmal – immer wieder. Verrückt, nicht wahr? Nach so langer Zeit auf einmal Heimweh. Ich habe mir gesagt, Jolande, jetzt wirst du alt. Das geht nämlich vielen Europäern drüben so. Wenn sie älter werden, zieht es sie an die Plätze ihrer Jugend zurück.«

Ich merkte, es war ihr gar nicht recht, daß es ihr nun auch so ging.

»Als ich damals zu Jonathan flog, hatte ich eigentlich abgeschlossen mit Berlin. Meine letzten Jahre hier waren ja wirklich nicht erfreulich.«

Wir hielten vor dem ehemaligen Genthinschen Grundstück.

Der Villa hatte man den spitzen Turm abgenommen, sie wirkte auf uns wie enthauptet. Einige Fenster im ersten Stock waren zu Panoramascheiben erweitert worden und die lanzentragenden Ritter vorm Portal längst in Pension gegangen.

Da, wo die Gewächshäuser und Garagen einmal gestanden hatten, klammerten sich engbrüstige Einfamilienhäuser in verschiedenen Farben aneinander.

»Auf der Wiese unten stehen vier weitere Häuser«, erzählte Jola. »Als das Grundstück von den Amerikanern freigegeben wurde, habe ich es an einen Fabrikanten aus dem Ruhrpott verkauft. Für dreihunderttausend Mark. Er muß inzwischen ein paar Millionen dran verdient haben.« Reue über den zu billig verschleuderten Besitz hatte alle Nostalgiegefühle in ihr abgetötet. »Komm, laß uns weiterfahren«, sagte sie, »sonst rege ich mich bloß auf.«

»Jaja, das ist der Ärger der Begüterten. Ich habe nie etwas besessen, was ich zu billig verscherbeln konnte. Fahren wir jetzt zum Gärtner?«

Auf dem Weg dorthin fragte ich Jola, ob sie nie den Abbruch ihres medizinischen Staatsexamens bereut hätte.

»Es wäre drüben sowieso nicht anerkannt worden, außerdem wollte Jonathan keine berufstätige Frau, sondern eine ganz altmodische Familie haben mit vielen Kindern. Das ist uns leider nicht gelungen. Erinnerst du dich noch an Little John the angel, Luise?«

»Aber ja, das war ja auch mein Kind.«

»Wahrscheinlich ist der lange Marsch nach dem Zugunglück daran schuld, daß ich keine mehr bekommen konnte.«

»Glaubst du wirklich?«

»Wenn du wüßtest, bei wieviel Ärzten ich gewesen bin, was sie alles mit mir angestellt haben... nun ja.«

»Warum habt ihr keine Kinder adoptiert, wenn ihr euch so sehr welche gewünscht habt?«

»Du kennst die Woodburgers nicht«, sagte Jola. »Entweder eigene oder gar keine.«

Jetzt begriff ich, warum sie nichts von Friederike und Jux hören wollte. Ich besaß, wonach Jonathan und sie sich am meisten gesehnt hatten.

»Aber dafür hast du eine gute Ehe.«

»Ja, Luise, ich könnte mir keine bessere vorstellen. Und man kann wohl nicht alles haben.«

»Wenn du so viele Lebensläufe studiert und so viele Schicksale erlebt hättest wie ich in meiner langen Journalistenzeit, dann kämst du aus dem Dankbarsein für dein eigenes gar nicht mehr heraus, Mrs. Woodburger«, sagte ich.

Die Königstraße, über die wir fuhren, hatte man inzwischen seitlich mit Mietshäusern von erlesener Reizlosigkeit zugeblockt. Aber den Anspruch, eine schöne Chaussee zu sein, hatte sie ja nie mehr erheben können, nachdem man kurz vor Kriegsausbruch ihre alten Bäume – ich glaube, es waren Linden – gefällt hatte, um den Damm zu verbreitern.

Wir hielten vor einem Blumengeschäft.

»Wieviel Töpfe brauchen wir eigentlich?« überlegte Jola beim Aussteigen.

Ich fing an den Fingern an abzuzählen. »Mein Vater, die Großeltern Genthin, Frau Schult und die Gedenkplatte für deinen Vater – dann Barris auf dem Steinbergschen Erbbegräbnis – anstandshalber müssen wir für alle Steinbergs Töpfe kaufen, schließlich ist er ja ihr Untermieter.«

»Der alte Köckeritz kriegt auch einen«, beschloß Jola. »Glaubst du, daß ein Dutzend reicht?«

Es war schon eine größere Gesellschaft an Verwandten und Bekannten, die wir zu besuchen hatten.

»Willst du auch mal hier liegen?« fragte mich Jola, während wir anschließend – Grabsteine lesend – über den Friedhof wanderten.

»Das ist mir im Grunde genommen ziemlich wurscht. Hauptsache, ich kriege eine Wolke mit Seeblick.«

Als wir auf unserem Spaziergang am hinteren Teil der Kirche vorbeikamen, dem weniger frommen mit dem Toilettenanbau, blieb Jola – überwältigt von Erinnerungen – stehen. »Das Kirchenklo! Weißt du noch, Luise?«

»Klar. April 45. Kampf um Wannsee. Wir zwei hier auf dem Friedhof, plötzlich Trommelfeuer. Es war die Hölle.«

»Da haben wir uns hier hineingeflüchtet. Haben gedacht, nun ist alles aus, nun müssen wir sterben – ausgerechnet auf dem Kirchenklo, wo uns keiner vermutet. Ich schau mal rein, ja?«

Und als sie nach kurzer Besichtigung zu mir zurückkam, beim Weitergehen: »Du und ich – wir haben schon eine Menge miteinander erlebt.«

»Weiß Gott«, sagte ich. »Vor allem haben wir oft zusammen gezittert.«

Im Schatten hoher Linden erhoben sich die langen Reihen dunkler Holzkreuze. Viele trugen nur den Namen Unbekannt. Hier lagen unter einem dichten Efeuteppich Soldaten begraben, die in den letzten Tagen im Kampf um Wannsee gefallen waren.

Wir hatten sie damals nebeneinander liegen sehen mit ihren wachsgelben, stillen Gesichtern und nackten Füßen, denen man die noch brauchbaren Stiefel ausgezogen hatte.

»In zwei Jahren haben wir vierzigjährigen Frieden«, sagte ich, als wir ins Auto stiegen. »Stell dir mal vor, so langer Frieden im ehemals so kriegerischen Deutschland. Wenn er uns bloß erhalten bleibt!«

Jola startete den Wagen und fragte: »Wohin jetzt?«

»Zum See«, schlug ich vor.

Auf der Fahrt war sie auffallend schweigsam.

»Ist was, Mrs. Woodburger?« erkundigte ich mich.

»Ja«, sagte Jola. »Jonathan fühlt sich persönlich gekränkt durch diese plötzliche Antipathiewelle der Westdeutschen gegen die Amerikaner. Hat man denn hier völlig vergessen, was sie für Westdeutschland nach dem Krieg getan haben? Und für uns Berliner? Denk nur mal an die Luftbrücke!«

»Kann man den Deutschen übel nehmen, daß sie ein verdammt ungutes Gefühl bei dem Gedanken haben, im nächsten Krieg zwischen Amis und Russen Einschußbasis ihrer Raketen zu werden?« fragte ich dagegen. »Aber das wird sich dein Jonathan, der sicher in Boston, Maschasu–, Masa–«

»Massachusetts.«

». . . sitzt, nicht vorstellen können.«

Jola sagte darauf nichts mehr, um nicht die wenigen Stunden unseres Wiedersehens durch politische Diskussionen zu vergiften, und auch ich biß mir auf die Zunge.

Was früher ursprünglicher Schauplatz unserer Kinderspiele gewesen war, hieß heute Erholungsgebiet mit

Parkplatz: Verbotsschilder, ordentliche Gehwege, Toilettenwagen und Papierkörbe am Rand von Picknickplätzen; war durchorganisierte Uferlandschaft mit kilometerlangen Campingflächen, daran erinnernd, daß diese rasche, lebendige Noch-immer-Weltstadt seit 1961 von einer hohen Mauer eingeschlossen war, die ihren Bewohnern am Wochenende das Ausweichen in die stillen Seengebiete der Mark Brandenburg verwehrte.

Wir setzten uns gemeinsam auf einen Weidenstumpf in einer entschilften Uferbucht und schauten den müden Saltos kleiner Wellen zu, wie sie übereinander hinwegspülend den grauen Sand heraufleckten.

Vor uns der weite, leicht bewegte Wannsee mit seinen Trauerweidenufern, aus denen ab und zu Häusergiebel ragten.

Segler im Wind, noch Sommerwind, aber schon mit der Frische des nahen Herbstes ...

Jola neben mir nahm plötzlich eine Handvoll grauen Sand auf, überlegte kurz, wo sie ihn unterbringen könnte, fand aber nichts als die Tasche ihres Trenchcoats und ließ ihn geniert hineinrieseln.

»Lach ruhig«, sagte sie.

Mir fielen im selben Augenblick die Kassetten ein, die sie im KaDeWe gekauft hatte. Eine mit Berliner Liedern mit Leierkastenbegleitung. Aber was war auf der anderen?

»Nun sag schon«, drängte ich, als sie mit der Antwort zögerte.

»Preußische Märsche«, gestand sie schließlich ungern.

»Aua«, sagte ich, »wie das?«

»Wegen dem Hohenfriedberger.«

Ich erinnerte mich dunkel. Ein schwerfüßiger Marsch aus dem Siebenjährigen Krieg des Alten Fritz, der wie ein

Choral klang, bei dem die Soldaten in breiter Formation auf den Heldentod zumarschiert waren – ob sie wollten oder nicht.

»Karl-Heinz liebte ihn so sehr«, entschuldigte sie sich.

Nanu, was ging in Jola vor? Ich wartete ab.

»Seit die Alliierten sich wegen Steinstücken geeinigt haben, seit die Zufahrtstraße gebaut worden ist, bin ich öfter rübergefahren, wenn ich in Berlin war. Zuletzt vor anderthalb Jahren. Der Name Kühnhagen stand noch immer am Tor.«

»Aber geklingelt hast du nicht.«

»Nein, ich wollte mir eine Abfuhr ersparen.« Sie sah mich an. »Hast du je einen von ihnen wiedergetroffen? Robby oder Karl-Heinz?«

»Karl-Heinz mal im Café Bristol am Kudamm. Er saß alleine am Tisch, trank einen Kaffee und las Zeitung. Als ich auf ihn zuging, hielt er sich die Zeitung abwehrend vors Gesicht. Kaspar war bei mir. Er hat mich gefragt, wer ist das, und ich habe gesagt, das ist einer, dem man leider nicht helfen kann.«

»Glaubst du, daß er nach unserer Scheidung alleingeblieben ist?« fragte Jola besorgt. »Ach, das wäre schlimm.«

»Sag bloß, du machst dir nach dreißig Jahren darüber noch Gedanken!«

»Sag lieber, ich habe sie dreißig Jahre lang verdrängt. Vor einem halben Jahr, als ich anfing, vom Wannsee zu träumen, kam auch die Erinnerung an Karl-Heinz sehr intensiv zurück. Da habe ich beschlossen – was soll der Nonsens mit dem Ewig-böse-Sein, es ist inzwischen soviel Leben vergangen –, ich habe einen Brief an ihn geschrieben und um ein Wiedersehen bei meinem nächsten Berlinbesuch gebeten.«

»Ja und? Hat er geantwortet?«

Jola malte mit einem Stöckchen Kreise in den Sand. »Nach ungefähr drei Wochen kam der Brief zurück. Auf seiner Rückseite stand in Beamtenhandschrift: Empfänger verstorben. Unterschrift. Datum. Aus.« Sie warf das Stöckchen fort, richtete sich gerade auf. »Und darüber, Luise, komme ich so schnell nicht hinweg. Warum ist es mir nur zu spät eingefallen, ihn um Versöhnung zu bitten . . .«

Zu spät ist eine bittere Erkenntnis.

»Er hätte dir auch in hundert Jahren nicht verziehen«, beruhigte ich sie. »Diese Sippe Kühnhagen war nachtragend wie ein Rudel Elefanten, selbst Robby, einmal unser bester Freund. Sogar mir gegenüber. Aber das hatte wohl auch noch einen anderen Grund Als ich damals 45 in Bayern war, wollte er Burgl meinetwegen verlassen. Er hatte mich wohl sehr gern und ich ihn auch, aber nicht genug und vor allem nicht auf Burgls Kosten. Darum bin ich damals so bald aus Bayern zurückgekommen.«

»Das hast du mir nie erzählt, Luise.«

»Woran du siehst, daß selbst ich manchmal den Mund halten kann.«

Sie sagte darauf lange nichts, auf den See blickend.

»Was ist? Wollen wir nach Steinstücken fahren – du bleibst im Auto, ich klingele und frage nach Herrn Karl-Heinz Kühnhagen . . .«

»Nein, nein«, wehrte Jola ab. »Wozu? Wenn noch Familie von ihm dort lebte, wäre der Brief nicht so zurückgekommen. Bestimmt wohnen jetzt andere Leute im Haus.«

»Ich könnte bei den Nachbarn läuten.«

»Nein«, sie sah aufstehend auf ihre Armbanduhr. »Es

wird Zeit in die Stadt zurückzufahren. Ich habe ja noch nichts für Mamis Geburtstag.«

Ich stand ebenfalls auf. »Du hast sie nie sehr liebgehabt, nicht wahr?«

»Nein, nicht genug. Oma war meine Mutter.« Zwei Daumennägel vor den Jacketkronen, überlegte sie: »Was soll ich ihr bloß schenken?« Und hatte eine Idee: »Was hältst du davon, wenn wir einen Blumenstand für sie leerkaufen?«

»Seit wann übertreibst du?« wunderte ich mich. »Das paßt nicht zu dir. Außerdem hat sie nicht genug Vasen und Eimer für botanische Invasionen.«

»So what?« sagte Jola. »Sie soll einen Geburtstag haben, an den sie sich lange erinnert.«

Und ich begriff. Wenigstens an ihrer Mutter, für die sie in den letzten Jahrzehnten nur Schecks, aber keine Herzlichkeit übrig gehabt hatte, konnte sie noch rechtzeitig Versäumtes nachholen und ihr Gewissen entlasten.

»Warum schenkst du ihr nicht ne Reise, die ihr zusammen macht?« schlug ich vor. »Und lade sie einmal wieder nach Boston ein.«

»Wo liegt Boston?« fragte Jola interessiert.

»In Massachusetts«, sagte ich fließend.

»Schade, jetzt kannst du's.«

Auf dem Rückweg kam uns eine Schulklasse entgegen, ein laut schwatzender, kunterbunter Haufen Lebendigkeit. Vier Jungen mittendrin rempelten sich gegenseitig um. Ich kriegte im Vorübergehen noch einen Schubser ab und als Zugabe ein freches Grinsen.

Weit hinter der Klasse trödelten – wie nicht dazugehörig – zwei kleine Mädchen, die sich viel zu sagen hatten.

»Das sind wir«, lächelte Jola. »Du und ich – wir zwei bildeten meistens das Schlußlicht bei unseren Schulausflügen.« Und dann: »Weißt du eigentlich, Luise, daß ich außer dir nie eine Freundin hatte?«

Diese Feststellung machte mich anfangs betroffen, bis ich, darüber nachdenkend, begriff, daß Jola ohne Freundinnen geblieben war, weil sie keine vermißte. Auch mich hatte sie in den letzten Berliner Jahren nicht vermißt.

Und heute – was würde zwischen uns übrigbleiben, wenn wir unsere gemeinsamen Erinnerungen durchgesprochen hatten? Zwei Frauen, die in grundverschiedenen Welten lebten, ohne gleiche Interessen, und sich nur noch wenig zu sagen hatten.

»Im Grunde habe ich auch dich nicht als Freundin betrachtet, sondern als meine Schwester«, sagte Jola neben mir. »Wir waren ja auch so ungleich wie Schwestern.«

Ehe wir zum Parkplatz gingen, umarmte mein Blick noch einmal den See. Aufziehende Regenwolken hatten seine bewegte Weite grau übertuscht. Kein künstliches Gebiß von Hochhäusern zerragte den Horizont. Nur Wasser und grüne Ufer und weiße Segel und Ruderboote und ab und zu ein Dampfer – alles war hier noch genauso wie zu unserer Kinderzeit. An jedem See, an dem ich inzwischen gewesen bin, habe ich nach Ähnlichkeiten mit dem Wannsee gesucht.

»Nun komm schon«, drängte Jola, »du kannst ihn ja doch nicht mitnehmen.«

Wir liefen zum Parkplatz. Als sie die Autoschlüssel aus ihrer Tasche zog, waren sie sandig, auch ihre Finger voll feuchtem Sand. Irritiert betrachtete sie Schlüssel und Finger – und dann erinnerte sie sich und konnte es nicht mehr verstehen, weshalb sie Wannseesand in ihre Trenchcoattasche gefüllt hatte. Lachte und schämte sich ein bißchen dabei. Wirkte in diesem Augenblick sehr mädchenhaft, meine ungleiche Schwester . . .

»Entschuldige, Luise, aber ich muß vorhin sentimental gewesen sein.«

»Macht nichts«, beruhigte ich sie, »das passiert mir auch ab und zu, wenn ich hierher zurückkomme.«

»Dir schon, aber mir – ?«

Bitte beachten Sie
die folgenden Seiten

Barbara Noack

Ullstein

Ephraim Kishon

Ullstein

Henri Coulonges

Dresden starb mit dir, Johanna

Roman

Ullstein Buch 20598

Der Roman erzählt die Geschichte des zwölfjährigen Mädchens Johanna; es ist zugleich die Geschichte vom Untergang Dresdens, vom Zusammenbruch des Dritten Reiches. Ein bewegendes, sehr deutsches Buch, geschrieben von einem Franzosen, der dafür den höchsten französischen Literaturpreis erhielt, den Grand Prix der Académie Française.

Ullstein

Herbert Reinecker

Die Frauen von Berlin

Roman

Ullstein Buch 20570

Der bekannte Film- und Fernsehautor Herbert Reinecker schildert das abenteuerliche Leben einer tapferen jungen Frau in den schrecklichen Jahren des Zweiten Weltkriegs und der Zeit danach. Ein Schicksal, wie es Hunderttausende deutscher Frauen erlitten und – bewältigt haben.

Ullstein

*Herzhaft –
humorvoll –
lebensecht*

Barbara Noack

Brombeerzeit

Roman   *Langen Müller*

Eine alleinstehende Geschäfts-
frau, Mutter zweier erwachsener
Kinder, schüttelt ihren zunehmend zwanghaft empfundenen
Beruf ab, um zu »leben«. Der
Befreiungsakt wird zum großen
Abenteuer, das bestanden sein
will ... Ein ernstes Thema, lebensecht und humorvoll gemeistert.

Langen Müller